KB068874

Housing Service Insight

주거서비스
인사이트

하성규 외 9인 공저
한국주거서비스소사이어티 엮음

박영사

서 문

주거란 단순히 주택이라는 물리적 실체만을 의미하는 것이 아니다. 인간은 주거활동을 통해 가족생활을 보호하고 유지하며 자녀교육과 휴식, 지역사회 기반과 공동체적 역할을 수행한다. 그리고 인간의 주거는 삶의 질(Quality of Life)과 직접적 연관을 지닌다.

사람들의 복지나 행복의 정도는 삶의 질로 평가되며 물질적인 측면과 정신적인 측면으로 나눌 수 있다. 삶의 질을 평가할 수 있는 객관적인 요소로는 경제적 수준을 나타내는 1인당 국내 총생산(GDP), 경제 성장률 및 물가 상승률, 건강과 보건의 보장정도, 교육과 학습의 정도 및 환경, 고용 및 근로 생활의 질 등이 있다. 주관적인 요소로는 개인의 만족감이나 행복감을 가져오는 것으로는 원만한 대인 관계나 사랑과 존경의 욕구 실현, 삶의 목표를 추구해 가는 진취적인 정신 등을 꼽을 수 있다. 주거를 통한 삶의 질 보장은 헌법에 명시되어 있다.

우리나라 「헌법」 제35조는 국가는 모든 국민이 쾌적한 주거생활을 하도록 노력해야 한다고 명시하고 있다. 그러나 그간 「주택법」이 있었으나 주로 주택 공급에 기반을 두고 제정된 법이라 시민들은 기본권이라 할 수 있는 주거권을 제대로 보장받지 못해 왔다.

2015년 제정된 「주거기본법」은 주거정책 관련법 체계의 최상위법 및 기본법적 지위를 갖고 주거권을 명시하고 있다(법률 제13378호, 2015.6.22.제정, 2015.12.23.시행). 주거기본법 제2조(주거권)에는 "국민은 관계 법령 및 조례로 정하는 바에 따라 물리적·사회적 위험으로부터 벗어나 쾌적하고 안정적인 주거환경에서 인간다운 주거생활을 할 권리를 갖는다"고 천명하고 있다. 그리고 동법 제3조에는 주거정책의 기본원칙을 제시하고 있다. 국가 및 지방자치단체는 제2조의 주거권을 보장하기 위하여 주거정책을 수립·시행하여야 한다(개정 2018.12.31).

주거권 기본원칙을 소개하면, 먼저 소득수준·생애주기 등에 따른 주택 공급 및 주거비 지원을 통하여 국민의 주거비가 부담 가능한 수준으로 유지되도록 한다. 그리고 주거복지 수요에 따른 임대주택의 우선공급 및 주거비의 우선지원을 통하여 장애인·고령자·저소득층·신혼부부·청년층 등 주거지원이 필요한 계층의 주거수준이 향상되도록 할 것을 명시하고 있다. 아울러 양질의 주택 건설을 촉진하고, 임대주택 공급의 확대, 주택이 쾌적하고 안전하게 관리될 수 있도록 할 것과 주거환경 정비, 노후주택 개량 등을 통하여 기존 주택에 거주하는 주민의 주거수준이 향상될 수 있도록 할 것 등을 제시하고 있다.

이 주거기본법은 주거불안 해소를 위한 국가 정책방향과 근거를 제시해야 함에도 불구하고 여전히 주택공급과 관련된 영역에 많은 부분을 할애하고 있으며 주거서비스를 누가, 어떻게, 어떤 방식으로 공급하고 수요자가 필요로 하는 주거서비스 충족 방안 등에 관해서는 미흡한 면이 많다.

이 책은 주거서비스가 무엇이며 주거서비스 공급과 수요 실태파악 및 관련 이슈에 관한 논의를 종합하고자 한다. 그리고 이 책 출판의 핵심적인 배경은 한국주거서비스소사이어티가 창립되어(2017년 4월 사단법인 설립허가) 줄곧 추진해온 다양한 세미나, 워크숍, 내부 토론회 등에서 제기되고 논의된 내용을 종합적으로 정리하고자 하는 데 있다.

한국주거서비스소사이어티는 주거서비스 분야의 다양한 주체들이 참여하여 주거서비스를 공공지원과 민간의 신산업으로 육성하는 데 기여하고, 주거서비스의 사회적 정책적 기반을 조성하는 것을 목적으로 한다. 본 법인이 표방한 목적을 달성하기 위하여 주거서비스 분야의 의견 수렴 및 실천의 장을 마련하고, 이에 기초한 주거서비스 구현으로 국민의 삶의 질 향상과 국가 신 성장 동력을 창출하기 위하여 다양한 사업을 수행한다.

이러한 목적을 달성하기 위하여 이 책을 출판하게 되었으며 이 책의 내용구성, 집필자 추천, 장별 내용 조정 등의 총괄적 책임은 강순주 건국대 교수(한국주거서비스연구원 원장)가 맡았다. 이 책의 구성은 총 3부 10장으로 짜여져 있다. 1부는 주거서비스의 체계, 2부는 공공 및 제3섹터의 주거서비스, 그리고 3부는 민간의 주거서비스를 다루고 있다.

　이 책은 주거서비스가 국가 신 성장 동력으로 성장할 수 있도록 주거서비스에 대한 사회적·정책적 기반을 조성하는 데 기여할 것으로 믿고 있다. 그리고 집이 단순히 '생활공간'을 넘어 거주자의 삶을 맞춤형으로 지원하는 '주거서비스 결합체'로 바뀌고 있음을 강조하고 이에 대비한 주거정책을 발굴하는데 기여할 것을 기대한다. 또 저출산, 고령화, 독신가구 증가, 여성의 사회참여 증가 등 사회트렌드 변화에 맞춰 주거서비스의 새로운 방향성을 제시하고, 공동체 문화 속의 주거서비스를 모색하고자 한다.

하성규

한국주거서비스소사이어티 상임대표

2020년 2월

목 차

제1부

주거서비스의 체계

제1장

주거서비스의 역사적 배경과 중요성

| 하성규 |
한국주거서비스소사이어티 상임대표
한국주택관리연구원 원장

1 서론

인간의 주거는 삶의 질(quality of life)을 나타내는 가장 중요한 지표 중의 하나다(Gregory & Johnston, eds, 2009; Martha & Amartya, ed. 1993; 하성규, 2018). 최근 대부분의 사람들은 내 집을 소유하느냐 전월세로 살아가느냐를 삶의 질은 물론 주거안정의 기준으로 판단하고 있다. 임금 상승폭보다 주택 가격 상승률이 훨씬 가파른 상황이 지속되면서 보통사람의 경우 열심히 일하는 것만으로 내 집을 장만하는 게 점점 어려워지고 있다. 도시에 거주하는 젊은 부부들은 맞벌이로 상당한 소득이 있다 해도 내 집 마련은커녕 뛰는 전세 값을 감당하기에도 힘겹다. 국토교통부 신혼부부가구 주거실태조사(2016)에 따르면 혼인 1－5년차 신혼부부들(조사 대상 2574쌍)은 결혼 이후 평균 103개월(8년 7개월)이 지나야 집을 살 수 있을 것으로 예상했다. 10명 중 3명(33.4%)은 '언제 살 수 있을지 모르겠다,' '평생 못 살 것'이라고 내다봤다(국토부, 2016).

정부의 발표에 의하면 최저주거기준 미달가구는 2017년 114만가구이다. 지난 10년간 전국의 최저주거기준 미달가구 비율은 2006년 이후 점차 감소추세를 보이고 있다. 최저주거기준 미달가구의 지역적 분포를 보면, 수도권에서 2006년부터 10년간 18.1%p 증가로 큰 변화를 보였다(국토부, 2017).

전반적으로 1인당 평균 거주 면적은 증가하는 추세이고 일반가구의 평균 주거면적은 가구당 65.4㎡이고, 1인당 주거면적은 31.2㎡로 나타났다 (2017년). 그러나 최저주거기준에 미달하는 가구는 삶의 질을 담보하기는 어렵다. 주거안정성을 나타내는 자가 점유율은 감소 혹은 정체 추세이고 임차가구의 소득 대비 임대료 비율(RIR)은 20.3%로 증가경향이 뚜렷하다. 반면, 전세의 빠른 월세전환으로 임차가구 중 월세비중은 전체가구 중 55.0%로 크게 증가하였다.

비록 내 집을 갖지 못한다 해도 세입자로 인간다운 주생활을 할 수 있도록 하는 것이 삶의 질 향상의 지름길이다. 이들 저소득층과 신혼부부 등 내 집을 갖지 못한 사람들에게 주거를 통한 삶의 질을 높이는 방안이 강구되어야 한다.

주거 빈곤층과 주거불안에 시달리고 있는 사람들을 위해 주거서비스 공급은 매우 중요하다. 주거서비스란 무엇인가?[1] 주거서비스의 개념적 틀을 설명하기 위한 핵심단어는 '물리적 실체로서의 주택', '복지' 그리고 '공동체(지역사회)'라 할 수 있다. 먼저 물리적 실체로서의 주택은 시간이 지남에 따라 노후화되고 불량화 된다. 주거서비스의 가장 핵심적 요소로서 노후화 된 주택이 물리적으로 제 기능을 다하도록 지원서비스 즉, 주택의 개량 및 유지관리, 안전점검 연관 서비스를 들 수 있다. 그리고 또 다른 주거서비스의 중요분야는 주거 연관 복지서비스다. 복지서비스란 사회복지시설 이용지원 연계, 보육, 교육지원 연계, 구직알선 등 고용지원, 임대료 지원 관련 정보제공 및 상담 등이다. 그리고 공동체 연관 서비스는 이웃 간의 갈등 해소, 지역사회 참여지원, 공동체 활성화를 위한 다양한 지원서비스를 포함한다.

---

[1] 주거서비스에 관한 구체적인 개념정의 등은 이 책의 2장, 3장을 참고하기 바람.

2 주거복지와 주거서비스: 역사적 발전 배경

오늘날 주택은 단순히 가족의 안전을 위하여 외부로부터 방어나 휴식 공간으로서의 역할 뿐 아니라 사회적 신분, 재산가치, 인권의 보장 등으로 인식되고 있다. 아울러 인간다운 삶을 영위하기 위해서는 기본욕구로서 의·식·주가 해결되어야 한다. 현대 복지국가들은 의·식·주 뿐만 아니라 직업, 교육, 보건 등의 욕구도 충족되어야 한다. 문제는 이러한 기본욕구를 스스로 해결할 수 없는 사람들이 적지 않다. 예를 들어 신체장애자나 노약자, 빈민 등이다. 이들은 자유시장 경제 구조 하에서 적정 주거서비스를 향유할 수 있는 수준의 주택에 지불능력과 지불의향이 없을 뿐만 아니라 주택시장은 이들에게 주택서비스를 저렴하고 적정하게 공급하지 못하고 있다.

한국을 비롯한 대부분의 자본주의 국가들은 개인 및 가족의 주거기본 욕구를 해결함에 있어 사회 복지적 주거서비스를 국가 혹은 공공부문이나 자선단체, NGO 등에서 제공할 때 이를 '주거복지'라 일컫는다. 주거안정을 이루지 못하는 경우 개인과 가족의 책임에 국한하지 않고 현대사회가 지닌 구조적인 모순과 제도적 결함에 의한 경우도 많다.

이러한 사회취약계층을 위한 다양한 주거안정 노력은 서구 국가들이 오래전부터 시도하여 왔다. 역사적으로 보면 주거보장을 요구하는 주거 빈곤층의 집단적 행동이 국가의 주거서비스 제공을 가능하게 한 경험을 발견할 수 있다.

영국의 경우 1915년 글래스고우 저임금 노동자들의 임대료 지불거부 대규모 시위(1915 Glasgow Rent Strike)와 세입자 운동 등이 공공주택의 확대를 통한 주거복지정책 프로그램 개발을 가져오게 했다(Corr, 1983; Leneman, 1991). 1900년대 초 영국은 공공임대주택과 같은 복지형 주택이 전혀 공급되지 못했다. 주택시장에는 민간임대주택이 공급되었지만 집주인들은 이윤 추구를 목적으로 임대료를 지속적으로 올렸고 이를 감당하기 어려운 세입자, 특히 가난한 노동자들은 주거비 부담으로 큰 고통을 겪게 되었다. 이를 참지 못해 폭발한 사건이 글래스고우(Glasgow) 저임금 노동자 및 세입자들이 임대료 지불을 거부하는 대규모 시위, 소위 '렌트 스트라이크(Rent Strike)'이다. 당시 임대료 지불 거부운동은 전국으로 확산될 기미를 보였고 초기

경찰이 연일 지속되는 대규모 집회를 진압하려고 했으나 실패했고 급기야 영국 군대가 시위를 진압하는 지경에 도달하였다.

　영국의 주거서비스 공급의 필요성을 강조하는 캠페인을 추진하고 가난한 사람들의 주거안정을 위한 헌신적 노력을 한 운동가로 옥타비아 힐(Octavia Hill)을 들 수 있다(Gillian, 1990; Leneman, 1991). 그녀가 가난한 사람들의 주거안정을 위한 주거운동을 실천하게 된 배경에는 존 러스킨(John Ruskin) 옥스퍼드대 교수를 만난 이후였다. 러스킨은 당시 사회개혁사상가로 널리 알려진 인물이었다.

　러스킨은 기존의 사회적 질서에 대한 비판과 새로운 접근을 강조하는 사상은 1860년부터 시작되었으며 그 실천적 활동으로 1864년 런던 빈민지역(Marylebone Place)에 있는 집 3채를 매입해 옥타비아에게 맡겼다. 옥타비아는 이곳을 '천국의 장소(Paradise Place)'라 불렀다. 그녀의 목표는 '삶을 고귀하게 하고, 가정을 행복하게 하며, 가족의 삶을 올바르게 하는 것'이었다. 옥타비아의 노력으로 이곳 빈민지역은 주거환경이 개선되었고 인간성을 회복하고 인간답게 살아갈 수 있는 평화롭고 조화로운 지역공동체로 발전하게 되었다.

　그녀가 추진했던 주거서비스 공급 및 관리활동 등은 가난한 세입자들의 삶을 향상시키기 위해 마을회관, 저축클럽, 연극 활동 등과 같은 공동체적 문화 환경시설(community amenities)과 활동을 확충하는 것이었는데, 그녀는 이에 많은 노력을 기울였다. 그녀의 주거서비스 운동방법은 체계적이었고 많은 선진기법을 도입해 활용한 덕택에 오늘날까지 주택 관리업(profession of housing management)의 기초가 되기도 했다.

　당시 영국사회는 도시빈민의 열악한 주거환경 및 이들의 삶을 성공적으로 개선시킨 옥타비아의 주거서비스 운동방법에 대한 높은 사회적 관심과 지지를 보냈다. 1875년 옥타비아는 여러 글들을 모아 '런던의 가난한 사람을 위한 집(Homes for the London Poor)'이라는 제목의 책을 출간했다(Hill, 1875; Wohl, 1971). 이 책은 빅토리아 여왕의 둘째 딸인 알리스 공주 등을 포함한 사회적 저명인사들을 그녀의 후원자로 만들었다. 그녀의 주거서비스 운동 방법론은 네덜란드, 아일랜드, 러시아, 미국 등으로도 확산되었고, 오늘날까지 '옥타비아 주거 및 돌봄(Octavia Housing and Care)'이라는 모델로 주거서비스 운동 분야에서 널리 활용되고 있다2). 미국 필라델피아시의 '옥타비아 힐 협회'는 이를 실천에 옮기고 있는 대표적인 단체다.

미국 역시 세입자들이 임대료에 불만을 품고 대규모 시위를 벌인 일이 1907년도 뉴욕에서 발생했다3). 약 10만 명에 달하는 뉴욕 맨하탄(Manhattan, New York)지역에 거주하는 세입자들이 급격히 상승하는 임대료에 반기를 들고 시위를 벌였다. 이 렌트 스트라이크(rent strike)는 봉제공으로 일하는 16세 Pauline Newman 소녀를 중심으로 주부와 여성노동자들이 주축이 되어 시작된 것이다. 비정상적이고 살인적으로 뛰는 임대료를 감당하기 어려워 임대료 상승에 반대하고 대책 수립을 요구하는 집회가 연일 지속되었다 (Lawson, 1984). 미국은 1960-70년대에도 뉴욕 할렘(Harlem) 지구를 중심으로 임대료 상승과 열악한 주거환경을 개선을 요구하는 집회가 끊이지 않았다.

영국과 미국에서 발생한 가난한 노동자와 세입자들이 주도한 렌트 스트라이크(rent strike)와 대규모 시위는 몇 가지 특징을 발견할 수 있다. 첫째, 노동자와 세입자들이 버는 임금에 비해 민간 임대주택 임대료가 너무 급격히 상승하는 것에 대한 불만이었다. 둘째, 민간 임대주택의 집주인이 영리목적으로 임대료만 올리고 세입자들을 위한 적정한 주거서비스 및 시설(집 수리 등)을 공급, 유지 관리하지 않는 것에 대한 개선요구가 분출된 것이다. 셋째, 이러한 비싼 민간 임대주택의 임대료에 시달리는 세입자들과 사회취약계층에 대한 적절한 정책적 배려와 대안적 주거서비스 프로그램을 개발·공급하지 못하는 정부에 대한 불만과 경고의 움직임이었다고 평가된다.

오랜 세월 동안 세입자들이 감당하기 힘든 비싼 임대료, 열악한 주거환경에 불만을 품은 집회는 비단 영국, 미국 뿐 아니라 스페인, 남아프리카, 북아일랜드 등 많은 국가에서 발생하였다. 이들이 원하는 바는 인간다운 주거생활을 영위할 수 있는 주거서비스를 향유하고 지불 가능한 임대료로 주거안정을 누리고자 함이다. 그리고 최근 대학생들의 렌트 스트라이크도 발생하였다. 2015년 영국 런던대학교(University College London: UCL) 60여 명의

---

2) https://www.octaviahousing.org.uk/ 참고 바람.

3) 뉴욕 rent strike에 관한 기사 참조: Pauline Newman organizes influential New York rent strike. https://jwa.org/thisweek/dec/26/1907/pauline-newman

학생만으로 시작해 2016년까지 1000명이 넘는 이 대학 학생들이 집세 지불 거부운동이 벌어져 결국 수십만 파운드의 양보를 얻어냈다. 이 렌트 스트라이크는 다른 영국 대학들로 확산되었고, 많은 대학들이 "임대료 삭감" 캠페인을 벌였다. 임대료 파업 이후 런던대학교에서 2017년과 2018년에도 임대료 인하와 조건 개선을 요구하는 시위가 계속돼 대학생 주거안정에 크게 기여하였다[4].

베버리지(W.Beveridge)는 사회악을 제거하기 위해서는 사회정책이 수립되어야 하고 세부적인 정책으로 사회보장, 의료보장, 교육보장, 주거보장 그리고 고용보장을 주장했다. 역사적으로 보면 주거보장을 요구하는 주거빈곤층의 집단적 행동이 국가의 주거서비스 제공을 가능하게 한 원동력이고 경험임을 발견할 수 있다. 대부분 현대자본주의 국가들이 주거복지의 핵심으로 사회주택을 공급하거나 임대료 보조(housing allowance, housing voucher 등) 제도를 실시하고 있다. 사회주택은 저소득층가구 등이 주택문제를 스스로의 힘으로 해결하기 힘든 경우 시장가격 이하의 값싼 임대료로 주거안정을 도모하게 하는 정부 혹은 비영리단체가 공급한 주택을 말한다.

주거복지는 첫째, 주거서비스 제공 동기가 이윤추구와 같은 경제적 동기가 아니다. 둘째, 주거서비스 제공의 구체적 프로그램은 국가가 주택시장에 직·간접으로 개입하여 제공하는 사회주택(공공임대주택) 혹은 임대료 보조 등으로 나타난다. 셋째, 적정한 주거의 확보는 인간의 권리, 즉 주거권(housing right)으로 인식되고 있다. 서유럽국가 및 북미국가들 대부분은 20세기 초반부터 사회취약계층의 주거불안정이 사회문제화 되었고 이를 해결하기 위한 제도적 장치를 마련하게 되었다.

유엔인권위원회는 인간의 주거권 보장에 대해 이렇게 정의하였다. "적절한 주거의 확보는 인간의 자유, 존엄성, 평등 그리고 안전을 위해 필수적이다. 주거권은 인간의 기본적인 권리이며 모든 국가는 자국민의 주거권 보장을 위해 최선을 다해야 한다"고 강조하였다(UN Habitat, 1994).

---

4) https://www.theguardian.com/education/2016/oct/19/why-i-refuse-to-pay-my-university-rent. 참고.

③ 한국의 주거문제와 주거서비스

1) 양극화와 주거 빈곤의 지속

한국인의 주거문제를 이해하고 면밀히 관찰함은 주거서비스 연관 논의에서 가장 중요한 기초이다. 시대별로 한국인의 주거문제는 변화되어 왔고 2000년대에 들어와서 종전과는 다른 주거양상을 보이고 있다. 오늘날 한국인의 당면한 주거문제를 분석해 보면 몇 가지 핵심단어로 축약할 수 있다, 이는 "양극화" 그리고 "주거 빈곤의 지속"이다.

양극화란 서로 다른 계층이나 집단이 점점 더 차이를 나타내고 관계가 멀어지는 것이다. 흔히 소득양극화, 사회양극화라는 말로 잘 알려져 있다. 양극화의 내재된 핵심의미는 불평등이며 차별이 있어 고르지 못함을 뜻한다. 그리고 주거 빈곤이란 정책적 관점에서 보면 법률(주택법 등)에서 정한 최저주거기준에 미달하는 주거환경에 살아가는 사람들 혹은 유엔(UN)이 언급한 주거권(The right to adequate housing)을 누리지 못하는 상태라 할 수 있다(UN Habitat, 2014).

대한민국 헌법 제35조에서는 '모든 국민은 건강하고 쾌적한 환경에서 생활할 권리를 가지며, 국가는 주택개발정책 등을 통해 모든 국민이 쾌적한 주거생활을 할 수 있도록 노력하여야 한다'고 규정하고 있다. 유엔 헤비타트(UN Habitat)는 적절한 주거에 살 수 있는 권리를 인간의 기본 인권으로 규정한다. 그리고 2015년 제정되어 시행 중인 '주거기본법'에서 '국민은 관계 법령 및 조례로 정하는 바에 따라 물리적 사회적 위험으로부터 벗어나 쾌적하고 안정적인 주거환경에서 인간다운 주거생활을 할 권리를 갖는다'고 주거권을 법에 명시하고 있다. 즉, 인간 생활의 기본요소 중 하나인 '주거'는 인간의 기본권에 속하므로 공공이 보다 적극적으로 나서서 주거 문제 해결을 위해 노력해야 한다는 것이다.

한국사회의 주거 양극화는 구체적으로 어떻게 설명할 수 있는가? 이는 계층 간, 개인 간, 지역 간, 점유형태 간, 다양하게 격차가 발생되고 불평등이 존재함을 말하는 것이다. 먼저 주거서비스에 대한 지불능력을 보자. 2014년 현재 월 소득 대비 임대료 비중을 보면 저소득층(1–4분위)은 평균 소득의 34%를 임대료로 지불하는데 비해 고소득층(9-10분위)은 21%의 임대료로 사용한다. 이러한 추이는 지난 10여 간의 통계를 보면 별로 개선되는 기미를 보이지 않고 있다. 임대료 과 부담 여부는 국가마다 그 기준에 차이가 있으나 EU 국가의 경우를 보면 가처분 소득을 기준으로 주거비(월 임대료 + 유틸리티 비용)가 40%를 초과하거나 총소득의 30%를 초과하는 경우이다. 국제적으로 월 소득(세전) 25-30%를 부담하면 과 부담으로 알려져 있다. 주거비 부담이 많은 계층을 보면 저소득층과 청년층 등 특정계층에게 집중되어 있으며 이들 계층의 점유형태는 주로 보증부 월세나 월세가 상대적으로 많다.

양극화와 주거빈곤 상태를 파악하기 위해서는 최저주거기준미달 상태를 점검하는 일이다. 2017년 최저주거기준미달 가구 수는 114만 가구이다. 최저주거기준 미달 가구의 비중이 점차 줄어드는 경향을 보이고 있긴 하나 특히 저소득층의 약 40%가 최저주거기준에 미달하는 열악한 주거환경에 살아가고 있다. 최저주거기준 미달가구를 점유형태별로 구분해 보면 자가나 전세에 비해 월세에 거주하는 가구의 비중이 훨씬 높다.

국토부 자료에 따르면(<표 1-1> 참조) 주택이외의 거처 주거실태조사 결과, 고시원 거주 비중이 가장 높고(41.0%), 일터의 일부 공간과 다중이용업소 14.4만(39.0%), 숙박업소의 객실 3만(8.2%), 판잣집 · 비닐하우스 0.7만(1.8%)으로 밝혀졌다.

표 1-1 주택 이외의 거처 주거실태조사, 2018

구분	내용	가구 수	구성비(%)
전체		369,501	100.0
거처유형	고시원 · 고시텔	151,553	41.0
	숙박업소의 객실	30,411	8.2
	판잣집 · 비닐하우스	6,601	1.8
	일터의 일부 공간과 다중이용업소	144,130	39.0
	기타	36,806	10.0

주: 1) 기간) `17.5.16 ~ `18.6.30. 2) 표본추출 · 조사방법: 표본규모는 8천 가구, 거처종류 및 시 · 도별 비례배분 하였으며 유효 응답율은 85%(6,809가구). 3) 조사기관: 통계청, 토지주택연구원(LHI), 한국도시연구소 공동수행.

한편 사회계층별 주거격차를 이해 할 수 있는 자료는 주거 빈곤율이다. 한국보건사회연구원의 조사보고서에 따르면 1인 가구 비중이 높은 35세 미만의 청년층과 65세 이상의 노년층의 주거 빈곤율이 높게 나타난다. 여기서 주거 빈곤의 기준은 최저주거기준에 미달하면서도 월 소득 대비 월임대료 (RIR)가 20% 이상인 경우로 규정하고 있다. 특히 노년층의 경우 OECD 국가의 평균 노인 빈곤율이 13%인데 한국의 노인 빈곤율은 62%(2014년)에 달한다. 수많은 노인들이 주거 빈곤에 시달리고 있음을 알 수 있다. 문제는 노인가구의 비중이 빠른 속도로 증가하고 있다. 전체가구 중 노인 가구 비중이 2010년 17.8%였으나 2030년에는 35.4%로 예상하고 있다(윤석영, 2017; 한국보건사회연구원, 2014, 2017).

그리고 1인 가구 역시 그 비중이 증가하고 있다. 1인 가구는 전 연령대에서 지속적으로 증가하는 추세이며, 2015년 40대 이하 1인 가구는 전체 1인 가구의 52.8%를 차지한다. 1인 가구는 2000년 222만 가구에서 2015년 520만 가구로 증가했으며 전체 가구 중 비중은 2000년 15.5%에서 2015년 27.2%로 증가, 2035년 1인 가구는 760만 가구로 3가구 중 1가구(34.3%)가 될 것으로 예상된다(장진희, 2016, 김윤영, 2017). 2017년 우리나라 65세 이상 고령자 가구 중 1인 가구는 33.7%이며, 부부 가구는 33.4%이다. 한편 주택에 거주하는 고령자 가구는 49.6%가 단독주택에 거주하며, 그 다음으로 아파트(38.2%), 연립·다세대(10.5%) 순이며 단독주택에 거주하는 구성비는 감소 추세이며, 아파트 및 연립·다세대에 거주하는 구성비는 증가 추세이다.

향후 우리나라 가구특성은 1인 가구와 노인가구가 핵심적이고 가장 큰 비중을 차지할 것으로 보이며, 정책적 시사점으로 1인 가구와 노인가구가 주거 빈곤의 주된 집단이라는 점이다. 우리나라는 급속한 고령화로 인하여 2018년 65세 이상 고령자는 14.3%, 2060년에는 41.0%가 될 것으로 예상하고 있다. 좀 더 구체적으로 주택공급 및 수요환경을 점검해 보자.

2) 생산연령인구의 감소와 고령인구의 증가

2017년 기준으로 국내 인구는 총 5천 142만 명이다. 1990년대까지 국내 인구는 매년 2~3백만 명씩 증가하면서 인구증가율이 매년 1%를 상회했다. 그 이후 매년 100만 명을 조금 상회하는 수준에서 인구가 증가하면서 인구증가율은 0.5% 수준을 유지했으나, 2016년 이후에는 인구증가율이 급격히 둔화되고 있다. 2016년 인구증가는 20만 명에 불과했으며, 2017년에는 17만 3천 명으로 더 감소했다. 인구성장이 정체하면서 생산연령인구가 감소하고 고령인구가 증가하고 있다.

인구성장이 정체하면서 <그림 1-1>에서 보듯이 16~64세의 생산연령인구가 감소하고 있다. 2016년에 677만 명으로 전체 인구의 13.6%였던 유소년인구(0~14세)가 2017년에는 663만 명으로 전체 인구에서 13.3%로 0.3%p 감소했다. 15~64세의 생산연령인구도 2016년 3,631만 명에서 2017년에 3,620만 명으로 감소했다. 반면에 65세 이상의 고령인구는 2016년 678만 명에서 712만 명으로 1년 사이에 34만 명이 증가했다. 유소년인구가 감소하고 고령인구가 증가하면서 국내 노령화지수[5]가 급격히 증가하고 있다. 2010년에 노령화지수는 69.7%였지만 2017년에 107.3%로 7년만에 37.6%p가 증가했다. 2016년에는 처음으로 노령화지수가 100을 넘어서면서 우리나라도 14세 이하의 유소년인구보다 65세 이상의 고령인구가 많은 사회가 되었다. 이는 의학기술의 발달로 고령가구의 기대여명이 늘어나는 것과 더불어 젊은 세대가 결혼을 포기하고 결혼이 늦어지면서 출산하는 자녀 수가 급격히 줄어들고 있기 때문이다.

일반가구(2017년 기준 1,967만 가구) 중에서 65세 이상 고령자가 있는 가구는 521만 가구로 전체의 26.5%이다. 이 중에서 65세 이상 고령자만으로 이루어진 가구는 240만 가구이며, 혼자 사는 65세 이상 고령가구는 137만 가구이다. 특히 고령가구는 일반가구보다 단독주택에 많이 거주하고 있다.

---

5) 유소년인구 100명에 대한 고령인구 비.

3) 아파트중심 주거문화와 노후주택의 증가

주택은 꾸준히 증가해 2017년 기준으로 총 1,712만 호가 되었다. 2016년 1,669만 호보다 43만 호(2.6%)가 증가한 수치이다. 주택수는 2016년에서 2017년까지 한 해 동안 증가한 가구수 33만 가구보다 더 많이 증가했다. 주택보급률도 2017년 기준으로 103.3%다. 통계수치로만 보면 가구 수 대비 주택수가 양적으로 부족하지 않은 상태이다.

살고 있는 주택유형은 아파트 중심으로 빠르게 변하고 있다. 2000년에 아파트는 전체 주택의 47.8%였으나, 2017년에는 아파트 비중이 전체 주택의 60.6%로 크게 증가했다. 반면에 단독주택은 크게 감소하고 있다.

노후주택이 증가하는 추세이다. 총 주택 1,712만 호 중에서 20년 이상된 낡은 주택은 797만 호(46.5%)로 2016년 736만 호(45.7%)에 비해 34만 호가 증가했다. 30년 이상된 주택도 289만 호에 이른다. 향후 시간이 경과하면서 노후주택은 지속적으로 늘어날 수 밖에 없다. 특히 노후주택은 단독주택에 절대적으로 많으며, 전남, 전북, 경북 등에 많다. 전국 20년 이상된 주택 797만 호 중 단독주택은 289만 호(73.0%), 아파트는 389만 호(37.5%)이며, 30년 이상된 주택 289만 호 중 단독주택은 192만 호(48.4%), 아파트는 64만 호(6.2%)에 이른다.

그림 1-1 연령 인구구조 및 노령화지수

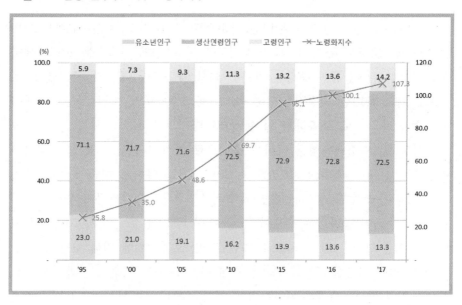

자료: 통계청, 2017 인구주택총조사 보도자료.

그림 1-2 고령자가구가 살고 있는 주택유형

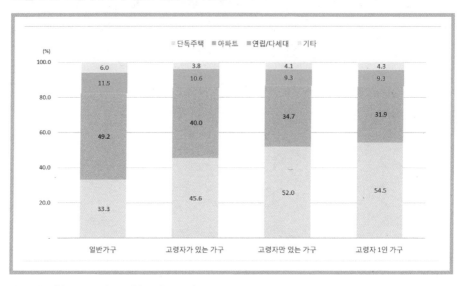

자료: 통계청, 2017 인구주택총조사 보도자료.

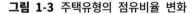

그림 1-3 주택유형의 점유비율 변화

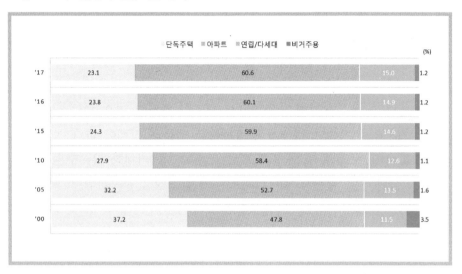

자료: 통계청, 2017 인구주택총조사 보도자료.

④ 주거서비스의 중요성과 발전방향

한국사회가 당면한 주거 양극화를 해소하는 방안으로는 소득격차와 자산격차를 줄이는 것이 필요하다. 소득 및 자산격차 해소는 하루아침에 해결하기는 어렵고 교육 및 취업기회 등이 충분히 부여되어야 한다. 그리고 일자리 창출, 신 성장 동력을 구축하는 등의 국가차원의 종합적인 접근이 필요하다. 아울러 인구 노령화와 출생률 감소는 오늘날 한국사회가 직면한 심각한 사회문제로서 대안 마련이 시급한 실정이다. 아울러 주거양극화 해소와 주거빈곤층의 주거서비스 향상을 위한 정책적 발전 방향과 대안을 모색해보자.

첫째, 공공임대주택의 공급확대가 필요하다. 우리나라는 현재 복지형 공공임대주택이 공급되고 있지만 전체주택에 차지하는 비중은 약 5% 수준으로 OECD 및 EU국가 평균에 훨씬 못 미치고 있다. 특히 신혼부부 등을 위한 다양한 저렴주택(affordable housing) 공급프로그램을 개발해야 한다[6].

---

6) 통계청에 따르면 최근 5년 이내 혼인한 신혼부부(2015년 11월 1일 기준)는 147만 2000쌍

둘째, 정부와 공공의 힘만으로 저렴 임대주택을 공급확대하기란 한계가 있다. 그래서 민간의 자본을 활용한 공공 - 민간 파트너십(public - private partnership: PPP)을 활용한 임대주택공급이 더욱더 확대될 수 있도록 법제, 세제, 금융 등 획기적 방안을 강구해야 한다.

셋째, 서구 및 개도국 여러 국가에서 시도되고 있는 비영리주택 및 협동조합주택 등의 프로그램을 지원하는 제도적 개혁이 필요하다. 진정한 삶의 질 개선은 주거의 안정에서 출발한다는 점을 인식해야 한다. 인간다운 주거생활이 없이 삶의 질 개선과 웰빙(wellbeing)을 기대한다는 것은 언어도단이다. 삶의 질을 향상시키기 위해서는 경제 성장을 추구하면서, 국민들의 최저주거기준을 상회하는 주거 생활의 보장이 이루어져야 할 것이다.

넷째, 주거서비스는 생활의 질을 가름하고 웰빙(Wellbeing)의 기초가 된다. 안전하고 쾌적한 주택에 거주하면서 필요한 주거서비스를 적절히 공급받으면서 공동체적 유대감과 귀속감을 가질 수 있는 지역사회가 되어야 한다. 즉 지역사회단위(community)를 기초로 주거서비스 내용과 질을 철저히 분석하는 것이 필요하다. 왜냐하면 다양한 사회계층이 한 커뮤니티에 모여 살기보다는 각각 그들의 사회, 경제, 문화적 동질성과 유대를 바탕으로 주거지역을 형성하고 있기 때문이다. 지역사회주민의 특성을 고려하고 그들이 필요로 하는 주거서비스가 공급되고 발전될 수 있도록 하는 '지역사회 기반형 맞춤 주거서비스 모델'이 개발되어야 한다.

다섯째, 한국의 주거서비스 정책은 먼저 수요자 중심으로 체제가 전환, 발전 될 필요가 있다. 진정으로 주거서비스가 필요한 대상을 찾아 그들이 필요로 하는 것부터 지원해야 한다. 아울러 주거서비스는 지역사회단위에서 접근해야 하고 해당 지역사회의 민간단체 및 지자체가 전문 인력을 확대하는 것이 중요하다. 여러 선진 국가에서는 주거서비스 향상을 위한 노력의 일차적 책임은 정부와 공공부문이 맡고 있다. 그 대표적인 것으로 영국은 중앙정부 주도의 '서포팅 피플 프로그램(Supporting people program)'으로 장애인, 홈리스, 취약계층을 대상으로 주거서비스 지원은 물론 자립생활을 위

이고 주택을 소유한 부부의 평균 출생아 수는 0.88명이지만, 남의 집에 세 들어 사는 부부의 경우 0.77명이었다. 즉, 주택을 소유하거나 주거안정을 찾았다고 판단되는 부부의 출생아 수가 많다는 증거이다.

한 훈련 및 취업알선 등이다. 아울러 비영리 조직으로서 '셸터(Shelter)'는 임차인의 권리 옹호 및 주거와 연관된 법적문제와 노숙자로 전락하지 않도록 다양한 상담 및 서비스를 공급하고 있다. 미국, 독일, 일본 등 거의 모든 선진국 주거서비스 공급은 공공부문과 민간부문 모두에서 추진되고 있다.

여섯째, 현재 우리나라에서 가장 시급하게 해결해야 할 과제는 주거지원 연관 기관 간의 긴밀한 협력관계를 유지해야 한다. 공공과 민간, 그리고 주거서비스를 담당하는 기관과 조직 간의 연계 및 협력이 제대로 이루어지지 않아 재원낭비 등 비효율성이 적지 않다. 계층 간의 소득격차와 사회적 갈등을 예방하고 보다 인간다운 주거생활을 보장하기 위해서는 종합적이고 체계적인 주거서비스 공급방안이 확립되어야 할 것이다. 아울러 주서비스 공급, 전달, 관리는 전문적인 지식과 경험을 필요로 하는 분야이다. 주거서비스는 향후 매우 중요한 직업군으로 부상할 것이며 이를 위해 전문가를 양성하고 활용하는 일이 매우 시급한 과제라 판단된다.

마지막으로 주거서비스를 보다 체계적으로 공급하고 서비스 수요관리와 관련 산업을 육성하기 위해 관련법의 제정이 필요하다. 가칭 '주거서비스산업진흥법'의 제정을 제안한다. 우리나라는 공급자 중심의 주거서비스 제공에 머물고 있다. 주거서비스의 지속가능성을 확보하기 위해 공급자 중심의 주거서비스 체계에서 수요자 중심의 주거서비스 체계로 전환이 필요하다. 장기적으로는 산업화를 통해 선택형 주거서비스 체계로 발전시켜 나가야 할 것이다.

주거서비스도 다른 재화(service)와 마찬가지로 소비자의 라이프 스타일과 변화하는 요구에 대응해야 한다. 그리고 공공부문의 주거서비스 공급을 지속하고 동시 민간의 창의력과 제3섹터의 참여를 통해 다양한 주거서비스를 도입할 수 있도록 유연한 제도 운영이 필요하다. 최근 1인 가구 및 고령자, 맞벌이 부부 가구의 증가에 따른 라이프 스타일 변화로 서비스 다양화와 맞춤형 서비스 제공이 매우 중요한 과제이다. 이러한 관점에서 향후 주거서비스 영역은 공공부문은 복지에 초점을 두며 민간부문은 수익모델 창출이 가능할 것이라 전망된다.

참고문헌

01 김윤영(2017), 1인 가구를 위한 정책방향 연구, 인천발전연구원. 2017년 기획연구
과제.

02 국토부(2016), 신혼부부가구 주거실태 패널조사, 국토부 연구보고서.

03 국토부(2017), 2017년도 주거실태조사 결과, 보도자료, 2018.5.9

04 박홍철(2018), 민간임대주택과 주거서비스, 주택산업연구원.

05 윤석명(2017), 다양한 노인빈곤지표 산정에 관한 연구(Ⅰ), 한국보건사회연구원, 기
본 연구보고서 2017-08.

06 장진희(2016), 서울 1인 가구 여성의 삶 연구, 서울시여성가족재단.

07 KB 금융지주, 경영연구소(2018), 2018 한국 1인 가구 보고서, KB금융그룹.

08 하성규(2018), 한국인 주거론, 박영사.

09 하성규 외(2016), 공동주택관리의 새로운 패러다임, 박영사.

10 하성규(2010), 주택정책론, 박영사.

11 한국보건사회연구원(2014), 2014년도 노인실태조사, 수탁 정책보고서 2014-61.

12 한국보건사회연구원(2017), 2017년도 노인실태조사, 정책보고서.

13 서울연구데이타베이스, 1인 가구의 주거실태, http://data.si.re.kr/node/321 (2019.4.14
접속).

14 통계청(2017), 인구주택총조사 보도자료.

15 Corr, H.(1983), 'Introduction' in Melling, J., *Rent Strikes: People's Struggle for
Housing in West Scotland 1890-1916,* Edinburgh: Polygon Books.

16 Gillian, D.(1990). *Octavia Hill: A Life.* London: Constable.

17 Grant, B.(2018), *A Woman's Fight: The Glasgow Rent Strike 1915,* University of
Highlands and Islands, Center for History.

18 Gregory, Derek; Johnston, Ron; Pratt, Watts, Michael; et al., eds. (June 2009).
"Quality of Life". *Dictionary of Human Geography* (5th ed.). Oxford: Wiley-
Blackwell.

19 Hill, O.(2010), *Homes of the London Poor,* Cambridge; Cambridge University
Press,(digitally printed version).

20 Lawson, R.(1984), The Rent Strike in New York City, 1904－1980: The Evolution of a Social Movement Strategy, *Journal of Urban History,* Vol. 10 issue 3, pp.: 235－258.

21 Leneman, L.(1991), *A Guid Cause: The Women's Suffrage Movement in Scotland,* Aberdeen: Aberdeen University Press.

22 Martha Nussbaum and Amartya Sen, ed. (1993). *The Quality of Life,* Oxford: Clarendon Press.

23 Octavia Housing, https://www.octaviahousing.org.uk/ (accessed April, 17, 2019).

24 UN Habitat(2014), *The Right to Adequate Housing,* Office of the United Nations High Commissioner for Human Rights, Fact Sheet No. 21/Rev.1.

25 Whelan, R.(1998), *Octavia Hill and Social Housing Debate,* Suffolk: St Edmundsbury Press.

26 Wohl, A. S.(1971), Octavia Hill and the Homes of the London Poor, *Journal of British Studies,* Vol. 10, No. 2 (May, 1971), pp. 105－131.

제2장

주거서비스의 개념과 체계

| 강순주 |

한국주거서비스소사이어티 연구원 원장

건국대학교 교수

우리나라는 1인당 국민총소득(GNI)이 1994년 1만 달러에 이어 2006년 에는 2만 달러를 넘어섰고, 11년 후인 2017년에는 3만 달러 시대로 돌입하였다. 인구 5천만 명 이상 규모를 가진 국가 중 1인당 국민소득이 3만 달러를 넘는 곳은 미국, 독일, 일본, 프랑스, 영국, 이탈리아, 우리나라까지 단 7개 나라 뿐 임을 볼 때 소득 3만 달러 시대가 갖는 의미는 크다. 그러나 그에 비례하여 개인이 느끼는 삶의 질도 같이 높아졌는가에 대해서는 의문을 갖게 한다. 본 장에서는 저출산 고령화 및 소가구화라는 인구 사회의 구조 변화 속에 국민 총소득 3만 달러 시대를 맞이하여 주거를 둘러싼 패러다임 변화를 살펴보면서 국민의 삶의 질 향상을 위한 주거서비스에 대한 용어 개념과 체계를 이해하고자 한다.

1 주거서비스의 개념과 범위

1) 주거서비스 개념을 둘러싼 이슈의 변화

주거는 인간(휴먼웨어)이 생활(소프트웨어)을 영위하는 장소(하드웨어)로서 흔히 생활을 담는 그릇이라고 말한다. 따라서 주거서비스 개념과 범위는 이러한 주거의 개념에서부터 설정되어야 한다. 즉 인간이 주거 생활을 안전하고 쾌적하고 편리하게 생활하기 위해서는 주택이라는 물리적 공간인 하드웨어 공급뿐 아니라 생활에 필요한 다양한 소프트웨어의 서비스가 동반되어야 한다.

주거서비스는 바로 이러한 하드웨어와 소프트웨어 서비스가 얽혀 있는 총체적인 개념이며, 주택을 통해 창출되는 은신처로의 기능과 인간으로서 일상적 생활을 잘 영위하여 삶의 질을 높일 수 있게 하는 기능이 모두 충족되어야 한다. 이를 위해서는 주거서비스가 주택을 둘러싼 지역사회와의 물리적 인프라 네트워크와 밀접하게 연결되어야 할 것이며 주거권을 보장하는 복지개념과 연계되는 경제 및 생활서비스 또한 체계적으로 잘 갖추어져야 할 것이다.

오늘날 주거 관련 주요 쟁점은 크게 세 가지로 집약될 수 있다. 첫째 자가 소유의 확대를 위한 노력과 정책적 한계, 둘째 전통적 공공주택의 퇴조 내지 축소이며 대안적 부담 가능한 주택공급 확대, 셋째 국민의 주거 안정을 위한 주거서비스 확대 방안의 모색이다.

주거서비스는 그동안 주로 공공적 성격에만 국한하여 논의되었으나 최근에는 주거서비스가 산업으로도 그 영역이 확대되어 삶의 질 향상을 위한 다양한 방안들이 모색되고 있다.

민간부문에서 주거서비스 산업이란 소비자의 주거가치 향상을 지원하는 서비스 활동을 모두 포함한다. 선진 자본주의 국가들의 경우를 보면 주거서비스는 소비자의 다양한 라이프스타일과 주거 수요에 대응하여 주거와 삶의 가치향상을 위한 상품개발과 서비스 공급이 확대되고 있다. 대표적인 예로 임대주택의 기획, 개발, 유통, 관리운영, 입주자서비스, 자산관리, 유동화 등 넓은 영역의 사업 활성화이다.

본 절에서는 이러한 사회적 이슈 변화에 맞추어 주거서비스의 개념을 설정하기 위해 그동안 공공과 민간 분야에서 다루어 왔던 주거서비스 개념과 범위를 정리한다.

주거서비스는 공공영역인 주거 정책 분야와 민간영역인 산업분야에서 그 개념과 범위를 다소 다르게 설정하고 있다. 특히 공공영역인 주거정책 분야에서는 2015년의 주거기본법이 제정되기 전과 후에 따라서도 주거서비스 개념의 범위가 다르다. 주거기본법이 제정되면서 주거서비스를 둘러싼 저변이 사회여건의 변화로 인해 이제는 주택에서 주거로, 공급자에서 수요자로, 건설공급에서 성능과 관리로, 하드웨어 중심에서 소프트웨어로 바뀌었다. 이는 생활자, 공동체, 성능 향상, 복지, 정보 제공, 전달 체계, 전문 인력 양성 등의 서비스에 대한 중요성이 높아졌다는 것을 의미하는 것이며 더불어 주거서비스의 개념과 범위 또한 보다 확장된 개념으로 접근해야 됨을 시사하고 있다.

2) 주거서비스 개념과 범위

(1) 공공영역의 주거정책 분야 - 주거기본법 제정 전

'주거서비스' 용어 정의는 주택정책 수립을 위해 주거서비스의 측정지표를 개발한 윤주현 외(2006)의 연구 보고서에 따르면, 주거서비스란 가구(household)라는 소비자에게 주택으로 대표되는 정주공간의 물리적인 매개체를 통해 거주라는 목적의 서비스(service)를 제공하는 것을 의미한다고 정의 내리고 있다.

주택은 1차적으로 주택이라는 건물(Housing)로 한정되지만, 2차적으로 건물이 속해 있는 토지로서 주거단지(Housing Complex), 그리고 3차적으로 환경적인 입지(Location Environment)로 확장된 요소들로 구성된 서비스 재화라고 범위를 설정하고, 가구는 거주 행위를 통하여 주택이 제공하는 모든 주거서비스를 소비하고 그 대가로 주거비를 지불하는 것이라고 하였다. 주거서비스의 지표로는 다섯 가지를 제시하고 있다. 즉 양적지표(주택보급률, 자가점유율, 1인당 주거면적), 질적지표(건축경과년수, 3인 이상 단칸방 거주가구 비율, 시설, 환경, 주거면적 등의 주거만족도), 주거비부담지표(PIR, RIR, PTI, LTV), 주거안정성지표(평균 거주기간, 강제이동비율), 주거형평성지표(지니계수, 타일지수, 최저주거기준 미달가구)이다. 이 내용을 보면 그 당시의 주거서비스의 개념과 범위는 주거의 물리적 측면과, 경제적 측면 등의 수치 제어적 범위에 국한되고 있음을 알 수 있다.

한편 주거복지 측면에서 다루고 있는 주거서비스는 주택공급 및 자금 대출 지원 등의 직접적인 서비스보다는 주거를 유지하기 위한 서비스라는 측면에서 '주거지원서비스'의 용어를 사용하였다. 김혜승 외(2012)는 주거지원서비스를 주택이라는 물리적 공간에서 안정적이고 독립적인 주거생활을 할 수 있도록 정보제공 및 상담 뿐 아니라 일상생활 기술을 제공하며, 지역사회에서도 자립 활동을 할 수 있는 고용, 복지, 보건서비스 등의 사회서비스와도 연계해주는 서비스로 보면서 "취약계층을 포함한 주거문제를 지닌 지역주민이 적절한 주택을 확보, 유지함으로써 주거를 기반으로 지역사회에서 독립적으로 생활하는데 필요한 연성서비스(휴먼서비스)"로 정의하였다 (구체적인 내용은 제7장 참조).

(2) 공공영역의 주거정책 분야 - 주거기본법 제정 후

우리나라는 2015년 12월에 국민의 주거 안정과 주거수준의 향상에 이바지하는 것을 목적으로 주거권을 보장하는 「주거기본법」 [시행 2015.12.23] [법률 제13378호, 2015.6.22., 제정]이 제정되었다. 주거권이란 주거기본법 2조에 의하면 '국민은 관계법령 및 조례로 정하는 바에 따라 물리적, 사회적 위험으로부터 벗어나 쾌적하고 안정적인 주거환경에서 인간다운 주거생활을 할 권리를 갖는다는 것을 의미한다. 또한 주거기본법은 '국민의 주거안정과 주거수준의 향상에 이바지하는 것을 목적으로 한다.'고 되어 있으므로 이제는 국가 및 지방단체가 국민의 주거권을 보장하기 위해 주거 정책의 내용을 보다 넓은 범위로 확장시켜야 한다. 정부는 주거기본법을 통해 주거정책의 기본 원칙 아홉 가지를 제시하고 있다. 내용을 보면 국민의 주거안정과 주거수준의 향상을 실현하기 위해서는 주택이라는 물리적 공간인 하드웨어 공급뿐 아니라 주거 생활을 안전하고 쾌적하고 편리하게 생활 할 수 있도록 하는 다양한 소프트웨어가 동반되어야 함을 알 수 있다. 즉 하드웨어 중심의 물리적 주거서비스, 경제적인 주서서비스 뿐만 아니라 생활의 편리함까지도 지원 받고 유지할 수 있는 생활서비스 개념이 포함되어야 함을 의미하며, 대상 또한 주거 약자 뿐 아니라 국민 누구나 삶의 질이 향상되어 보장받는 보편적 주거복지 실현의 주거정책의 실현을 목표로 하고 있음에 주목해야 한다.

표 2-1 주거기본법에 의한 주거정책의 원칙

1. 소득수준·생애주기 등에 따른 주택 공급 및 주거비 지원을 통하여 국민의 주거비가 부담가능한 수준으로 유지되도록 할 것.
2. 주거복지 수요에 따른 임대주택의 우선 공급 및 주거비의 우선 지원을 통하여 저소득층 등 주거취약계층의 주거수준이 향상되도록 할 것.
3. 양질의 주택 건설을 촉진하고, 임대주택 공급을 확대할 것.
4. 주택이 체계적이고 효율적으로 공급될 수 있도록 할 것.
5. 주택이 쾌적하고 안전하게 관리될 수 있도록 할 것.
6. 주거환경정비, 노후주택 개량 등을 통하여 기존 주택에 거주하는 주민의 주거수준이 향상될 수 있도록 할 것.
7. 장애인·고령자 등 주거약자가 안전하고 편리한 주거생활을 영위할 수 있도록 지원할 것.
8. 저출산·고령화, 생활양식 다양화 등 장기적인 사회적·경제적 변화에 선제적으로 대응할 것.
9. 주택시장이 정상적으로 기능하고 관련 주택산업이 건전하게 발전할 수 있도록 유도할 것.

이상을 종합하면 주거정책 분야에서의 주거서비스 개념 범위는 기존의 물리적, 경제적 주거서비스에 안전하고 편리한 생활서비스가 포함되어 확대되고 있음을 알 수 있다. 결국 주거기본법 제정 이후 주거서비스는 사람이 주체가 되는 생활서비스가 추가됨으로써 보편적 복지 구현의 주거정책으로 전환하고자 함을 알 수 있다.

표 2-2 주거기본법에 의한 주거서비스의 내용 범위

목표		주거서비스 내용 범위
주거권 보장	• 주거안정 • 주거수준 향상	하드웨어적 측면: 양질의 주택 공급, 주거환경 정비, 노후주택 개량
		소프트웨어적 측면: 주거비지원, 쾌적하고 안전한 관리, 주거 약자는 물론 사회적 경제적 변화에 선제적으로 대응하여 안전하고 편리한 주거생활을 영위할 수 있도록 지원, 건전한 주택산업 유도 등

출처: 박경옥, 권오정, 최병숙(2017), p.10에서 재정리.

(3) 민간 영역의 주거 산업 분야

최근 산업분야에서 '주거서비스' 용어의 사용이 늘고 있다. 1-2인 가구 증가 및 고령사회 진입과 함께 주택시장 환경이 공급에서 관리모드로 바뀌고 주택에 대한 소유 의식도 거주 의식으로 전환되면서 임대주택에 대한 수요가 증가하게 되어 점차 주택 거래 및 유통 기능의 중요성이 커지고 있다. 이에 주택 산업 분야에서는 건설 분양 이후의 관리, 유통, 임대, 리모델링, 고부가 가치 서비스에 대한 수익 창출 영역에 관심을 갖게 되었다. 2016년 박근혜 정권 때 시행된 소위 기업형 임대주택인 뉴스테이(New Stay) 사업은 주거서비스 산업 활성화에 영향을 끼쳤다고 할 수 있다. 뉴스테이 사업은 민간기업이 정부로부터 주택도시기금으로 저리융자, 택지할인 공급 및 인허가 특례 등의 지원을 받아 건설하되, 입주자에게는 최소 8년의 거주기간을 보장하고 임대료 상승률도 연 5% 이하로 제한하며 이사, 육아, 청소, 세탁, 공동체 활성화 등의 다양한 주거서비스를 제공하는 중산층 대상 기업형 임대주택을 공급하는 사업이다. 그러나 문재인 정권이 들어선 2017년 이후에는 기업형 임대주택이라는 주택 유형은 유지하되, 뉴스테이 용어 대신 공공지원 민간임대주택으로 명칭을 변경하고 임대료 상승도 제한하는 등의 제약을 두고 있어 향후의 기업형 임대주택 사업의 귀추가 주목된다.

산업분야에서 사용하는 주거서비스는 '주거를 소유·임대하고 거주하는 전(全) 과정에서 얻을 수 있는 물리적, 심리적 만족감을 얻을 수 있도록 지원해주는 모든 것'(김찬호, 2016)의 의미로 사용한다. 산업 분야에서의 주거서비스 내용 범위는 뉴스테이 인증제 도입에서 그 내용을 이해할 수 있다. '뉴스테이(기업형 임대주택) 주거서비스 인증'이란 정부에서 마련한 평가항목에 따라 주거공간, 단지 내 편의시설, 생활지원·공동체 활동 지원을 평가하고 진단하여 뉴스테이 주거서비스의 질적 수준을 향상시키고 입주민의 만족도를 높일 수 있는 제도이다. 뉴스테이 임차인 모집 시 제시한 보육·세탁·이사 등 주거서비스의 신뢰도와 이행 여부가 철저히 관리되고, 청약자들은 사전에 제공되는 서비스의 내용과 수준을 쉽게 파악할 수 있다. 동 인증의 평가항목은 주택품질 유지를 위한 시설 및 관리체계부터 보육, 세탁 등 가사 지원과 취미, 여가 등의 생활서비스까지 복합적인 분야를 포함하고 있어 거주자를 위한 개인 및 공동체 생활지원서비스와 주택 자산의 물리적 유지관리 서비스가 주요 내용이다. 평가대상 기간은 사업계획 초기 예비인증부터 입주 후 본인증과 모니터링까지 전 기간에 걸쳐 있다.

결국 산업계에서의 주거서비스의 내용 범위는 양질의 주택 공급을 위한 물리적 시설 성능 특화 및 이를 유지하는 관리서비스와 그에 동반하는 개인과 공동체생활지원의 생활서비스로 확대하여 새로운 수익 기회의 고부가 가치 창출 개념으로 다루고 있음을 알 수 있다. 그 외에 최근 우리나라에서도 전문임대주택관리회사의 일괄수탁계약을 통한 주택의 임대운영 서비스 등도 주목받고 있다.

표 2-3 뉴스테이 주거서비스 예비인증 평가항목과 배점

구분	평가항목(배점)
1. 입주자 맞춤형 주거서비스 특화전략 및 운영계획(10)	1) 입주계층 맞춤형 주거서비스 특화전략의 타당성 및 운영계획의 충실성 (6)
	2) 입주예정자 소통프로그램 (4)
2. 주거서비스 시설계획과 운영계획의 구체성 (35)	1) 주거서비스 시설계획과 프로그램의 정합성 및 적정성 (10)
	2) 무인택배 보관함 설치 (3)_ (필수항목)
	3) 공동체 활동 공간 설치 및 지원계획의 구체성 (5)_ (필수항목)
	4) 카쉐어링 주차공간 설치 및 운영계획 수립의 구체성 (5)_ (필수항목)
	5) 입주자 건강증진시설 설치 및 운영계획의 구체성 (6)_ (필수항목)
	6) 국·공립 어린이집 또는 보육시설 유치계획의 구체성 및 운영가능성 (6)_ (필수항목)
3. 입주자 참여 및 공동체 활동 지원계획 (20)	1) 임차인대표회의 구성 및 지원계획의 구체성 (5)_ (필수항목)
	2) 입주자참여 모니터링 계획의 구체성 (5)
	3) 재능기부 입주자 선정 및 운영계획의 구체성 (5)_ (필수항목)
	4) 주거지원서비스 코디네이터 활용 및 운영계획의 구체성 (5)_ (필수항목)
4. 임대주택 운영 및 관리계획 (15)	1) 임대 및 시설관리 운영계획의 구체성 (10)
	2) 긴급대응서비스 계획 및 서비스 전달체계의 구체성 (5)_ (필수항목)
5. 주택성능 향상계획 (15)	녹색건축인증계획 (15)_ (필수항목)
6. 특화 고유서비스 제공계획 (5)	특화된 고유서비스 (5)

출처: 서수정 외 2인(2016), p.14에서 재정리.

이상의 공공영역의 주거정책 분야와 민간영역의 산업분야에서 다루는 주거서비스 개념과 내용 범위를 종합해 볼 때 주거서비스의 개념은 다음과 같이 정의 내릴 수 있다.

주거서비스는 국민의 주거안정과 주거수준 향상을 위하여 주택이라는 물리적 공간 환경을 통해 거주 행위의 모든 과정에서 제공받을 수 있는 하드웨어 및 소프트웨어 서비스로서, 양질의 주택 기획, 건설, 공급, 유지관리, 리모델링, 개량(물리적서비스)뿐 아니라 주택을 구매, 임대하기 위한 금융 관련 지원(경제적서비스)과 개인의 삶의 질 향상과 공동체 활성화를 위해 요구되는 다양한 서비스(생활서비스)가 포함되는 개념이다.

그림 2-1 주거서비스의 개념과 범위

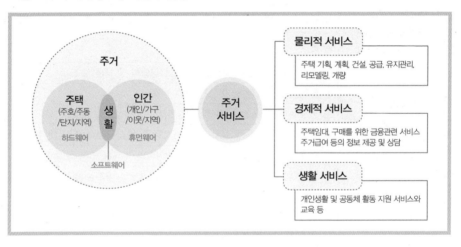

2 주거서비스의 체계

1) 주거서비스 연계 분야와의 관계

(1) 주거서비스와 연계 서비스 산업분야

전술한 바와 같이 주거서비스는 사람(휴먼웨어), 생활(소프트웨어), 주택 (하드웨어)을 통합적이고 다각적으로 융·복합할 수 있다는 점에서 최근 산업계의 주목을 받고 있다. 특히 주거문제 해결을 시도하는 융·복합의 분야로서 라이프스타일의 다양화에 따라 맞춤형 주거 형태를 위해 '신산업으로의 주거서비스'는 기존의 주택건설 및 공급 위주의 하드웨어 산업영역에서 소프트웨어 산업영역으로 확장된다. 업계 수요도 형성되고 있어 주거서비스 산업이 수치제어에서 성능제어로, 공급관리에서 유지관리로, 하자보수체계에서 품질보증체계로 전환될 필요성이 부각되고 있다. 주거서비스 산업의 영역은 주택건설 공급 이외 주택 유통 거래 관련 분야의 서비스, 맞춤형 관리서비스, 그 외 생활서비스 사업 등 다양한 분야와의 연계 속에 존재한다. 이미 제정된 건축서비스산업진흥법[1] 및 부동산서비스산업진흥법[2]에 의한 각각의 서비스의 용어 정의를 들여다 보면, 부동산서비스란 부동산에 대한 기획, 개발, 임대, 관리, 중개, 평가, 자금조달, 자문, 정보제공 등의 행위를 말한다로 되어 있고, 건축서비스산업진흥법 제2조에서는 건축서비스란 건축물과 공간환경을 조성하는 데에 요구되는 연구, 조사, 자문, 지도, 기획, 계획, 분석, 개발, 설계, 감리, 안전성 검토, 건설관리, 유지관리, 감정 등의 행위를 말한다로 제시되어 있다. 즉 부동산서비스 및 건축서비스산업은 사업자인 공급자(developer, builder) 중심의 산업인 반면, 주거서비스는 전술한 주거서비스 개념과 같이 수요자인 사용자(user) 요구 중심의 산업이라는 점에서 차이가 있다. 따라서 향후에는 지역의 인프라와 연계하여 저비용 구조의 주거서비스 산업 활성화를 위해서 사람 중심의 주거서비스산업진흥법 제정이 고려되어야 할 것이다(<그림 2-2> 참조).

1) 건축서비스산업진흥법[시행 2014. 6. 5.] [법률 제11865호, 2013. 6. 4. 제정]
2) 부동산서비스산업진흥법[시행 2018. 6. 20.] [법률 제15276호, 2017. 12. 19. 제정]

그림 2-2 주거서비스와 연계분야 서비스와의 관계

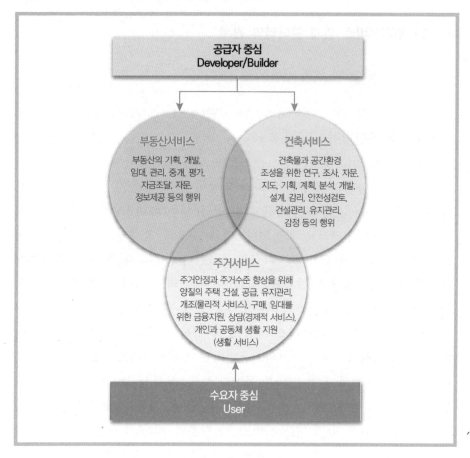

최근 산업현장에서 직무를 수행하기 위해 요구되는 지식·기술·태도 등의 내용을 국가가 체계화한 국가직무능력표준(National Competency Standard) 분류체계에 새롭게 소분류로 들어간 '주거서비스'와 그 하위 직무의 세분류인 '주거서비스 지원'의 직무에서도, 그 정의를 국민의 주거안정과 주거수준 향상을 위하여 물리적 서비스, 경제적 서비스, 생활 서비스를 계획하고 지원하는 일이라고 하고 있어 주거서비스 산업의 영역은 다양한 분야와 연계된다고 할 수 있다. 현재 NCS 상의 주거서비스 지원의 능력 단위[3]는 주거서비스기획, 주거서비스 공간기획, 주거서비스 조사분석, 주거서

---

3) 구체적인 내용은 제3장 표 3-1 참조.

비스 인증관리, 주택자금 지원관리, 임차급여 실행관리, 주거서비스 정보체계 운영, 주거서비스 상담, 주거생활서비스 지원, 노후주택 개량 지원, 수선유지급여 실행관리, 주거약자 주택개조 지원, 주거서비스 자원네트워크 관리의 13개로 나누어져 있어 향후 주거서비스 산업의 방향을 예측할 수 있다.

그림 2-3 NCS 상의 주거서비스 지원의 능력단위

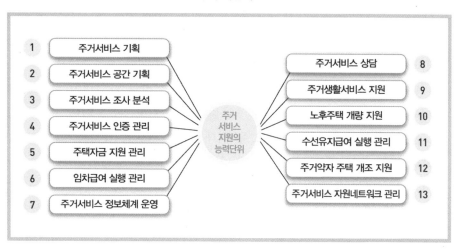

(2) 주거서비스와 관리영역서비스

여기서는 주거서비스 연계 분야 중 하드웨어 영역의 건축 관련 서비스 및 공급 범위는 제외하고, 주로 부동산 관련분야인 관리영역 서비스를 중심으로 그 관계성을 살펴본다.

주거자산관리분야

부동산 관련 분야인 주거자산관리를 중심으로 주거서비스를 제공하는 AM(Asset Management), PM(Property Management), FM(Facilities Management) 등의 3분야 서비스와의 연계 특성을 살펴본다.

이 3분야는 건축환경을 다루는 속성 때문에 유사성과 차별성을 두고 있다. 먼저 AM은 부동산 이외에도 동산, 여러 가지 현금 등을 다루고 있고, PM은 오피스, 주택, 임대수입을 중심으로 한 업무를 중심으로 이루어진다.

PM에서는 대상 건물, 오피스, 건축환경을 유지관리하는 업무를 지원하고 있다.

FM은 국내에서 '시설 관리'라는 용어로 해석된다. 기존 시설관리 이미지가 상하수도 시설 등 설비 분야에만 국한되는 데 반해, FM은 건축환경 전반과 연계하는 개념이며 건물 및 시설 전반에 관한 경영관리라고 할 수 있다.

AM 분야는 주거자산과 관련된 주거비용, 주거금융, 주거자산 운용에 관한 접근기법들이 사용될 수 있다. 파이낸스, 마케팅 등 다른 분야가 건축환경과 연관돼 AM의 영역에서 진행될 수 있다.

PM 분야는 주로 사무실을 주 대상으로 하며 사무실 임대 관리하는 영역이다. 외국사들이 국내에서 PM 사업을 진행 중이고, 국내 임대 주택 사업은 공공임대 주택사업을 제외하고는 임대관리가 아직은 활성화되고 있지는 않으나 최근 주목 받고 있다. 앞으로 외국처럼 주택을 임대하는 방식 등 다양한 PM 영역이 등장할 것으로 예상된다.

FM 분야는 다양한 시설 관련 영역을 포함하고 레지던스 시설개념도 적용된다. 건물, 제반기기, 부지, 시설 등 전반적으로 조직이 소유한 관점에서의 자산을 경영관리하는 접근이라고 할 수 있다.

공동주택 관리분야

공동주택의 비율이 70%에 달하는 우리나라의 경우 공동주택 관리는 다른 건물에 비하여 복합적인 주거관리 업무가 요구된다. 현재는 공동주택이 건물 및 시설 관리 등의 물리적 유지관리뿐 아니라 사무, 회계 등의 행정 운영관리 업무와 거주자들의 공동체 관리라 할 수 있는 생활관리 업무 영역 등으로 구분되어 관리되고 있다.

이러한 공동주택 관리 업무를 전술한 주거자산관리 영역과 대비 시키면, FM 분야인 시설관리가 물리적 유지관리와 운영관리에 해당되며 PM 분야는 주택임대관리 업무로서 임대인과 임차인 관리 업무에 해당된다. 나머지 생활관리 업무 영역은 커뮤니티 관리(CM)로서 입주자(임차인)대표회의 및 주민 자생단체를 지원하고 지역자원과도 연계하여 다양한 프로그램을 주민들과 함께 기획하고 운영하는 업무이다. 이는 임대주택의 경우는 PM

그림 2-4 공동주택의 현 관리업무

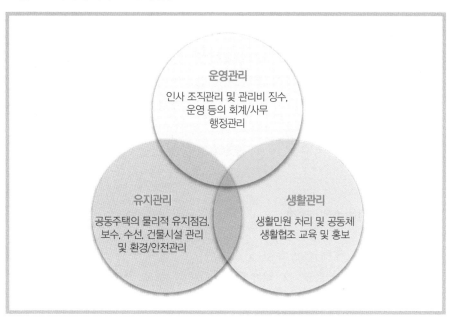

그림 2-5 공동주택 주거관리서비스 방향

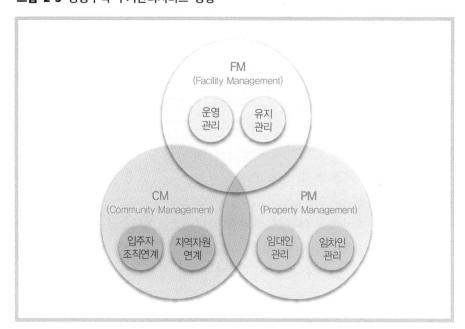

분야에서 함께 다루어 질 수 있다. 최근에는 주거자산관리의 중요성으로 건물의 물리적 자산관리 개념 뿐 아니라 공동체 활성화의 커뮤니티 관리 서비스 내용의 중요성이 커지고 있다. 이에 시행사(건설사) 및 관리회사에서도 최근 입주자 개인의 생활지원과 공동체 활성화를 위한 주거서비스 프로그램에 대한 중요성을 인식하여 개발하고 있으며, 향후 이러한 주거서비스 개발과 운영이 공급 및 관리 마케팅에 미치는 효과는 클 것으로 예상된다. 따라서 수요자의 욕구 충족을 위해 공급자는 어떠한 관리서비스 방식으로 지원해야 지속가능할 것인가 대한 체계적이고 통합적 접근이 요구된다.

2) 주거서비스의 체계

주거서비스 체계는 공공의 주거정책과 민간의 주거산업에서 다루는 주거서비스 내용 중심으로 그 체계를 정립해야 한다. 전술한 바와 같이 주거(복지)정책에서는 주거기본법 이전부터 취약계층을 위한 사회복지 개념을 적용하여 주거서비스 지표를 설정하고 주거지원서비스 등의 용어로 주거서비스 정책을 펼쳐 왔다. 그 후 주거기본법이 제정되면서 부터는 주거복지센터를 만들고 주거복지 전달체계를 통한 업무를 통해 취약계층뿐 아니라 주거문제가 있는 일반 지역주민이 적절하게 주택을 확보하고 유지함으로써 지역사회에 독립적으로 생활할 수 있도록 지원하는 서비스임을 확인하였다.

한편 산업분야에서는 주거를 소유하거나 임대하고 거주하면서 지역사회에서 물리적인 안정감을 얻고 심리적인 만족감을 얻을 수 있도록 지원해 주는 모든 영역의 서비스로 범위가 확대된다. 즉 건설, 금융, IT, 의료, 교육, 유통 등 다양한 산업 분야와의 융복합을 통해 임대, 관리, 중개, 개조, 개인 및 공동체 생활 지원 등의 민간 분야 주거서비스와 연결해야 하는 서비스임을 이해할 수 있다.

따라서 주거서비스 체계는 주거서비스 공급 영역인 공공 및 제3섹터와 민간의 업무 범위가 다소 다르므로 이를 분류하고, 공간적 범위에서는 작게는 가구의 일차적 범위에서 넓게는 지역사회로 펼쳐나가 물리적 시설 인프라와 관련 기관 및 자원과의 긴밀한 연계 시스템이 필요하다. 주거서비스 체계가 잘 정립되기 위해서는 서비스 공급자와 수요자 간의 소통을 연결하는 주거서비스 플랫폼 구축이 우선이며 여기에는 주거서비스를 지원하는 전문 인력과 기술이 그 전달체계 역할을 잘 수행할 수 있도록 인재 양성과 교육도 필수적이다.

이상의 주거서비스 체계 내용을 도식화 하면 <그림 2-6>과 같다.

그림 2-6 주거서비스 체계

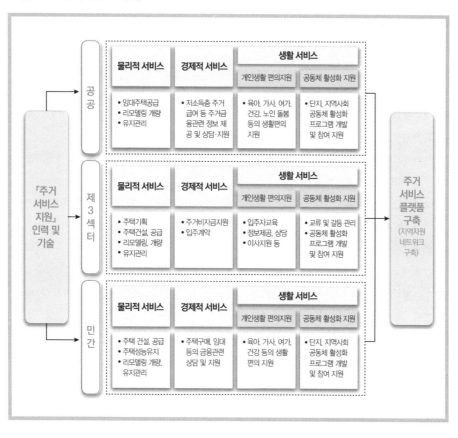

참고문헌

01 강순주(2015), 보금자리주택 단지와 민간 분양아파트 단지의 관리실태와 관리의식 비교연구. 한국주거학회논문집 26권2호, 한국주거학회.

02 강순주, 이슬지(2017), 분양아파트 관리서비스 요구도와 관리의식 분석을 통한 관리주체의 역할 모색, 한국주거학회논문집 28권5호, 한국주거학회.

03 김찬호(2016), '산업차원의 주거서비스', 주거서비스 주거의 새로운 패러다임 특별세미나 자료집, 한국주거학회.

04 김혜승, 박미선, 천현숙, 차미숙, 김태환(2012), 서민주거복지향상을 위한 주거지원 서비스체계 구축방안 연구, 국토연구원.

05 노병용(2018), '주거관리서비스 현황과 전망', 2018 한국주거서비스소사이어티 정기 정책세미나 자료집, 한국주거서비스소사이어티, 한국주거학회.

06 박경옥, 권오정, 최병숙(2017), 주거서비스 NCS설정을 위한 분류체계 개발 연구, 한국주거학회.

07 박경옥(2016), 'NCS 기반의 주거서비스체계 구축 방안', 제2회 주거서비스 정책세미나 자료집, LH, 한국주거학회.

08 윤영호(2016), '맞춤형 주거정책과 주거서비스 산업분류 체계', 제2회 주거서비스 정책세미나 자료집, LH, 한국주거학회.

09 윤주현 외(2005), 지역간, 계층간 주거서비스 격차 완화 방안연구－주거서비스 지표의 개발 및 측정－, 국토연구원.

10 이소영(2016), '융복합 분야의 주거서비스 유형', 제2회 주거서비스 정책세미나 자료집, LH, 한국주거학회.

11 최병숙(2018), '아파트 주거서비스, 공동체 활성화의 초석', 아파트 공동체 상생을 생각하며, 한국주택관리연구원.

12 고용노동부, 한국산업인력공단, 한국주거학회(2018), 2018 국가집무능력표준 NCS 및 활용패키지 소분류: 주거서비스, 세분류(직무) 주거서비스지원, 한국주거학회.

13 주거학연구회(2018) 3판 넓게보는 주거학, 교문사.

제3장

주거서비스 제도적 기반

| 윤영호 |
서울주택도시공사 인재개발 원장

미래사회의 메가트렌드 중 하나로 '인구구조 변화와 삶의 질 추구'가 대두되고 있다. 저출산·고령화·소가구화가 일어나는 가운데 삶의 질에 대한 관심이 커지는 것이다. 정부에서는 국민의 주거안정과 주거수준의 향상을 위해 주거급여 등의 정책을 도입하고 있다. 이와 관련 최근 몇 년에 걸쳐 주거 관련법이 많이 개정되었다. 앞으로는 주거서비스 자체가 주거정책을 기반으로 한 주택공급에서 주택복지·관리, 다양한 거주자 생활구조에 대응하는 주거 관련 사업군으로 성장할 것으로 보인다. 주거서비스는 이러한 차원에서 미래주거산업으로 더 중요한 새로운 이슈가 될 것이다. 이에 주거서비스에 대한 정책·제도적 기반을 살펴보고자 한다.

1 주거서비스의 정책적 기반

주택·주거를 포함한 건설 산업이 미래 변화에 적극적으로 대처하기 위해서는 복지수요 증가에 대응하는 한편 노후주택 개량에 대비할 필요가 있다. 특히 수년에 걸쳐 국내 주거 정책의 방향이 주택의 양적 부족 해소에서 더 나아가 질적 주거복지 향상으로 나아가는 상황에서 주거복지를 새로운 주거산업의 한 축으로 발전시키고 사회적 공감대를 형성할 필요가 있다. (<그림 3-1> 참조)

그림 3-1 주거서비스의 개념 이해

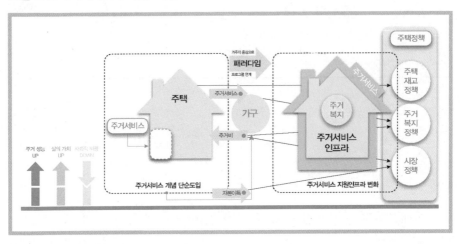

　　정부에서는 국민의 주거안정과 주거수준의 향상을 위해 주거급여 등의 정책을 도입하고 있다. 이와 관련 최근 몇 년에 걸쳐 주거기본법, 주거급여법, 공공주택특별법, 장기임대주택법 등의 주거 관련법이 많이 개정되었다. 앞으로는 주거서비스 자체가 주거정책을 기반으로 한 주택공급에서 주택복지·관리, 다양한 거주자 생활구조에 대응하는 주거 관련 사업군으로 성장할 것으로 보인다. 따라서 주거서비스에 대한 정책·제도적 기반을 살펴볼 필요가 있고 산업으로서 또 주거생활지원으로서의 주거서비스에 대한 논의가 이뤄져야 한다.

　　특히 주거서비스라는 광범위한 영역을 통해 주거산업에 새로운 직무를 창출하고 기존의 관련 산업을 발전시킬 수 있는 주거서비스 생태계 조성이 필요한 시점이다. 그동안 주거서비스는 공급자인 공공기관과 민간업체가 수립한 계획을 바탕으로 이루어져 왔다. 그러나 이제는 수요자 입장에서의 주거서비스가 제공되어야 한다. 여러 가지 중점 가치 중에서도 우선 수요자가 생활하는 데 편리하고 국민들이 생각하는 주거의 가치가 높아져야 할 것이다. 특히 주거문제를 입지문제로 점철하는 사회적 분위기나 인식이 개선되어야 한다. 이를 바탕으로 질적인 차원에서의 주거서비스 개념을 다시 한 번 생각해볼 필요가 있다.

　　주거서비스에 대해 보다 열린 생각으로 다양한 방면과 관점에서 어떤 주거서비스가 있는지를 고민해야 한다. 또 시너지 차원에서 다른 서비스를 제공하거나 어려운 여건 속에서도 언제든지 서비스를 제공하며 다양한 주거서비스를 개발해나가야 한다. 이를 위해 앞으로도 정부·민간단체 등의 협력과 도움이 필요하며 나아가 새로운 주거복지·주거서비스, 실질적 주거복지 향상에 대한 다양한 의견과 논의가 오갈 수 있는 주거서비스 생태계 조성이 필요하다.

우리나라 공동주택 건설은 1988년 정부의 200만 호 주택건설계획과 함께 1991년 제1기 신도시 아파트 공급 등으로 본격화 됐다. 당시 대규모 아파트 건설에 따라 전국 공동주택 비율도 빠르게 증가했다. 이로 인해 1980년대까지 높았던 단독주택 비율은 줄어들고 1990년대 후반 공동주택의 비중이 확대되어 2000년대에는 국내 주택시장 중 가장 큰 시장의 하나로 자리매김했다. 이와 같이 단독주택 중심에서 공동주택 중심으로 주택유형이 이행되면서 주거환경도 시대 변화에 따른 사회적 요구에 부응하며 개선되어왔다.

한편, 민간 차원의 주거환경이 시장 논리로서 양적으로 확대되고 질적으로 성장하는 동안, 무주택자, 주거약자, 사회취약계층, 저소득층의 주거환경은 열악하고 제한적인 상황에서 형성될 수밖에 없었다. 이에 따라 1980년대부터 영구임대주택, 공공50년 임대주택 등을 건설하고 사회적 약자를 대상으로 한 주택을 공급하기 시작했다. 또한 국민임대주택, 보금자리주택 등을 건설하며 사회취약계층, 저소득층 등을 시작으로 입주계층을 다양화하기도 했다. 건설차원에서도 입주자의 생애주기를 고려하고 유지관리비용을 낮추는 방향으로 발전 해왔다. 2015년 이후에는 행복주택, 뉴스테이 등 민간 차원에서 주거복지, 공공실버주택 사업을 병행하면서 한국형 주거복지 시스템은 공공적 측면뿐만 아니라 산업적 측면으로 진입하기 시작했다.

따라서 앞으로 우리 주거복지는 장기공공주택 중심의 공급형 정책 차원에서 벗어나 주거서비스를 산업체계에서 수렴, 주거복지 영역과 연계하는 방향으로 나아가야할 것이다. 특히 공공부문에만 머물던 사업영역을 민간부문과의 연계, 영리사업과 비영리사업의 융합, 지역자원 발굴 등으로 넓히면서 지역 거점형 주거서비스 유형을 개발할 필요가 있다. 한국 주거복지가 추진하던 '주거안정화'는 사회취약계층을 포함한 거주자에게 양질의 주거서비스를 체계적으로 제공해 거주자 생활을 이해하고 그에 대응하는 맞춤형 주거서비스 산업부문으로 확대될 전망이다. 주거서비스 산업이 내세우는 업무기획, 기술상담, 시공감리 등 통합적 업무를 수행하는 인력과 전문지식, 거주자에 대한 이해와 커뮤니케이션 능력은 자체 산업의 성장을 이끌 뿐만 아니라 향후 주거서비스 생태계를 통해 보편적 주거복지를 구현할 수 있는 발판을 삼을 것으로 예상되고 있다. 소프트웨어로서 주거서비스의 지속가능성은 거주자, 지방자치단체, 사회복지단체 등 협력네트워크를 확립하고 수치제어를 넘어 성능제어를 통한 질적 개선으로부터 시작될 수 있다. 특히 주거서비스 개념을 정립하고 사회적으로 공론화하는 한편 법적 기반과 주거서비스 국가직무능력표준(NCS) 분류 체계를 확립해 고령화가 가속화되는 한국사회의 대응방안을 마련하는 것이 중요하다. 현재 신산업으로서의 '주거서비스'는 사회적 요구로서 주택산업의 주거서비스 부문으로 영역을 확장하며 업계 수요를 형성하고 있다. 이러한 실정에서 주거서비스 산업은 수치제어에서 성능제어로, 공급관리에서 유지관리로, 하자보수 체계에서 품질보증 체계로 전환될 전망이다. 향후 한국형 주거서비스는 주택, 사람, 생활 각 영역을 통합적, 다각적으로 융·복합해 다양한 라이프 스타일에 맞춤형 주거복지를 정립해 나갈 것이다. 더 나아가 공급자의 특성, 여건 등을 고려해 일방적인 수요 맞춤형을 넘어 양방향의 유기적 주거복지 생태계를 조성할 수 있을 것이다.

② 주거서비스의 법·제도적 기반

주택보급률이 100%를 넘어선 시점에서 저출산, 고령화, 1~2인 가구의 증가로 인구구조, 산업구조가 변화하고, 저성장의 여건이 공공주택 차원을 벗어나 급변하고 있다는 점을 간과해서는 안 된다. 이에 정부에서는 국민의 주거 안정과 주거수준의 향상이라고 하는 목적을 두고, 공급에서 국민의 삶의 질 향상을 위해 주거급여 등의 정책을 도입하고 있다.

특히 이와 관련해서 최근 몇 년에 걸쳐 주거기본법, 주거급여법, 공공주택특별법, 장기임대주택법 등의 주거 관련법이 많이 개정되었다. 앞으로는 주거서비스 자체가 주거정책을 기반으로 한 주택공급에서 주택복지, 관리, 다양한 거주자 생활구조에 대응하는 주거관련 사업군으로 성장하게 될 것으로 보인다. 주거서비스는 이러한 차원에서 미래주거산업으로 더 중요한 새로운 이슈가 될 것이다. (<그림 3-2> 참조)

그림 3-2 주거서비스와 대한민국헌법, 주택법, 주거급여법 등 연계

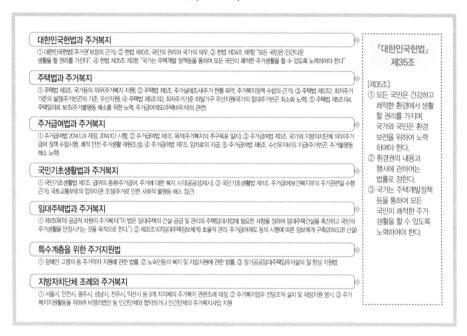

「주거기본법」[시행 2015.12.23] [법률 제13378호, 2015.6.22, 제정]에서 '물리적·사회적 위험으로부터 벗어나 쾌적하고 안정적인 주거환경에서 인간다운 주거생활을 할 권리'(제2조)인 주거권을 보장하였다. 이 법이 '국민의 주거안정과 주거수준의 향상에 이바지하는 것을 목적으로 한다.'고 한 것의 주거권에는 주거서비스의 개념이 포함되어 있다. 제3조(주거정책의 기본원칙)에는 국가 및 지방자치단체가 제2조의 주거권을 보장하기 위하여 주거정책을 수립·시행하도록 하고 있으며 주거정책의 내용은 하드웨어(hardware)적 측면과 소프트웨어(software)적 측면이 있다. 하드웨어적 측면은 주택 공급, 주거환경 정비, 노후주택 개량이다. 소프트웨어적 측면은 주거

비지원, 쾌적하고 안전한 관리, 주거약자가 안전하고 편리한 주거생활을 영위할 수 있도록 지원, 건전한 주택산업 유도 등이다. 「주거기본법」에 의해 국가, 지자체, 공공기관에서 주거복지 전문 인력의 업무 범위는 상담, 주거급여, 취약계층 주거실태 조사, 공공임대주택의 운영 및 관리, 정책 대상자 발굴 네트워크 구축 등으로 규정하고 있다. 따라서 「주거기본법」에서 주거서비스는 국민의 주거권보장을 위한 주거안정과 주거수준 향상을 도모할 수 있는 하드웨어적인 측면과 소프트웨어적인 측면 모두를 포함하는 광의의 의미로 사용되었다.

「사회보장기본법」[시행 1996.7.1] [법률 제13378호, 1995.12.30., 제정]은 사회보장에 관한 국민의 권리와 국가 및 지방자치단체의 책임을 정하고 사회보장정책의 수립·추진과 관련 제도에 관한 기본적인 사항을 규정함으로써 국민의 복지증진에 이바지하는 것을 목적으로 한다. 현행 사회보장기본법[시행 2016.1.25.] [법률 제13426호, 2015.7.24., 제 3조(정의) 4에서 "사회서비스"를 정의하고 있다. "사회서비스"를 국가·지방자치단체 및 민간부문의 도움이 필요한 모든 국민에게 복지, 보건의료, 교육, 고용, 주거, 문화, 환경 등의 분야에서 인간다운 생활을 보장하고 상담, 재활, 돌봄, 정보의 제공, 관련 시설의 이용, 역량 개발, 사회참여 지원 등을 통하여 국민의 삶의 질이 향상되도록 지원하는 제도라고 하였다. 따라서 국민이 주거분야에서 삶의 질이 향상되고 인간다운 생활을 보장받을 수 있는 상담, 정보의 제공, 관련 시설의 이용, 지역사회참여 지원 등을 받을 수 있는 서비스를 제시하고 있다. 사회서비스의 이용을 활성화하고 이용자의 선택권을 보장하도록 하여 국민의 복지증진에 이바지하는 것을 목적으로 하는 「사회서비스 이용 및 이용권 관리에 관한 법률」(약칭: 사회서비스이용권법) [시행 2012.2.5] [법률 제10998호, 2011.8.4., 제정]이 시행되었다1).

따라서 주거서비스에 대한 정책·제도적 기반을 살펴볼 필요가 있고, 산업으로써의 주거서비스, 주거생활지원으로써의 주거서비스에 대한 논의가 이루어져야 할 시기이다. 아니 다시 생각해보면, 이미 한 발 늦었다고 할 수 있겠다. 특히 주거서비스라는 광범위한 영역을 통해서 주거산업에 새로

---

1) 권오정(2017) 외 「주거서비스의 NCS설정을 위한 분류체계 개발연구」 한국주거학회 인용.

운 직무를 창출하고, 기존의 관련 산업을 발전시킬 수 있는 주거서비스 생태계 조성이 필요한 시점이다(<그림 3-3> 참조).

그동안 주거서비스는 공급자인 공공기관과 민간업체가 과거의 패러다임 속에서 수립한 계획을 바탕으로 이루어져 왔다. 이제 생각의 틀을 바꾸어야 할 때가 된 것이다. 이제는 공급자가 아닌 수요자 입장에서의 주거서비스가 제공되어야 한다. 여러 가지 가치 중에서도 우선 수요자가 생활하는데 편리하고, 국민들이 생각하는 주거의 가치가 건전하고 높아져야 할 것이다. 특히 한 개인이 주거문제를 입지문제 하나로 점철하고 마는 사회적 분위기나 인식이 개선되어야 한다. 이를 바탕으로 단지나 주택이 제공하는 질적인 차원에서의 주거서비스 개념을 다시 한 번 생각해 볼 필요가 있다. 주거서비스에 대해 보다 열린 생각으로 다양한 방면과 관점에서 어떤 주거서비스가 있는지를 고민해야 할 시점이다. 우리 스스로 주거의 가치를 발견하고 창출하는 노력도 필요하다.

그림 3-3 주거서비스와 주거 및 복지서비스의 통합적인 연계

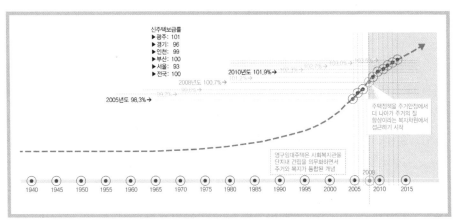

또한 주거서비스, 주거 및 복지서비스의 통합적인 연계를 위해서 저소득층 및 사회취약계층이 다양하고, 입주하고 있는 거주자들이 자활의지를 고취시키기 위해 그들의 주거 및 복지서비스에 대한 총체적인 이해가 필요하다. 특히 주거복지는 사회적, 경제적 안정을 통해 자활의 의지를 고취하

는 터전을 마련해주며, 이는 단순히 주거라는 하드웨어 제공만으로 완성될
수 없으며, 복지서비스가 동반되어야 한다는 점을 간과해서는 안 된다2).

그림 3-4 주거서비스의 영역 및 구성

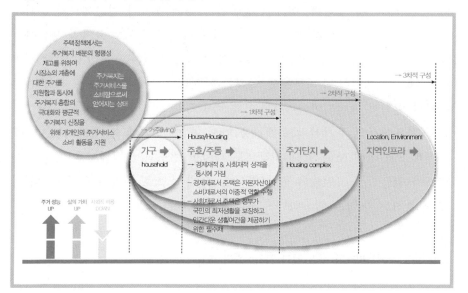

주거서비스와 주거복지 전달체계를 살펴보면, 주거기본법상 주거복지
전달체계 관련 규정은 주거복지 전달체계의 구축을 위한 국가의 의무, 민간
전달체계, 공적 전달체계 사이를 연계하는 노력이 명시돼야 한다는 점이다.
또한 영국 등 선진 복지국가에서 주거지원서비스(housing related－support
service)의 주요 범주로 주택의 개·보수, 주택의 확보, 임차관계 유지를 위한
지원, 주거문제와 관련된 정서적 지지와 상담 등을 주요 내용으로 제시하고
있다3)(<그림 3-4, 3-5> 참조). 문득 주거서비스라는 것은 과연 언제부터
이루어졌을까하는 의문을 가져본다. 그에 대한 실마리는 가장 보편적인 고
민에서부터 생각해볼 수 있다. 국민생활에서 밀접한 5대 불안요소가 뭘까?
보육, 입시, 취업, 주거, 노후 등은 생애 마감할 때 누구나 곁에 두고 고민하

---

2) 이현정(2006), 주거복지 서비스의 수요특성 조사, 한국사회여론연구소, 인용 재구성.
3) 토지주택연구원 이종권 외(2015), 「종합적 주거복지 전달체계 구축 연구 － LH 역할을 중
  심으로-」인용 재구성.

는 부분일 것이다. 주거서비스는 항상 고민의 영역에 포함되고, 시간에 따라 그 영역이 변화할 수 있다. 다시 말해서 영아나 유아 단계에서는 단위세대나 단지의 생활공간 내에서 주로 삶이 이루어지고, 초·중·고로 단계로 진입하면 지역을 포함하고, 이후 청년·중장년·노년의 시기까지는 '도시'라는 공간영역을 포함하고 있다.

그림 3-5 주거서비스와 주거문제의 복지접근 시각

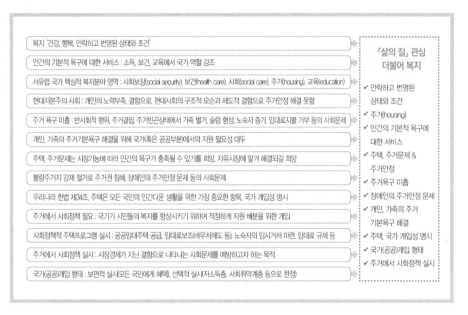

이러한 생애주기는 개인 공간영역에서의 생활과 주거서비스의 관계를 중요하게 보고 있는 것이다. 특히 공간영역별 생활 인프라와 주거서비스를 연계하는 부분이 중요하다고 생각한다. '집에서 자고 일어났을 때와 동, 단지, 지역과 도시에 따른 생애주기별 서비스를 만들어야 할 필요성이 있는가?', '아침에 일어나서 하는 일이 개개인별로 다르고 생활수준과 나이에 따라서 행동반경이 다른 것에 대해 어떻게 정리해야 할 것인가?' 그리고 '가정에서 일어나는 개인적인 일이나 지역 내 커뮤니티 상에서 일어나는 일에 대해서는 어떻게 대응할 것인가?'를 고민하다보면 각자의 신체수준과 특성에 따라 서비스 형태가 달라져야 할 것이라는 결론을 내릴 수 있다.

선진국의 경우 다양한 형태의 가구 형태가 등장하고, 이에 따라 사회 전반의 서비스가 변화함으로써 1~2인 가구가 정착할 수 있는 분위기가 형성되고 있다. 오늘날 '주거서비스 산업'은 기존 패턴과는 달리, 가구원수의 변화에 따라 생활패턴이 바뀌어 가고 있는 것에 생활서비스 생각을 달리 집중해야 한다. 1970년대 가구원수가 5.2인에 육박했을 때는 가구원이 가정 내에서 자발적으로 분배하며 서비스를 공유했지만, 최근 가구원수의 감소로 받지 못하는 서비스의 일부분을 가정이 아닌 외부에서 제공받아야 하는 실정에 이르렀다. 특히 1인 가구는 다양한 서비스가 필요하기 때문에 수요에 비해 부족한 서비스를 지원해 줄 서비스 체계를 확립해야 현대사회에서의 가구나 가정을 유지할 수 있다. 따라서 선진국형 서비스체계를 빠른 시일에 체계화하지 못하면, 주거서비스를 본연의 의도나 취지에 맞게 국민들에게 제공하기 힘들 것이다.

예를 들면, 홀로 거주하는 개인은 55세부터 의학적으로 신체가 변화하는 것을 이해하지 못하는 부분이 많다. 이러한 부분을 주거서비스가 지원해 주면, 그 변화를 초기에 감지하게 되어 사회적 비용을 많이 줄일 수 있게 될 것이다. 이는 또한 계층별 변화에 따른 서비스가 적용돼야 할 것이다. 공공 섹터에서의 익숙한 공동체라는 것이 민간 섹터의 뉴스테이 주거서비스 인증제도에서 마을공동체로 활용되고 있는 것이다. 이때 마을공동체의 의미는 공공주택에서 일반주택, 고급주택으로 옮겨가는 형태 중 하나라고 할 수 있다. 공공주택은 저비용에서 지속가능하지만 일반주택은 공공주택보다 편리하다. 또한 고급주택은 주거서비스가 잘 이루어지고 있지만, 중산층에 대한 주거서비스가 만들어지지 않은 문제점이 보완될 필요가 있다. 따라서 여기서는 주거서비스의 정의와 개념을 이해하고, 주거실태 조사결과를 살펴보면서 주거관련 이슈를 다루어 보고, 주거서비스산업육성법의 제정방향은 어떻게 정해야 할 것인지를 고민해야 할 시기이다.

주거서비스의 정의에서 제일 중요한 부분을 살펴보면, 그 개념이 소유에서 거주로 전환되고 가구 특성에 따라 주거서비스의 내용이나 방식이 바뀌고 있다는 점이다. 지금의 주거서비스도 임대기간이 정해져 있지만 초단기 거주형태로서 이동성이 강하게 요구되는 계층이 많아, 일자리를 찾아 유목민처럼 생활할 수밖에 없는 거주환경을 지원하기에 역부족이다. 이에 대

해 주거서비스는 수요자들의 실질적인 요구에 따라 법과 제도를 융·복합적
으로 개선해야 할 시점이다.

③ 주거서비스의 국가직무능력표준(NCS) 기반

주거서비스가 주거복지와 어떤 관점에서 연계가 가능한가? 주거서비스
와 주거복지와의 관계가 단적으로 드러나는 것이 '주거복지사'이다. 최근 주
거복지사 자격이 국가공인이 되면서 주거복지 전문가 영역이 국가직무능력
표준체계(NCS; National Competency Standards)에 편입될 수 있게 되었다.

또한 법적인 뒷받침으로서 NCS 체계를 확립할 필요가 있고, 이는 기존
의 건설에서 중복되지 않는 부분에서의 보완이 선행되어야 한다. 건설부문
이 공간과 시설 중심이라면 주거서비스부문은 사람 중심에서 이뤄지는 행
위의 패턴이라고 볼 수 있다. 하드웨어 측면에서 공간 및 개량의 유지관리
정도와 소프트웨어의 물리적인 조건 정보, 상담, 공공센터의 마이홈 등 다양
한 형태의 전달 체계가 갖추어져야 하며, 민간부분에서도 이러한 변화를 인
지하고 따라올 수 있어야 그 체계가 보다 정교하게 갖춰질 수 있을 것이다.

주택이라는 단어 속에 주거서비스가 들어가서 가구를 형성한다고 가정
하면, 가구는 주거서비스 인프라를 바탕으로 형성될 수 있을 것이다. 이러
한 인프라는 비용구조 개념을 내포하는 것으로서 가치는 제고하되 비용은
낮춰야 한다. 이를 통해 주거서비스 인프라가 사회적인 구조로서 지속가능
성을 확보할 수 있다. 즉 가구라는 개념은 단지와 지역 인프라의 연계라는
관점에서 사회적 지속가능성을 유지할 수 있는 것이다. 이 과정에서 삶의
질로서 주거환경은 비용을 낮추어야 하는 문제에 직면하는데, 이는 중복되
지 않는 지역의 인프라와 연계시킴으로써 개선할 수 있다. 이를 위해서는
가구특성에 따른 주거서비스의 개념 도입이 필요하다.

이미 주거기본법에서 제시한 주거권에 대한 주거서비스에 대한 개념이
일괄적으로 포함돼 있다. 주거기본법과 주거권을 연계하고, 산업분류에서
국가직무능력 표준의 NCS체계를 적용하면, 주거기본법에서 제시된 주거서
비스를 실제 운영할 수 있을 것이다. 주거서비스에서 가장 핵심적인 점은

주거서비스에서의 안전성 확보라고 할 수 있다. 실제 해당되는 실제 소유
연수나 주거환경 만족도를 살펴봤을 때 새로운 주거서비스 유형이 만들어
져야 한다.

국외 사례를 분석한 결과, 주거서비스의 구체적인 내용은 주택을 구매
하거나 개조하는 과정의 서비스, 주택을 임대하는 과정의 서비스, 주택 혹
은 사회주택 임대관련의 제반 사무처리 서비스, 주택건설시공 서비스, 입주
후 주택관리에 대한 서비스, 주변 커뮤니티의 근린지역을 고려한 건물의 통
제와 질적 관리 서비스, 주택현황을 파악하기 위한 조사, 주택의 지속가능
성 평가와 관련한 것이었다. 국외 주거서비스의 내용은 주택을 건축하는 과
정 또는 구입하거나 임대하는 과정과 주택에서의 생활이 시작되면서 필요
한 정보·상담 및 사무를 지원하고 필요시 개조 등을 지원하기 위한 주거
조사, 상담이나 조언, 주택건설시공, 주택성능유지의 관리 그리고 주택의
지속가능성을 평가하는 일련의 과정과 연계된다. 그리고 커뮤니티 근린지
역 차원의 주거관리를 통해 '더불어 사는 사회'를 이루고자 하는 주거 기능
을 실현하고자 하는 내용도 포함하고 있다. 나아가 사회주택이나 서포티브
주택과 같이 지원이 필요한 부분의 주거복지를 다루는 사무의 일도 포함하
고 있다. 주거서비스를 NCS 상에 이미 설정된 '건설'과 중복되지 않도록 주
택건설은 제외한 건설이후의 협의의 의미로 한정하고 있다. 내용의 범주는
주택에 거주하기 위해 필요한 서비스의 소프트웨어적인 측면뿐만 아니라,
주택에 거주 시 노후화와 하자로 인한 문제를 해결하여 주거수준을 향상시
키는 하드웨어적인 면을 포함한다. 주거서비스 제공측면에서는 공공지원과
민간을 모두 포함하는 것으로 하고 있다. 따라서 주거서비스는 '거주자가
주거안정과 주거수준 향상을 위하여 지역사회 내에서 주택을 구매·임대하
기 위한 과정과 주택에 거주하기 위하여 필요한 서비스'로 정의하고 있다.
내용의 범주로는 하드웨어적 측면: 공간개량, 유지관리/ 소프트웨어적 측면:
주택 관련(물리적 조건, 금융 등) 정보제공 및 상담, 생활(이사, 육아, 청소, 세탁
등 편의)에 대한 정보제공 및 상담, 주거실태조사, 평가 등으로 하였다. 주거
서비스에 대한 정책과 제도, 국내 주거서비스의 고용직업분류, 한국표준직
업분류, 한국표준산업분류에 의한 산업계 현황, 국내외 주거서비스 분야의
취업 시 필요한 직무능력을 분석에 의해 NCS 분류체계에 '주거서비스'가 설

정될 수 있는 분류체계(안) 제시의 근거가 뒷받침되었다. 주거서비스의 직업분류와 산업은 세세분류 산업의 내용이 산재되어 있어서 하나의 산업과 직업으로 독립 정립되어 있지 못한 것은 주거서비스 분야의 산업이 융복합적이라는 특수성을 시사하였으며 동시에 전문적인 분류체계의 필요성을 제시하고 있다(<표 3-1> <그림 3-6> 참조)[4].

표 3-1 주거서비스지원 NCS 분류(직무정의 및 능력단위)[5]

직무정의	주거서비스지원은 국민의 주거안정과 주거수준 향상을 위하여 물리적서비스, 경제적서비스, 생활서비스를 계획하고 지원하는 일이다.	
능력단위	주거서비스 기획	주거서비스 기획이란 거주자가 지역사회를 기반으로 주거안정과 주거수준을 향상시킬 수 있도록 이에 필요한 종합적인 계획 수립을 위하여 주거 현황을 진단하고 기본 전략을 수립하여 추진 방향을 제시하는 능력이다.
	주거서비스 공간 기획	주거서비스 공간 기획이란 운영 관련 주체들이 주거서비스 프로그램에 유기적으로 대응하는 공간을 계획하고 운영 방안을 수립하는 능력이다.
	주거서비스 조사 분석	주거서비스 조사 분석이란 주거서비스를 실행함에 있어 자료 조사 및 주거 실태조사를 통한 결과를 분석하여 주거서비스 동향을 파악하고 과제를 도출하는 능력이다.
	주거서비스 인증 관리	주거서비스 인증 관리란 주거서비스의 질과 내용을 관리하여 서비스의 신뢰도를 높이고자 인증 관련 지침 개발, 인증 신청 접수, 인증 심사, 인증 사후관리를 하는 능력이다.
	주택자금 지원 관리	주택자금 지원 관리란 가구의 주거안정을 위해 주택자금에 대한 상담을 하고 주택자금 지원 업무를 수행하는 능력이다.
	임차급여 실행 관리	임차급여 실행 관리란 임차가구의 주거안정을 위하여 임차료 보조를 위한 대상자 선별 및 판별, 주거 상태 조사 등의 업무를 처리하는 능력이다.

---

[4] 권오정(2017) 외, 「주거서비스의 NCS설정을 위한 분류체계 개발연구」, 한국주거학회 인용.
[5] 2018 국가직무능력표준 NCS 및 활용패키지 인용.

주거서비스 정보체계 운영	주거서비스 정보체계 운영이란 공간범주체계(시군구, 읍면동, 단지)를 토대로 주거서비스 내용별, 제공 주체별로 실행 중인 서비스 정보를 수집하고 체계적인 DB를 구축하여 주거서비스 이용자가 원하는 서비스를 선택 이용하도록 정보를 제공하며 이를 관리 운영하는 능력이다.
주거서비스 상담	주거서비스 상담이란 가구의 주거안정을 위하여 주거문제를 파악하고 해결방안을 마련하기 위해 상담하는 능력이다.
주거생활 서비스 지원	주거생활서비스 지원이란 개인, 가구의 편의 증진과 공동체 활성화를 위하여 대상의 특성에 맞는 주거생활서비스 프로그램을 구성하고 운영·관리하는 능력이다.
노후주택 개량 지원	노후주택 개량 지원이란 노후주택의 개량을 통한 주거성능 향상과 거주자의 주거 안전성을 확보하기 위한 개보수 계획을 제안하고 조정·관리하는 능력이다.
수선유지급여 실행 관리	수선유지급여 실행 관리란 수선유지급여 대상자의 노후주택의 주거성능을 향상시켜 주거 안전성을 확보할 목적으로 대상자를 판별하여 주택조사, 수선 계획 수립, 주택 수선, 수선 점검 및 평가 업무를 처리하는 능력이다.
주거약자 주택 개조 지원	주거약자 주택 개조 지원이란 노인과 장애인을 포함한 주거약자의 안전하고 자립적인 주거생활을 위하여 장애물 제거와 적절한 시설물의 설치를 지원하는 능력이다.
주거서비스 자원네트워크 관리	주거서비스 자원네트워크 관리란 주거서비스 제공의 효율적인 추진을 위한 것으로 지역의 주거서비스 관련 자원과 수요자를 발굴하여 자원네트워크를 구축하여 주거서비스 지원 시 활용할 수 있도록 유지관리하는 능력이다.

주거실태 조사결과를 살펴보면, 안전성 문제, 자가 보유율, 점유형태 추이, 소득계층별 점유의 형태, 최초 주택 마련기간, 평균거주기간 등 이러한 부분에서 많은 부분이 주거서비스의 새로운 유형으로 발전하는 계기를 마련해 준다는 사실을 발견할 수 있다. 현재 주택에서 이사한 이유를 생각하는 과정에서 주거서비스의 이동성을 살펴보면, 우리가 주거환경에서의 서비스에 민감하고 이를 법이나 제도적 기반과 함께 고려해야 한다는 점을 알 수 있다.

그림 3-6 NCS 분류체계(2018년도 개발)[6]

그렇지 않으면 사회적 비용이 상당히 많이 발생될 수 있기 때문이다. 향후 이사계획은 계약만료에 의한 부분이 많으므로 만기라는 부분의 지속 성에 대한 부분을 고민해야 하고, 이에 더해 주거비, 주거면적, 주거의식, 가치관, 대출금 상환에 관한 부분의 연계성을 평가해서 보완할 여지가 있어 보인다. 정책평가 및 정책수요를 살펴보면, 계층 및 점유형태에 따라 주거 서비스를 다양화 할 필요가 있고, 주택유형, 서비스, 소득계층별 주거지원 서비스에 대한 부분의 보완이 요구될 수 있다.

고령친화형 주택을 고려할 필요가 있으며, 주거서비스에 대한 법제정 이후로 시대적 흐름에 맞춘 주거서비스 계획이 추가적으로 수립되어야 한 다. 또한 이 계획이 제도권에 들어와서 어떻게 할 것인가를 고려해야 하며, 제도적인 지원체계가 확립될 수 있는 주거서비스 기반조성이 중요하다. 특 히 주거서비스산업의 인증 제도를 지원해 줄 수 있는 체계가 필요한 것이

6) 2018 국가직무능력표준 NCS 및 활용패키지 인용.

다. 주거서비스 산업에 대한 지원체계의 확립은 지자체 및 정부가 주거서비스산업에 대해 어떤 파트너쉽을 구축할 것인가 하는 것이 중요하다.

주거생태계는 주거안정과 주거수준 향상을 위해 지역사회 내에서 주택을 구매, 임대하기 위한 과정과 주택에 거주하는데 필요한 주거영역의 복합체계이다. 저출산, 고령화 사회가 빠르게 진행되면서 개인의 삶의 질 향상에 대한 욕구와 주거생태계에 대한 관심이 커지고 있다. 따라서 이제는 주택공급·관리 기반의 주거생태계를 주거서비스 기반의 주거플랫폼으로 접근할 필요가 있다. 특히 사회·경제적 여건변화의 차원에서 '주거플랫폼'이라는 것이 제도적, 산업적으로 관심을 가져야 할 분야로 대두되고 있다.

따라서 주택과 주거를 포함한 관련 산업 또한 서비스 차원에서 접근하는 것이 중요할 것으로 보인다. 이를 위해서는 주거생태계의 변화가 필요하며, 이러한 시대적 상황에서 주거복지와 전반적인 삶의 질 향상 추구를 위해서는 주거플랫폼이라는 개념을 정립해 나갈 필요가 있다. 주거 플랫폼은 공간복지와 주거서비스의 결합을 공공차원의 산업화 방향으로 이끌어낼 수 있을 것이다. 또한 서비스 영역이 산업전반의 주거서비스 기반이며, 주거서비스의 양과 질을 고려하여 서비스 체계와 다양한 서비스의 이식과 배양이 가능한 생태계라고 할 수 있다. 또한 주택정책이 주거정책으로 전환되면서 그 구체적 방법론도 양적 제어에서 질적 제어로 나아가고 있음을 알 수 있다. 이러한 시점에서 주거복지를 주거의 새로운 패러다임이라는 한 축으로 발전시키고, 사회적 공감대를 형성해야 할 시기가 된 것이다.

따라서 주거서비스 산업 전반의 플랫폼 역할을 수행할 수 있는 주거생태계 조성이 이루어져야 할 시점이다. 현재, 주택보급률이 전국적으로 100%를 넘어선 시점으로 인구감소, 고령자 및 1~2인 가구의 증가로 인구구조, 산업구조가 변화하고, 저성장의 여건이 단순히 주택보급의 차원을 벗어나 급변하고 있다는 점을 간과해서는 안 된다. 또한 정부는 국민의 주거안정과 주거수준의 향상이라는 점에 목적을 두고, 주택공급측면에서 국민삶의 질 향상을 위해 주거플랫폼이라는 개념의 도입이 필요하다. 이와 관련해서 최근에 주거기본법, 주거급여법, 장기임대주택법 등의 주거 관련법이 제법 많이 개정되었다. 이러한 관점에서 주거플랫폼은 주거서비스 및 주거복지 정책을 기반으로 한 주거관련 사업 군으로 성장하게 될 것으로 보이며 미래 주거산업으로 더 중요한 새로운 이슈가 될 것으로 기대된다.

이제는 주거서비스에 대한 정책·제도적 기반이 조성되어야 하며 산업으로서의 주거서비스, 주거생활지원으로써의 주거플랫폼에 대한 논의가 이루어져야 할 시기가 된 것이다. 특히 주거플랫폼이라는 광범위한 영역을 통해서 주거산업과 연계해 기존의 산업을 발전시킬 수 있는 방향으로 주거생태계 조성이 이루어져야 할 것이다. 그동안 주거서비스는 공급자인 공공기관과 민간업체가 과거의 패러다임 속에서 수립한 계획을 바탕으로 이루어져 왔다. 이제 생각의 틀을 바꾸어야 할 때가 된 것이다. 공급자가 아닌 수요자 입장에서의 주거서비스가 제공되어야 하며 이를 위해서는 여러 가지 가치 중에서도 우선 수요자 생활의 편리성을 최우선으로 해야 한다. 이러한 플랫폼 구축을 위해서는 생활지원서비스의 양과 질을 고려해 서비스 체계를 어떤 방식으로 구축할 것이냐 하는 문제에 관한 면밀한 검토가 필요하다. 특히 주거복지 분야의 생활지원서비스의 핵심내용과 주요 쟁점을 중심으로 법·제도적 기반조성 한계를 넘어선 주거플랫폼이 구축되어야 한다.

플랫폼은 본래 공급자와 수요자를 가장 효율적으로 연결해 주는 기반을 제공하는 것이다. 이와 마찬가지로 주거단지나 주택이 제공하는 질적인 차원에서의 주거플랫폼은 공급자뿐만 아니라 수요자가 함께 가치를 창출하고 이를 뒷받침해서 더 나은 커뮤니티 구성과 함께 상호작용을 최적화하는 개념으로 도입되어야 한다.

공간복지와 주거서비스의 결합을 공공 차원에서 산업화 방향으로 이끌어내고 주거서비스 영역이 산업의 일부가 아니라 산업 전반의 플랫폼 역할을 수행할 수 있는 생태계 조성이 이뤄져야 할 시점이다. 특히 주거산업과 연결될 수 있는 주거서비스의 개념 확립과 제도적 측면, 프로그램 기반이 도달할 수 있는 수준 등을 객관적으로 짚어보아야 할 것이다. 또한 주거서비스플랫폼은 주거서비스의 본질을 이해하고 시스템화에 집중하되, 다양한 주거서비스의 상호작용과 함께 서비스의 이식과 배양이 가능해야 한다. 서로 끌어오고 촉진시키는 플랫폼 디자인과 주거서비스의 상호작용이 창출될 수 있는 생태계 조성이 중요하다.

참고문헌

01 고용노동부 한국산업인력공단(2018), 국가직무능력표준 NCS 및 활용패키지.
02 권오정 외(2017), 주거서비스의 NCS 설정을 위한 분류체계 개발 연구, 한국주거학회.
03 박경옥 외(2016), NCS기반의 주거서비스 체계 구축방안, 한국주거학회.
04 윤영호(2017), 주거서비스로 '주거복지 생태계' 조성하자, 하우징헤럴드, 기고.
05 윤영호(2017), 삶의 질 높일 주거서비스 관심 가질 때, 서울경제 발언대.
06 윤영호(2018), 주거서비스를 위한 주거플랫폼 구축하자, 하우징헤럴드, 기고.
07 윤주현 외(2005), Housing Service in Korea and Housing Policy Implications, 국토
   연구원.
08 이종권 외(2015) 종합적 주거복지 전달체계 구축 연구, 토지주택연구원.
09 이현정(2006), 주거복지 서비스의 수요특성 조사, 한국사회여론연구소.
10 주택정책지표분석T/F(2007), 주거서비스 지표 분석 보고서, 대한주택공사.

제2부

공공 및 제3섹터의 주거서비스

제4장

공공의 주거서비스 정책

| 김혜승 |
한국주거서비스소사이어티 이사
국토연구원 선임연구위원

여기에서는 사람들의 활동을 지원하는 서비스인 사회서비스로서 공공의 주거서비스 개념을 살펴본 후, 이를 공공임대주택, 주거급여 등 기존 주거지원프로그램 전반을 포괄하는 개념으로 정의한다. 나아가 우리나라 공공의 주거서비스 정책의 흐름을 정리해 보고, 공공의 주거서비스 정책 중 공공임대주택, 주거급여, 그리고 주거관련 정보제공, 상담 및 사례관리 관련 정책을 중심으로 그 현황을 분석하며 향후 과제를 제시한다.

1 사회서비스로서의 공공의 주거서비스 개념

사회서비스는 경제서비스와 대조되는 개념으로 일반적으로 광의의 뜻으로 사용되고 있다. 경제서비스를 기업활동을 지원하는 서비스로 간주한다면, 사회서비스는 사람들의 활동을 지원하는 서비스라 할 수 있다. 광의의 개념은 공공행정부터 국방, 의료서비스, 교육서비스, 사회복지서비스 등을 포함하는 개념을 의미하며, 이에 비해 협의의 개념은 사회적 보호, 장애, 질병 등 사회적 약자를 지원하는 사회복지서비스를 의미한다(이인재 외, 2010, p.474; 김혜승 외, 2012에서 재인용).

윤영진 외(2011)에 따르면 광의의 사회서비스는 사회부조, 사회보험, 아동복지, 교정, 정신위생, 공중보건, 교육, 오락, 노동보호, 주택제공 등을 포함하는 개념으로 사회정책과 구분하기 쉽지 않을 정도로 광범위한 영역을 포괄하고 있다. 반면 협의의 사회서비스는 사회복지, 보건의료, 고용 등 사회적 보호욕구를 충족시키기 위한 지원과 돌봄서비스를 포함하는 대인적 사회서비스를, 최협의의 사회서비스 개념은 '사회적 돌봄'을 의미하는 것으로 구분하고 있다(김혜승 외, 2012에서 재인용).

우리나라의 사회보장기본법에서의 "사회서비스"란 국가·지방자치단체 및 민간부문의 도움이 필요한 모든 국민에게 복지, 보건의료, 교육, 고용, 주거, 문화, 환경 등의 분야에서 인간다운 생활을 보장하고 상담, 재활, 돌봄, 정보의 제공, 관련 시설의 이용, 역량 개발, 사회참여 지원 등을 통하여 국민의 삶의 질이 향상되도록 지원하는 제도를 의미하며(사회보장기본법 제3조), 동법 23조에서는 "국가와 지방자치단체는 모든 국민의 인간다운 생활과 자립, 사회참여, 자아실현 등을 지원하여 삶의 질이 향상될 수 있도록 사회서비스에 관한 시책을 마련하여야 한다"라고 규정함으로써 모든 국민에게 사회서비스를 보장하도록 하고 있다.

오랜 기간 사회서비스와 주거문제는 별로 관계가 없는 것으로 간주되어 왔다(Foord, 2005, p.5). 적절한 주택(suitable housing)은 가구의 독립적인 생활의 안정적인 기반을 제공하고 사회서비스에 대한 접근성을 높여주는 기능을 함에도 실제 정책의 영역에서는 주거문제와 연계된 서비스는 사회서비스에서 비중있게 다뤄지지 못했다. 그러다 1990년대 이후 영국 등에서 지역사회 차원에서 주거지원서비스와 사회서비스의 연계를 모색하는 논의들이 등장하기 시작했다. 주거지원서비스가 주목을 받게 된 배경으로는 크게 두 가지를 언급할 수 있다(서종균, 2009; Audit Commission, 1998). 첫째, 드러나지는 않았지만 임대사업자, 주택관리자, 기타 주택 관련 기관 등이 점차 전통적인 주택분야를 넘어서 입주가구의 독립적인 생활을 지원하는 활동도 자신들의 업무로 삼기 시작했으며, 이런 경험과 성과가 축적되면서 주거지원서비스로 공식화·체계화되기에 이르렀다. 둘째, 장애가 있거나 고령인 가구원 등은 전문적인 시설에서 생활해야 한다는 기존 관념의 변화를 배경으로 탈시설화에 따른 지역사회 돌봄(community care)의 중요성이 대두되었다. 이러한 지역사회 돌봄이 원활하게 이루어지기 위해서는 일차적으로 적절한 주거생활이 보장되어야 했으며, 그 일환으로 주거지원서비스가 주목을 받게 되었다(남원석 외, 2010, p.21에서 재인용). 이러한 맥락에서 주거지원서비스는 주거문제와 연계된 사회서비스라고 볼 수 있을 것이다(김혜승 외, 2012, p.27).

남원석 외(2010, pp.19－20)는 주거지원서비스를 광의와 협의로 구분한 후 협의의 개념에 초점을 두어 정의한 후 연구를 수행하였다. 먼저 광의의 주거지원서비스는 공공임대주택 공급 등 저소득가구의 주거안정을 지원하는 정책수단을 총망라하는 개념으로 보았다. 다음으로 협의의 주거지원서비스는 '서비스'라는 비물질적 개념에 충실하여 물리적인 주택공급 등을 배제하는 개념으로 접근할 수 있다고 하였다. 이 경우 주거지원서비스는 공공임대주택에 대한 정보제공 등 기존 정책수단에 대한 접근성을 향상시키거나, 거주하고 있는 주택 또는 지역사회에서 주거안정을 기할 수 있는 방안을 강구하는 등 무형의 지원에 초점을 두게 된다(김혜승 외, 2012, p.28에서 재인용).

김혜승 외(2012, pp.33－34)는 주거문제와 연계된 사회서비스를 주거지원서비스라고 정의하면서 주거지원서비스와 사회서비스와의 관계를 <그림 4－1>과 같이 나타낼 수 있다고 보았다.

그림 4-1 주거지원서비스의 위상

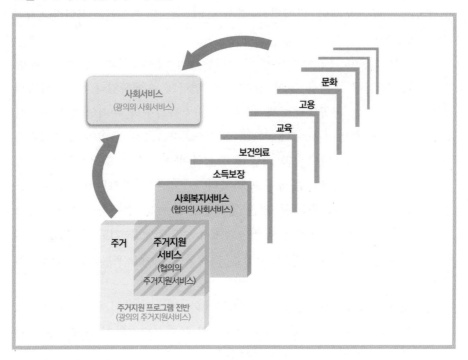

자료: 김혜승 외(2012), p.33

　　기존 주거지원프로그램 전반(공공임대주택 공급, 주거급여, 주택자금대출지원 등)을 포괄하는 광의의 주거지원서비스는 광의의 사회서비스에 포함되며, 연성서비스 중심의 협의의 주거지원서비스는 기존 주거지원프로그램까지 포함하는 개념은 아니나, 이와 관련된 정보를 제공하고 상담을 통해 주거의 탐색·정착·유지를 지원하는 측면에서는 기존 주거지원프로그램과 간접적인 관계는 있다. 또한 협의의 주거지원서비스는 협의의 사회서비스(사회복지서비스)와는 다른 독특한 영역을 포함하기 때문에 이와 구분될 필요는 있으나 일부는 중복될 수 있다고 보았다. 이유는 두 가지 서비스 모두가 도움을 필요로 하는 사회적 집단(취약계층 포함)의 지역사회에서의 독립적인 생활을 지원하는데 목적이 있으며, 서로의 공백을 메우며 상호보완하는 역할을 해야 할 것이기 때문이다.

　　본 연구에서는 <그림 4-1>에서 공공임대주택, 주거급여, 주택자금

대출지원 등 기존 주거지원프로그램 전반을 포괄하는 광의의 주거지원서비스를 공공의 주거서비스로 정의하면서 내용을 전개하기로 한다.

2 공공의 주거서비스 정책의 흐름

우리나라의 주거지원프로그램 전반을 포괄하는 공공의 주거서비스 정책의 흐름을 살펴보면 다음과 같다.

1980년대 말까지는 주로 민간부문을 활용하여 심각한 주택부족 문제를 해결하였다. 즉 저소득층보다는 지불능력이 어느 정도 갖추어진 중산층 이상이 신규주택에 대한 수요계층이 되었고, 이 계층이 사용하던 기존주택에 저소득층의 주거상향이동을 기대하는 주택순환이론(housing filtering theory)에 근거한 정책이었다(김혜승, 2007, p.12). 이후 정부는 주택200만 호 건설계획(1988-1992)을 통하여 영구임대주택, 장기임대주택, 소형분양주택, 근로복지주택, 사원임대주택 등을 공급하였고, 신경제5개년계획(1993-1997)을 통하여 공공임대주택(50년임대, 5년임대), 공공분양주택, 근로복지주택, 사원임대주택 등을 공급함으로써 나름대로 저소득층의 주거복지증진을 위해 노력했다고 볼 수 있다. 그러나 이때까지도 주택정책의 근본 목적은 절대적인 주택부족문제를 해소하기 위한 주택물량의 양적 확대에 있었기 때문에 주거복지의 측면에서 공공부문의 역할에 충실하였다고 보기는 어렵다(윤주현·김혜승, 1997; 김혜승, 2007, p.12; 안수란 외, 2018에서 재인용).

구 주택보급률[1]이 101.2%에 이르러 양적인 측면에서 주택문제가 상당히 개선된 시점인 2003년 이후 정부는 주거의 질적 측면을 감안할 수 있도록 최저주거기준을 정책지표로 제도화하였고, 「주택종합계획」(2003-2012)을 수립함으로써 주거복지를 중시하는 방향으로 정책을 전환하였다. 이후 10년간 150만 호의 공공이 짓는 중소형 분양주택과 임대주택을 모두 포괄

---

1) 2008년부터 국토부는 기존 주택보급률(구 주택보급률)이 다가구 주택을 1호로 집계하고, 1인 가구를 가구 수에 포함시키지 않는 등 주거현실과 사회변화를 제대로 반영하지 못하고 있다는 지적에 따라, 주택수에 다가구 구분 거처수를 반영하고, 가구수는 기존 '보통가구'에서 1인 가구를 포함하는 '일반가구'로 대체하여 기존 주택보급률 산정방식을 보완하여 신주택보급률을 함께 발표함.

하는 '보금자리주택' 건설 방안(2008-2017)이 추진되었고, 지난 정부에서는 "보편적 주거복지의 실현"을 이루기 위한 공급 및 수요 측면의 다양한 주거지원 프로그램 시행을 국정과제로 추진하면서, 특히 대표적인 수요 측면의 주거지원인 주거급여제도를 확대 개편(2015.7)하였다. 2017년 출범한 현 정부는 과거 공급자 중심의 단편적·획일적 지원에서 수요자 중심의 종합적인 지원과 사회통합형 주거정책으로 패러다임을 전환하는 "주거복지 로드맵"[2]을 마련하여 추진 중이다(안수란 외, 2018, p.226).

그러나 공급측면의 지원인 공공임대/공공분양 주택공급, 수요측면의 지원인 주택자금대출지원/주거급여, 그리고 주택개량지원 등으로 요약되는 현행의 주거지원프로그램은 주로 물리적인 주택을 제공·지원하는 경성적(hard) 측면에 중점을 두고 있다고 할 수 있다. 비록 현 정부에 들어서면서 주거문제 해결 시 '수요자 중심의 종합적인 지원', '사회통합적 주거정책'을 강조하고는 있으나, 여전히 정책대상가구가 주거를 기반으로 지역사회에서 안정적이고 독립적인 생활을 할 수 있도록 필요한 서비스를 제공하는 연성적(soft) 측면에 대한 고려는 미흡한 실정이다(김혜승 외, 2012; 안수란 외, 2018에서 재인용).

3 공공의 주거서비스 정책 현황 및 과제[3]

1) 공공임대주택

공공임대주택이란 공공주택사업자가 국가 또는 지방자치단체의 재정이나 주택도시기금을 지원받아 건설, 매입 또는 임차하여 임대 또는 임대한 후 분양전환을 할 목적으로 공급하는 주택이라 정의할 수 있다(공공주택특별법 제2조).

---

2) 관계부처 합동. 사회통합형 주거사다리 구축을 위한 「주거복지로드맵」(2017.11.29).

3) 본고에서는 우리나라의 주거지원프로그램 전반을 포괄하는 공공의 주거서비스 정책 중 공공임대주택, 주거급여, 주거관련 정보제공·상담 및 사례관리 지원 프로그램을 중심으로 서술하였으며, 공공분양주택 공급, 주택자금대출 및 주택개량 지원 프로그램에 대해서는 제반 여건 상 함께 다루지 못했음.

현행의 공공임대주택은 세부적으로 영구임대주택, 국민임대주택, 행복주택, 장기전세주택, 분양전환 공공임대주택, 기존주택 매입임대주택, 기존주택 전세임대주택의 유형으로 구분되며(공공주택특별법 시행령 제2조), 각 유형별 주요 특성 및 입주자격[4](소득기준)은 <표 4-1>, <표 4-2>와 같다.

표 4-1 공공임대주택 유형 및 주요 내용

구분		사업 개요
공공임대주택	영구임대주택	국가나 지방자치단체의 재정을 지원받아 최저소득계층의 주거안정을 위하여 50년 이상 또는 영구적인 임대를 목적으로 공급하는 공공임대주택
	국민임대주택	국가나 지방자치단체의 재정이나 주택도시기금의 자금을 지원받아 저소득 서민의 주거안정을 위하여 30년 이상 장기간 임대를 목적으로 공급하는 공공임대주택
	행복주택	국가나 지방자치단체의 재정이나 주택도시기금의 자금을 지원받아 대학생, 사회초년생, 신혼부부 등 젊은 층의 주거안정을 목적으로 공급하는 공공임대주택
	장기전세주택	국가나 지방자치단체의 재정이나 주택도시기금의 자금을 지원받아 전세계약의 방식으로 공급하는 공공임대주택
	분양전환 공공임대주택	일정 기간 임대 후 분양전환 할 목적으로 공급하는 공공임대주택
	기존주택 매입임대주택	국가나 지방자치단체의 재정이나 주택도시기금의 자금을 지원받아 기존주택을 매입하여 수급자 등 저소득층과 청년 및 신혼부부 등에게 공급하는 공공임대주택
	기존주택 전세임대주택	국가나 지방자치단체의 재정이나 주택도시기금의 자금을 지원받아 기존주택을 임차하여 수급자 등 저소득층과 청년 및 신혼부부 등에게 전대(轉貸)하는 공공임대주택

자료: 공공주택특별법 제2조 및 동법 시행령 제2조, 국가법령정보센터 (http://www.law.go.kr), 2019. 4.7., 이길제(2019)에서 재인용.

---

4) 공공임대주택 입주자격에는 소득기준 외에도 유형에 따라 부동산가액 및 총자산가액에 대한 기준이 함께 적용됨(국토교통부 고시 2019-235 참조).

표 4-2 공공임대주택 소득수준별 기준

구분		입주자격 및 소득기준
공공임대주택	영구임대주택	• (우선공급) 국가유공자·보훈보상대상자 등: 소득 70% 이하 • (우선공급) 혼인 5년 이내이고 자녀가 있는 신혼부부: 수급자 • (1순위) 생계·의료급여 수급자: 중위소득 30%(생계), 40%(의료) • (1순위) 국가유공자 또는 유족, 일본군 위안부피해자, 지원대상 한부모 가족, 북한이탈주민, 등록장애인, 아동복지시설 퇴소자: 소득 70% 이하 • (1순위) 65세 이상 부양하는 자: 수급자 소득인정액 이하 • (2순위) 일반: 소득 50% 이하 (장애인 100%)
	국민임대주택	• 전용 50㎡ 미만: 소득 70% 이하 (50% 이하 우선공급) • 전용 50㎡~60㎡ 이하: 소득 70% 이하 • 전용 60㎡ 초과: 소득 100% 이하
	행복주택	• 주거급여수급자: 세대 소득이 중위소득 43% 이하 • 청년: 본인 소득이 평균 소득의 80% 이하(세대 100% 이하) • 대학생: 본인·부모 합계 소득이 100% 이하 • 신혼부부, 고령자, 산단근로자 등: 소득 100% 이하
	장기전세주택	• 전용 50㎡ 미만: 소득 100% 이하 (50% 이하 우선공급) • 전용 50㎡~60㎡ 이하: 소득 100% 이하 (70% 이하 우선공급) • 전용 60㎡~85㎡ 이하: 소득 120% 이하
	분양전환 공공임대주택	• 생애최초·신혼부부·일반: 소득 100% 이하 • 노부모부양·다자녀·신혼(맞벌이): 소득 120% 이하
	기존주택 매입임대주택	• 일반매입 생계·의료수급자: 중위소득 30%(생계), 40%(의료) • 일반매입 무주택세대구성원: 소득 50% 이하 • 일반매입 장애인, 다자녀 가구: 소득 70% 이하 • 신혼부부 I : 소득 70% 이하(맞벌이 90%) • 신혼부부 II (매입임대리츠): 소득 100% 이하(맞벌이 120%) • 청년(공공리모델링): (1순위) 생계·의료수급자, (2순위) 50% 이하 (본인-부모 합계), 장애인 가구 100% 이하, (3순위) 100% 이하 (본인-부모 합계), 장애인 가구 150% 이하, (4순위) 80% 이하 (본인, 세대주의 경우 100% 이하) • 공공리모델링 고령자: 소득 50% 이하, 장애인 가구 100% 이하
	기존주택 전세임대주택	• 일반전세 생계·의료수급자: 중위소득 30%(생계), 40%(의료) • 일반전세 생계·의료수급자: 중위소득 30%(생계), 40%(의료) • 신혼부부 I : 소득 70% 이하(맞벌이 90%) • 신혼부부 II (매입임대리츠): 소득 100% 이하(맞벌이 120%)

	• 청년(타지역 출신): (1순위) 생계·의료수급자, (2순위) 50% 이하 (본인-부모 합계), 장애인 가구 100% 이하, (3순위) 100% 이하 (본인-부모 합계), 장애인 가구 150% 이하, (4순위) 80% 이하 (본인, 세대주의 경우 100% 이하)

주: 소득은 전년도 도시근로자 가구당 월평균 소득을 의미.
자료: 국토교통부, 2019년 주택업무 편람, 마이홈포털 (2019.4.1.) (https://www.myhome.go.kr/hws/ portal/cont/selectContRentalView.do#guide=RH101), 이길제(2019)에서 재인용.

이러한 공공임대주택 재고는 2017년 기준 145.7만 호이며, 임대기간 10년 이상 장기공공임대주택은 136.6만 호로 전체 주택 수(다가구 거처구분 기준) 대비 장기공공임대주택 비율은 6.7%인 것으로 나타난다. 이 때 장기공공임대주택 재고는 임대기간 10년 이상인 영구임대, 50년 임대, 국민임대, 10년임대, 장기전세, 전세임대, 기존주택 매입임대, 행복주택의 재고를 합하여 산정한 것이다(<그림 4-2> 참조).

그림 4-2 장기공공임대주택 재고 및 비율 추이: 2008~2017년

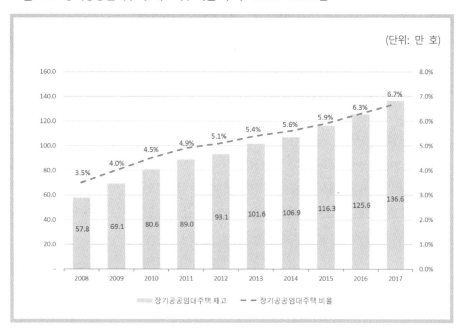

자료: 이길제(2019).

장기공공임대주택의 유형별 재고 비중은 2017년 기준으로 국민임대가 38.4%로 가장 많고, 영구임대 15.9%, 전세임대 14.3%, 10년임대 12.3%, 50년임대 8.0%, 다가구 매입임대 7.6%, 장기전세 2.4%, 행복주택 1.2%의 순으로 나타난다(<그림 4-3> 참조).

그림 4-3 장기공공임대주택 유형별 재고 비율(2017)

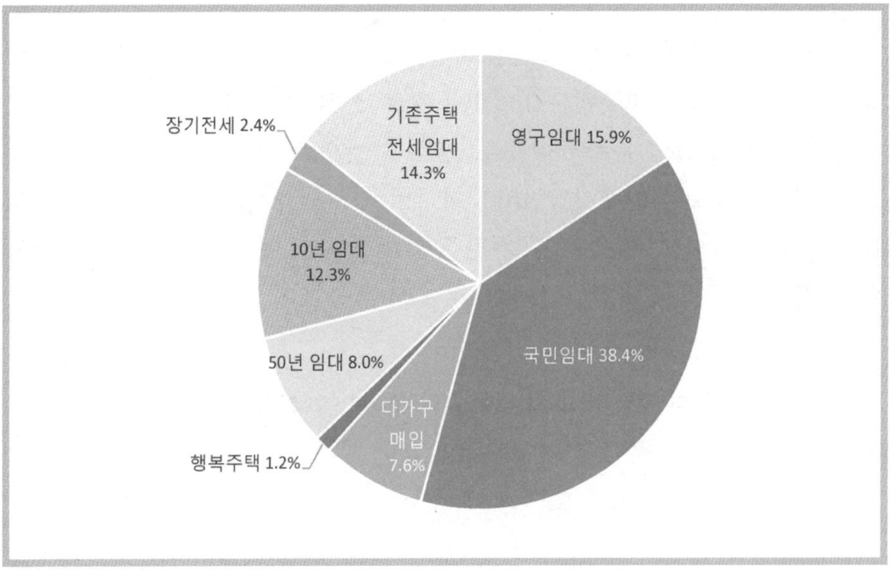

자료: 김혜승·김근용·이길제·강성우(2019).

공공임대주택의 사업주체별 공급 비중은 2017년 기준 국가(LH) 103.2만 호(70.8%), 지자체 26.5만 호(18.2%), 민간건설(11.0%)의 순으로 나타난다. 그러나 국가(LH)의 재고비중은 '13년 68.4%에서 '17년 70.8%로 증가한 반면, 민간건설은 '13년 13.1%에서 '17년 11.0%로 감소하였으며, 지자체의 재고비중은 18% 수준을 유지하고 있다(이길제, 2019)(<표 4-3> 참조).

표 4-3 연도별 사업주체별 공공임대주택 재고 비율: 2013～2017년

(단위: 만 호, %)

연 도	공공임대주택	국가(LH)	지자체	민간건설
2013	112.4	76.9	20.8	14.7
	(100.0%)	(68.4%)	(18.5%)	(13.1%)
2014	117.6	80.4	22.2	15.0
	(100.0%)	(68.4%)	(18.9%)	(12.8%)
2015	125.7	86.9	22.9	15.9
	(100.0%)	(69.1%)	(18.2%)	(12.6%)
2016	135.8	94.5	24.3	17.0
	(100.0%)	(69.6%)	(17.9%)	(12.5%)
2017	145.7	103.2	26.5	16.0
	(100.0%)	(70.8%)	(18.2%)	(11.0%)

자료: 국토교통부 통계누리, 2013～2017년 임대주택통계(2019.4.8. 접속) (http://stat.molit.go.kr/portal/cate/statView.do?hRsId=37&hFormId=842&hSelectId=842&hPoint=%5Bobject+HT), 이길제(2019)에서 재인용.

현 정부는 5년간(2018-2022) 공공임대주택 69.5만 호와 공공지원주택 20.0만 호를 포함한 공적임대주택5) 89.5만 호를 공급하는 계획을 추진하고 있으며, 특히 공공임대주택 공급 계획 물량은 연간 13.9만 호로 이는 과거 정부에 비해 연간 4.5만 호의 공공임대 재고가 추가로 증가하는 효과를 지닐 것으로 기대된다(김혜승·김근용·이길제·강성우, 2019)(<그림 4-4> 참조).

---

5) 공적임대주택은 공공임대주택과 공공지원 민간임대주택(민간이 소유권을 지니나, 공공의 지원을 받아 공공성을 확보한 주택)을 포괄하는 개념임(김혜승·김근용·이길제·강성우, 2019).

그림 4-4 정부별 공공임대주택 공급 추이(준공 기준)

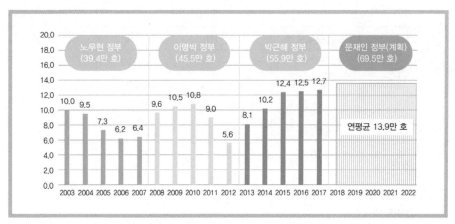

자료: 김혜승·김근용·이길제·강성우(2019).

기존연구(김혜승·김근용·이길제·강성우, 2019)에 따르면 이러한 공공임대
주택 공급 정책은 공공임대주택에 거주하는 가구의 주거안정 및 주거수준
을 향상시키며[6], 공공임대주택 거주가구와 일반임차가구의 임대료 부담을
완화시키고[7], 나아가 국민소득을 증대시키고 일자리를 창출하는 효과[8]를
지니는 것으로 나타난다.

따라서 이러한 공공임대주택 나아가 공공성을 지닌 공적임대주택의 공

---

6) 2017년 주거실태조사 자료로 분석한 결과에 따르면 민간임대주택 평균거주기간은 3.1년,
공공임대주택 거주가구는 5.6년으로 나타나고, 공공임대주택은 민간임차주택에 비해 주택
만족도가 0.22점 더 높고(공공 3.09, 민간 2.87), 주거환경 만족도도 0.2점 높게 나타남(공
공 3.01, 민간 2.91). 따라서 공공임대주택 거주가구는 민간임대주택 거주가구에 비해 주거
안정 및 주거수준 향상 효과가 높다고 할 수 있음(김혜승·김근용·이길제·강성우, 2019).

7) 공공임대주택의 낮은 임대료는 입주자의 임대료 부담을 낮추어주는 반면, 공공임대주택 공
급을 증가시키면 임대주택 재고가 증가하고, 이는 시중임대료 인하 효과를 지니며, 이에
따라 일반임차가구의 임대료 부담도 경감시키는 효과를 기대할 수 있음(김혜승·김근용·
이길제·강성우, 2019).

8) 공공임대주택 공급의 경제적 파급효과는 다음의 세 가지 유형으로 나타날 수 있음. 첫째,
공공임대주택 생산을 통해 국민소득이 증가하고 일자리가 창출됨. 둘째, 공공임대주택 입
주가구의 임대료 부담 완화로 이들의 가처분소득이 증가하고, 이에 따라 소비 수요가 증
가하고, 그 결과 국민소득이 증가하고 일자리가 창출됨. 셋째, 공공임대주택 공급 증가에
따른 민간임대주택 거주가구의 임대료 부담이 완화로도 이들의 가처분소득이 증가하고, 이
에 따라 소비 수요가 증가하고, 그 결과 국민소득이 증가하고 일자리가 창출됨(김혜승·김
근용·이길제·강성우, 2019).

급은 지속적으로 확대하되 가능한 한 도심 등 수요가 높은 지역에 공급되어
야 할 것이며, 특히 현재 중앙정부(LH)에 과도하게 치중되어 있는 공급 및
관리 주체를 다양화할 필요가 있다. 또한 현재의 공공임대주택은 그 유형도
너무 많고 복잡하며, 유형간 연계 부족으로 수급불일치도 발생하고 있으며,
입주가구의 임대료 부담능력을 고려하지 못하는 한계를 지닌다. 이에 공공
임대주택의 유형을 통합하여 정책대상계층에게 접근성을 높이고 사회통합
에 기여하도록 해야 할 것이며, 입주가구의 부담능력과 주택의 가치를 모두
고려하는 응능응익형 임대료 체계를 마련하여 형평성을 높일 필요가 있다.
또한 공공임대주택 재고의 효율적 관리, 입주자의 삶의 질 향상 및 공동체
관리를 위한 연성적(soft) 측면의 서비스로서의 주거지원서비스 제공을 위해
서도 향후 많은 노력이 필요할 것이다.

2) 주거급여

2015년 맞춤형 급여체계 개편에 따라 주거급여는 확대·개편됨과 함께
개별급여로 분리 독립하여, 2015년 7월부터 실시되고 있다. 이전에는 국민
기초생활보장제도의 선정기준이 절대소득인 최저생계비를 단일기준으로 설
정하여 통합급여 체계로 운영되었다. 통합급여 체계란 수급자로 선정되면
각종 급여(생계, 주거, 의료, 교육 등 7개 급여)를 포괄하여 지원하는 방식으로,
이는 수급자격을 상실하면 모든 급여를 받을 수 없는 한계를 지니고 있었
다. 2015년 개편된 국민기초생활보장제도에서는 중위소득이라는 상대소득
을 기준으로 급여별 선정기준을 차별화함으로써 생계급여로부터 탈수급 이
후에도 욕구별로 급여(주거, 의료, 교육 급여)를 수급할 수 있도록 한 것이다.
이를 통해 생활영역별로 복지 욕구에 대응하고, 복지사각지대 해소에 기여
하며, 수급자의 탈빈곤을 돕는 등 수급자의 생활 기반을 보다 안정적으로
만들 것이라고 기대한 것이다.

그림 4-5 통합급여와 맞춤형 급여 체계 비교

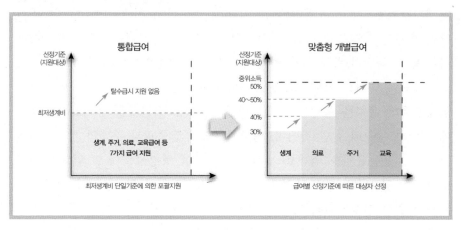

자료: 관계부처 합동. 2013.5.28. 박근혜 정부 국정과제. p.95.

주거급여법에 따르면 주거급여란 국민의 주거안정과 주거수준 향상에 이바지함을 목적으로 생활이 어려운 사람에게 주거안정에 필요한 임차료, 수선유지비, 그 밖의 수급품을 지급하는 것을 말한다(동법 제 1조, 2조). 임차 수급자에게는 실제임차료를 근거로 지역별 기준임대료, 가구원 수, 소득수 준에 따라 산정하여 임차급여를 지급하고, 자가수급자 등에게는 수급자의 가구원 수, 소득수준, 주택 노후도, 수선유지비 소요액 등을 고려하여 수선 유지급여를 지급한다.

임차급여 산정 시 고려하는 기준임대료란 최저주거기준을 고려하여 지 역별 및 가구원 수별로 산정한 임대료로 최대 지급 가능한 임차급여 수준이 고, 기준임대료의 지역 구분은 4개 급지로 구성된다. <표 4-4>는 임차급 여의 산정방식을 제시하고 있다.

표 4-4 임차급여 산정 방식

A. (소득인정액≤생계급여 선정기준): 기준 임대료(또는 실제 임차료)의 전액을 지원
B. (소득인정액>생계급여 선정기준): 기준 임대료(또는 실제 임차료) − 자기 부담분
                                                              (자기 부담분 = K(자기부담율 0.3) × Y)

• Y = 소득 인정액 − 생계급여 기준 금액
• 자기부담분: 소득 인정액에서 생계급여 선정기준을 차감한 금액의 100분의 30
• 실제 임차료가 기준 임대료보다 낮은 경우 실제 임차료를 기준으로 산정
• 보증금이 있는 경우 연 4%를 적용하여 월차임으로 환산, 실제 임차료는 보증금 월환
  산액과 월차임을 모두 합하여 산정

자료: 국토교통부. 2019년 주거급여 사업안내. p.95.

　수선유지급여는 주택 노후도에 따라 보수범위를 구분하여 지원하게 되
는데, 수급자가 거주하는 주택 등에 대하여 구조안전·설비·마감 등 최저
주거기준 충족 여부를 기준으로 주택 노후도를 평가하고, 주택 노후도에 따
라 보수 범위(경보수, 중보수, 대보수)를 구분하여 지원한다. 보수 범위별 수선
주기는 경보수 3년, 중보수 5년, 대보수 7년으로 각 보수 범위 내 1회 수선
이 원칙이다(국토교통부, 2019, pp.161, 163).

　주거급여 수급권자는 2018년 9월까지는 소득기준과 부양의무자 기준
을 충족하는 자로서 소득인정액이 기준 중위소득의 43% 이하이면서 부양
의무자가 없거나 부양의무자가 있어도 부양능력이 없거나 부양을 받을 수
없는 자였으나, 2018년 10월부터는 부양의무자 기준이 폐지되었고, 2019년
부터는 소득기준이 기준 중위소득의 44% 이하로 확대되었다[9].

　주거급여 수급가구 규모는 2015년 80.0만 가구에서 2018년 97.3만 가
구로 증가하였고, 부양의무자 기준 폐지 이후 큰 폭으로 증가한 것으로 파
악된다. 2018년 기준 주거급여 수급가구가 전체 일반가구에서 차지하는 비
율은 약 4.8% 수준이며, 임차급여가구는 88.8만 가구, 수선유지급여 가구는
8.5만 가구로 나타난다(김혜승·김근용·이길제·강성우, 2019)(<그림 4−6> 참조).

___

9) 2019년 7월 제58차 중앙생활보장위원회에서는 주거급여 선정기준을 2020년에 기준 중위소
   득의 45% 이하로 확대할 것을 의결함.

그림 4-6 주거급여 수급가구 규모 추이

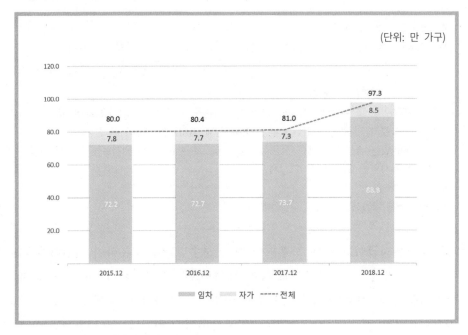

자료: 김혜승·김근용·이길제·강성우, 2019.

　　임차급여 수급가구가 받는 월평균 급여액은 2015년 8.0만 원에서 2018년 12.9만 원으로 4.9만 원 증가하였고, 이를 거주유형별로 보면 2018년 기준 민간임대주택 거주 수급가구는 월평균 16.3만 원, 공공임대주택 거주가구는 11.5만 원을 받고 있다(<표 4-5> 참조).

표 4-5 월평균 임차급여액 추이

구분		2015.12	2016.12	2017.12	2018.12
월평균 임차급여액		10.8만 원	11.2만 원	11.7만 원	12.9만 원
	민간임대주택 거주가구	13.5만 원	14.1만 원	14.8만 원	16.3만 원
	공공임대주택 거주가구	9.1만 원	9.6만 원	10.2만 원	11.5만 원

주: 연도별 LH 주택조사 자료.
자료: 김혜승·김근용·이길제·강성우, 2019.

임차급여의 보장수준이 어느 정도인지를 보기 위해 실제임차료 대비 임차급여액 비율과 실제임차료 대비 기준임대료 비율 추이를 살펴본다.

우선 임차급여가구의 실제임차료 대비 임차급여액 비율은 2018년 78.8%이나, 민간임대주택 거주 수급가구로 한정하는 경우에는 72.8%로 나타난다. 민간임대주택 거주 수급가구의 경우 이 비율은 2016년 69.6%에서 2018년 72.8%로 지속적으로 상승 추이를 보인다(김혜승·김근용·이길제·강성우, 2019)(<그림 4-7> 참조).

그림 4-7 임차급여 수급가구의 실제임차료 대비 급여액 추이: 민간임대 거주가구

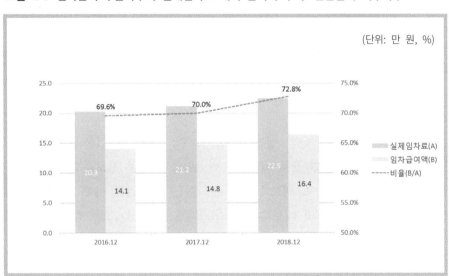

자료: 김혜승·김근용·이길제·강성우, 2019.

다음으로 임차급여가구의 실제임차료 대비 기준임대료 비율은 2018년 105.9%이나, 민간임대주택 거주 수급가구로 한정하는 경우에는 79.6%로 나타난다. 민간임대주택 거주 수급가구의 경우 실제임차료 및 기준임대료는 모두 증가하고 있음에도 이 비율이 2016년 82.9%에서 2018년 79.6%로 하락하는 추이를 보이고 있다(김혜승·김근용·이길제·강성우, 2019)(<그림 4-8> 참조).

그림 4-8 임차급여 수급가구의 실제임차료 대비 기준임대료 추이: 민간임대 거주가구

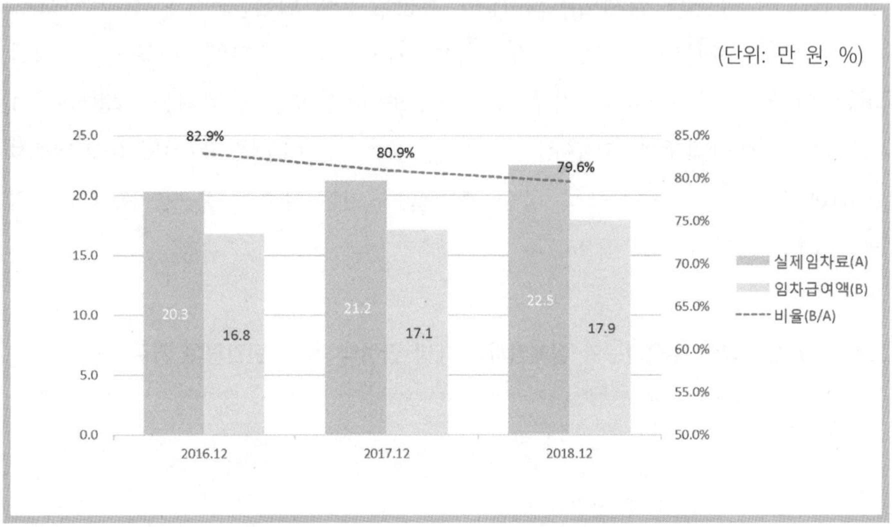

자료: 김혜승·김근용·이길제·강성우, 2019.

    수선유지급여의 지원 실적을 살펴보면, 연간 사업물량이 2016년 21,207호, 2017년 18,307호로 나타났으며, 2017년 기준 경보수를 받은 가구는 57.9%, 중보수 19.2%, 대보수 22.9%로 이는 2016년에 비해 경보수는 감소(14.%p)하고 중보수 및 대보수는 증가(각각 5.7%p, 9.3%p)한 것이다(김혜승·김근용·이길제·강성우, 2019).

    주거급여는 임차가구에게는 임차급여 지급에 따라 임대료 부담을 완화시켜주고 있으며, 자가가구 등에게는 수선유지급여를 현물로 제공함으로써 주거수준을 향상시키는 정책 효과를 지닌다.

    그러나 앞에서 언급하였듯이 임차급여 수급가구 중 민간임대주택 거주 수급가구의 경우 기준임대료는 실제임차료의 79.6%('18.12) 수준이고, 민간임대주택 거주 수급가구 중 실제임차료가 기준임대료를 초과하는 주택에 거주하는 가구는 59.7%('18.6)로 나타나 현재 기준임대료 수준이 특히 민간임대주택에 거주하는 임차급여 수급가구의 실제임차료 수준을 충분히 반영하지 못하고 있는 실정임을 알 수 있다. 「제1차 기초생활보장 종합계획(2018~2020)」[10)]에 따르면 2022년까지 기준임대료를 단계적으로 현실화시키

겠다고 계획하고 있으나 맞춤형 급여체계의 주된 목적이 개별급여별 최저보장수준의 보장에 있으므로 기준임대료 수준을 보다 조속히 현실화시킬 필요가 있다. 이와 함께 자가가구 등을 위한 수선유지급여의 보수한도[11]도 최저주거기준을 충족시킬 수 있는 공사비 수준으로 높이는 방안을 검토할 필요가 있다. 또한 주거급여 수급가구 규모는 2018년 말 기준 일반가구의 약 4.8% 수준으로 최저소득층의 주거안정을 도모하기에 충분한 규모는 아니라고 판단된다. 따라서 비록 「제1차 기초생활보장 종합계획(2018~2020)」에서 지원대상을 2020년까지 기준 중위소득의 45%로 설정하여 지원대상을 확대하고자 하고 있으나 이보다 더 높은 기준 중위소득의 50% 수준까지 지원대상을 확대하는 방안도 검토할 필요가 있다. 나아가 주거상태가 열악한 민간임대주택에 거주하면서도 일자리, 장애 등으로 주거이동이 어려운 임차급여 수급가구가 거주하는 주택에 대한 개보수 지원 방안도 검토할 필요가 있다. 이 경우에는 임차급여 수급가구가 거주하는 주택의 집주인에 대한 주택개보수 지원 방안을 모색함과 동시에 임차가구를 위해 임대료 규제 및 임차권 보호 장치도 마련해야 할 것이다.

3) 주거관련 정보제공, 상담 및 사례관리

앞서 언급했듯이 우리나라 현행의 주거지원프로그램은 주로 물리적인 주택을 제공·지원하는 경성적(hard) 측면에 중점을 두어 왔고 아직까지는 주거를 기반으로 독립적인 생활을 할 수 있도록 필요한 서비스를 제공하는 연성적(soft) 측면에 대한 고려는 미흡한 실정이라 할 수 있다.

주거문제는 거주할 주택을 마련하고 입주하는 단계, 그 주택을 유지하면서 정착하여 생활하는 단계 등에서 개개 가구마다 또한 개개 가구가 속한 지역마다 다양하고 복잡한 양상을 보이고 있고, 주거정책도 수요자 중심의

---

10) 관계부처합동(보건복지부, 국토교통부, 교육부). 2017.8.10. 「제1차 기초생활보장 종합계획(2018~2020)」(안).

11) 2015년 맞춤형 급여체계로의 전환시 수선유지급여 보수한도는 60㎡기준 최저주거기준 전체항목 공사비(26백만 원)의 36.5% 수준인 950만 원을 최대보수한도(대보수)로 설정(중보수 650만 원, 경보수 350만 원)하였으며, 2015년 이후의 건설공사비 상승분만 반영하여 2018년에 8% 상향 조정하였음(김혜승·김근용·이길제·강성우, 2019).

통합적 정책으로 패러다임을 전환하고 있다[12].

이러한 복잡하고 다양한 주거문제를 통합적으로 해결하기 위해서는 ①
지역사회의 주거 여건 속에서 개개 가구의 주거문제 파악, ② 지속적으로
확대·변화하는 중앙정부, 광역 및 기초 지자체의 다양한 맞춤형 주거지원
사업들(대상자 선정기준, 지원내용, 지원 방식 등)에 대한 명확한 이해, ③ 지역
주거관련 자원 및 복지 자원의 발굴 및 연계 작업 등을 토대로 주거 중심의
정보제공, 상담 및 사례관리를 할 수 있는 통합적 접근이 반드시 필요하다
(김혜승, 2019).

현행 복지전달체계에서도 최근까지도 지속적으로 취약계층을 발굴하
고 그들의 문제를 통합적으로 해결하는 체계를 구비하면서 많은 노력이 이
루어지고 있다[13]. 그러나 현행의 복지전달체계만으로는 여전히 주거부문의
전문성과 주거욕구 해결에 대한 적극성은 미흡한 실정이다. 현재 읍면동 주
민센터 사례관리 업무 중 주거업무가 일부 포함되어 있으나, 타 복지업무를
함께 수행하고 있어 주거복지 업무에 집중하기 어려운 실정이며, 필요한 경
우 주거문제와 관련된 1차적인 단순 상담을 하고 있지만, 자체적으로 해결
할 수 없는 사례가 많이 발생하고 있다(김혜승, 2019).

주거기본법에 따르면 주거복지 관련 정보제공 및 상담, 주거 관련 조사
지원, 주거복지 관련 기관·단체의 연계 지원, 주거복지 관련 제도에 대한
홍보 등의 업무를 수행하기 위해 국가 및 지방자치단체는 주거복지센터를
둘 수 있다고 규정하고 있다(주거기본법 제22조, 동법 시행령 제 14조). 이를 시

---

12) 문재인 정부가 '사회통합형 주거사다리 구축을 위한 주거복지 로드맵'(관계부처 합동,
2017. 11. 29)에서도 "과거 공급자 중심의 단편적·획일적 지원에서 수요자 중심의 종합
적인 지원과 사회통합형 주거정책으로 패러다임 전환"을 기본방향으로 언급함.

13) 현행 복지전달체계 하에서는 '읍면동 허브화'를 토대로 사각지대(취약가구) 발굴 → 욕구
조사 → 대응서비스 제공 → 사례관리를 수행하되, 읍면동에서는 주로 1차적으로 상담 및
사례관리를 하고, 시군구에서는 읍면동에서 해결할 수 없는 집중사례관리를 수행하고 있
음. 이와 함께 인력(전담인력)과 시스템(공적 데이터 활용)을 토대로 취약가구의 위험징후
를 미리 파악하는 체계도 구축하고 있음. 또한 최근 복지부에서는 돌봄이 필요한 국민이
살던 곳에서 본인의 욕구에 맞는 다양한 서비스를 통합적으로 누릴 수 있도록 지원하는
'지역사회 통합 돌봄(커뮤니티 케어)' 사업을 시범사업으로 추진하고 있는데, 이는 노인,
장애인, 정신질환 등 보건서비스 제공이 주 목적임. 이 사업에는 대상자들을 위한 집수리
지원 및 주거마련 예산이 포함되어 있지만, 이러한 예산을 제대로 집행하기 위해서는 해
당 지역의 주거복지전담 조직과의 연계가 반드시 필요하다고 할 수 있음(김혜승, 2019).

행하기 위해 정부는 '주거복지 로드맵'(2017.11)과 '취약계층·고령자 주거지원 방안'(2018.10)에서 지방자치단체 특성에 맞는 주거복지센터 표준모델을 구축하고, 센터역량을 강화하기 위해 주거복지사 등 전문인력을 확충하며, 장기적으로는 시군구 단위의 주거복지센터 설립과 운영을 지원할 계획임을 발표하였다.

이러한 주거복지센터와 관련된 현황을 살펴보면, 2018년 현재 국토부가 한국토지주택공사에 위탁하여 운영하는 마이홈센터가 전국적으로 52개소, 서울시가 위탁하여 운영하는 주거복지센터 25개소, 기타 일부 시도 및 시군에서 위탁하여 운영하는 센터가 존재한다. 전국에 52개가 존재하는 마이홈센터는 센터당 평균 1~2명의 인력으로 공공임대주택 혹은 주거급여 등 중앙정부 주거복지 프로그램에 대한 상담 중심으로 서비스를 제공하고 있어, 관할 지역주민을 위한 통합적 사례관리는 어려운 실정이다. 서울시의 경우 2018년부터 자치구별로 25개 주거복지센터를 설치하여 서울시 주거기본조례에 따라 상담 및 주거지원서비스와 주거복지 확산을 위한 네트워크 구축을 기본사업으로, 지역사회 주거복지모델개발을 부가사업으로 수행하고 있으나, 평균 2명의 상근인력으로 맞춤형 사례관리까지 담당하기에는 역부족인 실정이다. 2015년에 부산도시공사가 동부 및 서부 주거복지센터를 개소하였고, 2010년에서 2017년에 걸쳐 대구시는 2개 권역을 나누어 각 권역을 포괄하는 주거복지센터를 민간법인에 위탁하여 운영하고 있다. 이 외에도 원주, 천안, 수원, 시흥 등 일부 시군에서 주거복지센터 운영하고 있으며, 특히 전주시 주거복지센터는 전주시 주거복지과에 소속된 하나의 팀으로 직영하고 있다(김혜승, 2019).

서울시 사례를 중심으로 주거복지센터 사업을 평가한 기존연구(서울특별시·한국도시연구소, 2017; 홍인옥, 2015)에 따르면 주거복지센터는 우선, 다양한 주거문제에 대응하는 주거복지 전문기관으로 자리매김하면서 주거복지를 독자적 활동영역으로 정립하고 체계적 주거지원 및 지역 전달체계 역할을 수행하여, 가난한 사람들의 주거문제 해결 위한 마지막 보루로서 기능하고 있다. 나아가 지역 주거복지 네트워크 구축을 위한 주도적 역할을 수행하고 있고, 지속적인 상담 및 사례관리로 주거안정 사례를 축적하여 주거복지 향상을 위한 저변 확대 및 제도적 기반 구축에 기여하고 있다(김혜승,

2019에서 재인용).

　　그러나 현행 주거복지센터는 다음과 같은 문제점을 지닌다. 첫째, 주거
복지센터가 제공하는 서비스의 질과 양을 누구나 공평하게 누릴 수는 없는
실정이다. 즉 전국적으로 주거복지센터가 존재하지 않아 센터가 운영되는
곳에 거주하는 주민에게만 서비스가 제공되고 있다는 점이다. 또한 주거복
지센터가 운영되는 곳이더라도 구체적 업무가 표준화되지 않아 운영주체에
따라 주된 주거지원서비스14) 성격이 다르고, 센터가 포괄하는 공간적 범위
(행정구역)도 지역마다 다르다는 문제를 지니고 있다. 둘째, 현재 주거복지센
터를 운영하고 있는 기관의 경우 재정지원 및 인력이 충분하지 않아 적절한
주거지원서비스 제공에 한계가 있다는 점이다. 마지막으로는 LH와 지자체
(지방공사, 민간단체 위탁)에서 운영하는 센터들간의 업무에 혼선이 존재하며,
일부 서비스는 중복되어 제공되고 있다는 사실이다(김혜승, 2018). 요컨대,
주거복지센터의 활동 내용이 표준화·체계화되어 있지 않고, 센터가 관할하
는 공간적 범위의 설정, 조직 및 인력의 확보 및 관리 방안, 이를 위한 재원
마련 방안 등이 매우 미흡하다. 따라서 아직까지는 주거지원서비스가 필요
한 모든 국민이 일정 수준 이상의 맞춤형 서비스를 향유하지는 못하는 실정
인 것이다. 즉 현재 주거지원서비스는 공급자 측면에서도 이용자 측면에서
도 사업범위 포괄성, 사업공급 충분성(접근성 포함), 보장수준 적정성에 많은
한계가 있다(안수란 외, 2018, p.236).

　　주거관련 정보제공, 상담 및 사례관리 서비스가 누구에게나 지역 및 가
구 특성을 반영하면서 제공되기 위해서는 「주거기본법」에서 규정하고 있는
주거복지센터가 최소한 시·군·구 단위에서는 운영되면서 기존 복지전달체
계의 기능과 연계하여 시너지효과를 만들어 내야 할 것이다. 이를 위해 단
기적으로는 2017년 말에 발표한 "주거복지로드맵"에 따라 주거복지센터 표
준모델을 구축하고, 시범사업을 통한 모범사례를 확산시켜야 할 것이다. 나
아가 중장기적으로는 주거문제에 직면한 모든 지역주민이 주거지원서비스
에 쉽게 접근할 수 있도록 적어도 시·군·구 단위로 주거복지센터를 설치

---

14) 여기에서의 주거지원서비스는 연성서비스 중심의 협의 주거지원서비스로 기존 주거지
　　원프로그램 등 관련 정보를 제공하고 상담을 통해 주거의 탐색·정착·유지를 지원하는
　　서비스라고 할 수 있음.

하고 주거복지 전문인력을 배치해야 할 것이다. 또한 중앙정부와 지방자치
단체는 관련 제도를 정비하고, 주거복지센터가 지속적으로 운영되도록 안
정적인 재원을 확보해야 할 것이다(안수란 외, 2018, pp.236－237).

참고문헌

01 관계부처합동. 2017.11.29. 사회통합형 주거사다리 구축을 위한 주거복지 로드맵.

02 관계부처합동(보건복지부, 국토교통부, 교육부). 2017.8.10. 제1차 기초생활보장 종합계획(2018~2020)(안).

03 관계부처합동. 2015.5.28. 박근혜 정부 국정과제.

04 국토교통부(2019). 2019년 주거급여 사업안내.

05 국토교통부. 2019년 주택업무 편람.

06 김혜승(2019). 주거복지 사각지대 해소를 위한 주거복지센터의 역할. 제54회 주거복지포럼(대토론회): 주거복지서비스 고도화와 주거복지센터의 역할. 2019.6.7.

07 김혜승(2018). 주거복지센터 전국화를 위한 시범사업 추진방안. 주거사각지대 해소를 위한 주거복지센터 활성화 방안 정책토론회(2018.8.20.) 자료집.

08 김혜승(2007). 최저주거기준을 활용한 2006년 주거복지 소요추정 연구. 경기: 국토연구원.

09 김혜승·김근용·이길제·강성우(2019). 주거복지정책의 성과와 과제. 한국법제연구원 기본과제 워크숍. 2019.8.27.

10 김혜승 외(2012). 서민 주거복지 향상을 위한 주거지원서비스 체계 구축방안 연구. 경기: 국토연구원.

11 남원석 외(2010). 지역밀착형 주거지원서비스 지원체계 구축방안. 토지주택연구원.

12 안수란·강혜규·전진아·유재언·하태정·김혜승·조현성·남재욱·송아영·송나경(2018). 범부처 사회서비스 보장 체계 구축 방안 연구. 세종: 한국보건사회연구원.

13 서울특별시·한국도시연구소(2017). 수요맞춤형 주거지원을 위한 주거복지센터 운영체계 개선 연구.

14 서종균(2009). "주거지원서비스 도입을 위한 검토." 서민주거복지포럼 보고서. 국토해양부. pp.107-125.

15 윤영진 외(2011). 사회서비스 정책론. 서울: 나눔의 집.

16 윤주현·김혜승(1997). 주거복지제도의 평가와 개선방안. 경기: 국토개발연구원.

17 이길제(2019). 지역 및 계층별 수요를 고려한 공공주택 공급관리정책 추진방향. 경기: 국토연구원.

18 이인재·류진석·권문일·김진구(2010). 사회보장론. 나남.

19 홍인옥(2015). 서울시 주거복지지원센터 성과보고회 및 토론회 자료집.

20 Audit Commission. 1998. Home Alone: the role of housing in community care.

21 Foord, M. 2005. Introduction: Supported Housing and Community Care. in Mark Foord & Paul Simic(eds.). Housing, Community Care and Supported housing, Chartered Institute of Housing. CIH. pp.2−19.

22 마이홈포털(https://www.myhome.go.kr)

23 국토교통부 통계누리(http://stat.molit.go.kr)

제5장

공공의 주거서비스 지원 현황

| 권오정 |
한국주거서비스소사이어티 이사
건국대학교 건축대학 건축학과 교수

주거서비스는 하드웨어와 소프트웨어 서비스가 얽혀 있는 총체적 개념으로 주택의 개별 단위주거－단지(마을)－도시에 이르기까지 연결된 인프라를 기반으로 한 물리적 서비스, 경제적 서비스, 생활서비스를 포함하는 개념이다. 이 중 거주자의 개인생활이나 공동체 활동을 지원하는 주거생활서비스는 거주자의 일상생활에서 가장 1차적이며 밀착된 서비스라고 볼 수 있으며 이러한 생활밀착형 주거생활서비스 지원을 통해 거주자의 생활편익, 이웃 간의 관계회복, 주민의 역량강화 기회 등을 제공하여 거주자의 삶의 질 향상에 기여할 수 있다. 그간 공공주택 공급을 주도하던 공공기관들에서는 주거서비스 정책으로 임대주택 공급 뿐 만 아니라 입주민의 생활을 지원하는 다양한 연성적 서비스와 이에 필요한 주민공용 공간 제공 및 지역자원과의 연계 등을 강화하는데 힘쓰고 있다. 이에 본 장에서는 광의의 주거서비스 지원 중에서 공공에서 제공하는 주거생활서비스에 초점을 맞추어 공공의 주거생활서비스 지원 현황과 운영사례를 소개하고, 또한 공공임대주택 입주민의 주거생활서비스에 대한 수요에 대해서도 살펴보고자 한다.

1 주거생활서비스의 개념과 중요성

주거생활서비스는 주거서비스 중에서 생활서비스에 해당하는 것으로 개인이나 가구를 지원하기 위해 이루어지는 가사, 여가, 건강, 교육, 보육, 육아 지원 등의 생활 편의를 위한 서비스(개인생활 지원 서비스)와 공동체 활성화를 위한 다양한 모임활동, 봉사활동, 재능기부 활동, 커뮤니티 시설 지원, 업무·창업 등을 위한 서비스(공동체 활동 지원 서비스)를 말한다(한국주거학회, 2018).

이러한 생활적 측면의 주거서비스에 대한 수요는 변화하는 사회적 여건을 반영하고 있다. 가장 대표적인 여건변화는 첫째, 정부의 주거정책 패러다임이 주거의 질적 수준 향상을 위한 수요자 중심의 주거복지로 변화하고 있다는 것이고 둘째, 인구 및 가구구조의 변화로 고령화와 저출산의 심화, 1인 가구의 급격한 증가, 다양한 가구유형(노인부부가구, 맞벌이가구, 자녀양육가구, 무자녀가구, 외국인가구, 다문화가구, 셰어형 가구 등)이 출현하고 있다는 것이다. 특히, 혼자 사는 인구가 증가하면서 과거에 가족과 함께 여러 명이 함께 살면서 가족 단위에서 서로 도와가며 해결할 수 있었던 것들을 혼자서 해결하기 어려운 상황에 처하기도 한다. 또한 자녀양육에서도 조부모나 형제 등 가족의 지원으로 정서적, 경제적 어려움 등을 해결할 수 있는 상황도 줄고 있다. 결국 생활에 필요한 많은 부분들을 외부의 서비스 지원을 통해 해결할 수밖에 없게 되고 있다. 앞으로 점차 전통적 가족 형태가 와해되면서 가족역할을 대신하는 이웃과 마을공동체의 중요성이 증대할 것이다.

위와 같은 정부의 주거정책 방향과 인구 및 가구유형의 변화로 공공의 임대주택 공급과 관리의 방향도 변화하고 있다. 즉, 주거약자 지원과 생애주기 맞춤형 공공임대주택을 지향하면서 1인 가구, 노인가구, 장애인가구 등 주거약자가구, 청년가구나 신혼부부가구 등 다양한 계층을 대상으로 주택공급을 확대하고, 한편으론 주거서비스 제공의 방향도 맞벌이 가구의 육아문제, 독거노인의 돌봄문제, 이웃 간의 무너진 공동체 회복문제 등을 해결해 나가기 위한 공급자 중심이 아닌 수요자 중심으로 전환하여 입주민 요구에 맞는 생활 편의 제공과 주거복지를 실현하고자 힘쓰고 있다.

우리나라 공공임대주택의 물리적 성능 수준이 향상되고 평준화되면서 입주민의 주거선택 기준이 점차 서비스 위주의 소프트웨어적 측면을 중요시하는 방향으로 전환되고 있다. 양질의 주거생활서비스의 제공은 공공임대주택이어도 내 생활이 편하고, 이웃과 함께 공유하는 문화를 만들고, 공동체를 형성하여 살기 좋은 마을이라는 인식을 갖도록 하여 공공임대주택이 갖고 있는 부정적 이미지를 개선해나가는데도 도움이 될 것이다.

최근 들어 대한토지주택공사와 지방공사들은 입주민을 위한 생활서비스의 중요성에 관심이 커지고 있다. 공공임대주택을 공급하는 공사에서는 주거생활서비스의 개발과 지원을 통해 사회적 가치창출과 공공임대주택의 이미지를 개선하고, 입주민의 생활편의와 공동체 활성화에 기여하는 사회적 책임감을 실천할 수 있을 것이다.

2 공공의 주거생활서비스 지원 현황

본 절에서는 우리나라의 공공임대주택을 공급하는 공사들 중에서 적극적으로 입주민과 지역을 위한 주거생활서비스를 개발하고 지원하는 대한토지주택공사, 서울주택도시공사, 경기도시공사를 대상으로 각각의 공사가 제공하는 주거생활서비스를 살펴보고자 한다.

1) 대한토지주택공사(LH)

대한토지주택공사(LH)는 증가하는 다양한 주거생활서비스 수요에 대응하기 위해 2016년 "LH무지개"로 주거생활서비스 브랜드를 런칭하고 본격적인 주거생활서비스 지원에 박차를 가하고 있다. "LH무지개"서비스란 대한토지주택공사(LH)가 단순히 물리적 주택공급을 하는 차원을 넘어서 임대주택 입주민의 삶의 질 향상과 생활 편의 등을 제공하기 위해 능동적으로 제공하는 주거생활서비스를 의미한다(LH 내부자료).

또한 2018년도에는 생애주기별 맞춤형 주거생활서비스를 강화하고 수요계층별 다양한 서비스로 범위를 확대하고 있고 공공임대주택단지 뿐만

아니라 매입·전세임대에도 서비스를 시범 도입하여 서비스를 제공하는 범
위를 점차 확대해 나가고 있다. 구체적으로 가정어린이집, 다함께 돌봄센터,
대학생먹거리지원, 아동학습지도, 실내놀이터, 커뮤니티지원, 입주청소지원,
독거노인돌봄서비스, 생활증진프로그램, 직업교육 및 취업알선, 찾아가는
일자리상담, 돌봄나눔둥지 등 12개가 신규로 도입된 주거생활서비스이다.

2018년 기준으로 임대아파트 단지 내 21개, 매입·전세임대 7개 등 총
28개의 주거생활서비스를 제공하고 있고 분야별로는 육아 분야 4개, 교육
분야 6개, 생활·문화 분야 10개, 노인돌봄 분야 5개, 경제지원 분야 2개, 통
합서비스 1개가 있다. 브랜드 런칭 후 시범사업 형태로 입주자 수요대응을
위한 신규 사업들을 시도하여 지속가능한 사업이 될 수 있을 지를 검토하고
있다. 특히 국공립·민간어린이집, 가정어린이집, 공동육아나눔터, 다함께돌
봄센터, 지역아동센터 등은 사회적 수요나 정책적 지원을 위해 대한토지주
택공사(LH)가 공공임대주택단지에 공간을 제공하는 방식으로 지원하고 있다.

그림 5-1 LH의 주거생활서비스 브랜드

대한토지주택공사(LH)가 제공하고 있는 주거생활서비스(LH무지개)를 구
체적으로 살펴보면 다음과 같다(<표 5-1> 참조).

표 5-1 대한토지주택공사(LH)의 주거생활서비스

구분	종류	세부 내용
육아	국공립·민간 어린이집	• 단지 내 6세 미만 영유아의 발달특성에 맞는 교육을 제공하는 별도의 보육시설(관리동 어린이집)
	가정 어린이집	• 가정 또는 이에 준하는 공간에 설치·운영하는 어린이집으로서 통상 0~2세의 영아 위주 보육시설로 영유아 보육수요에 대응한 서비스 • 2018년에 69호 운영
	공동육아 나눔터	• 어린이집의 아이돌봄 기능을 이웃 간에 서로 나누고 품앗이할 수 있도록 여성가족부가 지원하는 프로그램 • 이용대상 및 이용시간: 취학전후 아동 및 부모 / 월~금 10:00~18:00 • 여건에 따라 평일 저녁 및 토요일 연장 운영 • 안전한 자녀 돌봄활동 장소 제공, 장난감 및 도서 대여 • 육아정보 및 나눔기회 제공, 자녀돌봄 품앗이 활동 연계 • 2018년 4개소 운영
	다함께 돌봄센터 (초등아동 돌봄)	• 안전하고 접근성이 높은 지역 내 공공시설 등을 활용하여 돌봄이 필요한 모든 아동(6세~12세)에게 돌봄 서비스 제공 • 시간제 돌봄, 문화·예술·스포츠 등 프로그램 운영, 등·하원 지원, 돌봄상담 및 서비스 연계, 간식(또는 식사) 제공 등 • 설치비와 인건비는 국비·지방비 매칭 지원, 운영비는 이용자 자부담 등 활용, 그 외 다양한 지역자원 연계·활용 • 2018년에 1개소 운영
교육	행복한 밥상	• 학교급식이 중단되는 하계 및 동계방학동안 임대단지 맞벌이 가정·저소득 가정의 아동에게 안전한 먹거리와 교육기회를 제공하는 프로그램
	대학생 먹거리지원*	• 진주시 거주 대학생 등 50세대 주 1회 식사·반찬 배달
	꿈높이 선생님	• 만 60세 이상 퇴직 교사를 채용하여 단지 내 초·중학교 자녀를 대상으로 1:1 기초학습 및 학습능력 향상을 위한 방과후 교육 • 78만 원/월, 6개월(주 3일, 4시간/일 근무), 2018년에 300명 채용 • 단지 내 초중등 자녀 방과 후 학습지도 • 학생 당 주 3회 1:1 지도를 원칙으로 하되, 학생수요-교사모집 여건에 따라 탄력운영
	아동멘토링	• 입주민 자녀가 유년기에 경험하는 가정적 어려움, 학습기회의 부족으로 진로탐색의 기회를 잃어버리고 꿈과 희망을 포기하

구분	종류	세부 내용
		는 악순환 예방 • 아동들을 지도하고 격려해 줄 대학생 봉사자를 멘토로 결연하여 아동에게 학습지원 및 정서적 지지관계를 형성하고 건강한 사회인으로 성장할 수 있도록 함께 공부하고 체험학습도 하는 프로그램
	아동학습 지도**	• 아동 학습지도 및 생활도움 서비스
	지역아동 센터	• 방과 후 돌봄이 필요한 취약계층 아동의 보호·교육, 건전한 놀이와 오락의 제공, 보호자와 지역사회의 연계 등 종합적인 아동복지서비스를 제공 • 보건복지부 산하 지역아동센터 중앙지원단 및 시도지원단을 중심으로 하여 운영하며, LH는 임대단지 내 유휴 주민공동시설을 리모델링하여 지역아동센터로 운영함으로써 입주 아동에게 종합적인 복지서비스 제공 • 전국 임대단지에 40개소 운영 중이며, '19년까지 총 42개 단지 지원(국민임대단지: 사용면적 110㎡ 이상 132㎡ 이하, 층수 1층~2층, 층내 화장실 구비
생활 · 문화	작은 도서관 사서 지원	• 임대단지 권역별 작은 도서관에 사서 1인이 주 4개 단지 순회 근무하며 입주민 독서지도 및 문화프로그램 제공 • 2018년에 6명 채용 6개 단지 서비스 제공
	디지털 도서관	• LH 임대주택 입주민은 누구나 무료로 인터넷이나 스마트폰 앱으로 전자책을 언제 어디서나 볼 수 있는 온라인 문화 공간
	카셰어링	• 임대주택 단지내 주차된 차를 입주민이 함께 쓰는 교통편의 서비스로 전용 어플리케이션이나 홈페이지에서 회원가입 후 차량이용 가능하며, 단지 내 지정된 주차구역(행복존)에서 이용 및 반납 • LH와 민간 사업자가 업무협약을 통해 서비스를 운영하며 LH는 단지내 주차공간 무상 제공 등 운영 및 활성화를 위한 홍보 등을 지원 • 국내 최초의 공동주택 단지를 대상으로 하는 거주지 중심 카셰어링 서비스임
	무인택배 서비스	• 부재중인 입주민이 원하는 경우 배송업체가 택배물품을 단지 내 설치된 무인보관함에 보관하고, 입주민은 비밀번호로 인증 후 물품을 수령하는 서비스 • 관리소와 업무중복 및 접근성(위치, 사용법 등)이 낮아 전반적으로 이용률이 낮고, 지역별·단지별 사용 편차 큼

구분	종류	세부 내용
	문화순회 사업	• LH와 한국문화예술위원회의 협업을 통해 경제적, 지리적, 사회적 제약 등으로 문화예술 체험 기회가 적은 임대주택단지(문화소외지역)로 예술단체가 방문하여 공연, 연극, 음악관람 등 다양한 문화예술 프로그램을 제공
	커뮤니티 활동	• 주민잔치, 자원봉사, 주민사업, 문화행사, 동호회 등 입주민이 "함께하는" 프로그램(단지별 활동비 100만 원 지원) • 총 1,066개 단지 중 919개 단지가 활동에 참여하며, 활동비는 민간위탁 단지에 한하여 지원 • 주택관리공단 단지의 경우 임대운영 위탁수수료에 포함
	커뮤니티 지원***	• 서울시 거주 청년 등 커뮤니티 20개 그룹에 활동비 지원
	직업교육 및 취업 알선**	• 서울 강북구 전세임대 입주자 30여 명 직업교육
	입주청소 지원***	• 사회적 기업을 활용한 입주청소
	주거복지 거버넌스	• 임대주택 내 발생하는 다양한 문제 해결 및 입주자 복지 증진을 위해 관리소, 지자체, 시민단체 등 지역사회 다양한 기관이 협의체를 구성하여 상호 협력지원(단지별 회의비 32만 원 지원)
	실내놀이터	• 미세먼지에도 놀 권리를 위한 임대주택 공공형 실내놀이터 조성(2018년 4개소) • 임대단지 거주 어린이들의 상시 놀 권리를 확보를 위해 어린이 비율이 높은 국민임대단지의 활용도 낮은 커뮤니티 공간을 개선하여 LH 공공형 실내놀이터로 조성
노인 돌봄	돌봄사원	• 만 60세 이상 임대주택 입주민에게 돌봄, 단지관리 관련 일자리를 제공하는 사업 • 주택관리, 임대운영업무 보조, 주거생활서비스 제공 등 • 주택관리·임대운영업무를 주요 직무로 부여하되, 총 근무시간의 20%를 입주민 돌봄서비스를 제공토록 운영·관리
	독거노인 돌봄*	• 서울 강북구 독거어르신 50여 세대 주 1회 가사 및 정서 지원
	생활증진 프로그램*	• 서울 노원구 노인 등 50여 명에게 생활체육, 취미교실 제공
	홀몸어르신 살피미	• 매입임대주택에 홀로 사는 어르신의 생활불편을 줄이기 위해 안부전화, 방문을 통한 말벗 등 살핌 서비스 제공

구분	종류	세부 내용
		• 만 50세 이상 일할 능력이 있는 일정 자격을 갖춘 장애인을 채용 • 어르신 약 1천 5백 명 대상, 살핌 서비스 제공 • 방문을 통한 말벗, 생활민원 접수 및 관리소 연락, 거주자 실태조사 지원 등
	관리홈닥터	• 관리소(주택관리공단) 직원과 돌봄사원이 함께 홀로 사시는 어르신 및 장애인 가정을 정기적(월 2회 이상) 방문하여 말벗, 시설물 보수 및 점검, 가사 등의 서비스를 제공
	가사돌봄 서비스	• 일상생활 중 불편을 겪는 홀몸 어르신 또는 장애인 가정 등 주거약자 세대를 찾아가 청소·빨래·설거지 등 청결관리, 말벗친구, 화재예방 등 안전 활동 수행 등 • 만 60세 이상의 가사지원 전문교육을 받은 자 • 87.3만 원/월, 6개월 (주 3일, 4시간/일 근무) • 2018년에 300명 채용
	공공실버 복지관	• 경로식당, 물리치료실, 문화센터 등 노인 돌봄에 특화된 공간들이 설치되는 시설 • 영구임대주택의 시설 및 서비스 수준을 높여 고령자에게 맞춤형 주거복지서비스 제공
경제 지원	사회적 기업 입점 공간	• 장기공공임대주택 300세대 이상 단지 규모의 임대주택 내에 마련하는 공간으로 (예비)사회적 기업 또는 사회적 협동조합 등이 입주하여 입주민에게 일자리를 제공하거나 다양한 사회 서비스를 제공
	찾아가는 일자리 상담	• 일자리 상담사가 임대주택을 직접 방문하여 입주민 일자리 상담 및 취업지원, 지자체 복지지원 연계 등 맞춤형 상담 제공 • 일자리상담사 2인1조가 월~목요일까지 해당단지 방문 상담 (2018년 45개 단지 서비스 제공)
통합 서비스	돌봄나눔 둥지	• 활용되지 않는 주민공동시설을 리모델링하여 육아, 주민휴식 등 세대 통합형 돌봄 서비스 제공 • 현재 시범사업으로 1개소 운영 중 (하남미사 17단지 국민임대)1개 단지(3인 근무), 시범사업 1년 ('18.12~'19.11) • 아이돌봄, 작은도서관, 문화·교육 강좌, 공유부엌 및 냉장고 등

* 전세임대 제공서비스

** 매입임대 제공서비스

*** 전세 + 매입임대 지원서비스

또한 대한토지주택공사(LH)는 2018년 12월에 온라인 플랫폼인 "LH친구" 운영을 개시하여 공공임대주택 입주민의 공동체 활성화, 일자리 창출 등 사회적 가치를 스스로 확대·생산하는 상생·협력형 주거복지 플랫폼을 실행하고 있다. 시범사업은 화성시의 2.7만 호를 대상으로 하나 2020년까지 전국으로 확대하여 전국 118만 호까지 확대 운영할 계획이다(LH 내부자료).

그림 5-2 대한토지주택공사(LH)의 온라인 플랫폼 "LH친구"

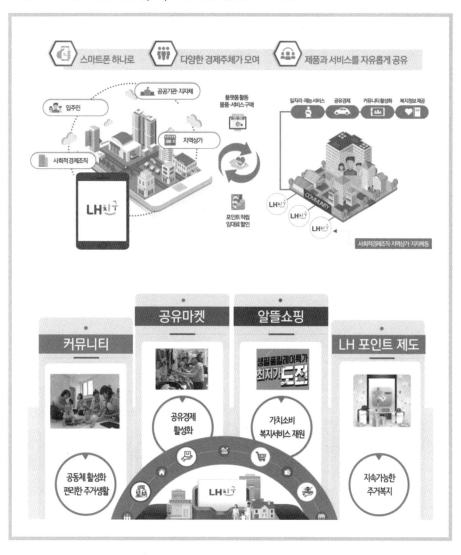

2) 서울주택도시공사(SH)

서울주택도시공사(SH)에서도 "LH무지개"와 유사한 주거서비스 브랜드 화를 추진하여, 2017년 10월 "SH행복둥지"라는 브랜드를 발표하였다. SH행 복둥지는 '주택공급 및 관리를 넘어서 서울시민이 함께 행복한 주거서비스' 라는 컨셉으로 포용도시, 배려, 공동체 활성화, 인간의 존엄성, 사회적 혼합 (Social Mix)등의 가치를 담고 있다. 최근에는 주거생활서비스 중에 마을 공 동체에 중점을 두어 홍보와 활동을 진행 중이다. 서울주택도시공사(SH)는 공동체 활성화를 위한 주거생활서비스가 활발히 진행되고 있는 것이 특징 적이다. 서울시가 시정가치로 추구해 온 커뮤니티 활성화를 위해 커뮤니티 활성화를 위한 기본규정 수립, 공동체 활성화를 입주민 뿐만이 아니라 서울 시민까지 확대하여 주거복지페스티벌 등의 축제를 진행하고 있으며, 공동 체 활성화를 위한 지원인력으로 공동체 코디네이터를 지역(구 단위)에 배치 하여 지역의 공동체 주택의 주민공동체 지원 역할을 수행하고 있다.

그림 5-3 서울주택도시공사(SH)의 주거서비스 브랜드

(한겨레신문 2018.12.06 기사내용 일부발췌)

"'혼자'가 아닌 '우리'라서 가능한 이야기!!"

서울엔 1천만 명 가까운 시민이 살고 있지만, 상당수의 사람이 '우리'가 아니라 '홀로' 존재한다. "우리가 되어 함께 나눌 때 기쁨은 두 배로 커지고, 슬픔은 반으로 줄어드는" 이치를 모르지 않지만, 각박한 현대 사회는 내 이웃의 얼굴마저 모른 채 생활하도록 만드는 경향이 강하다.

이런 상황에서도 서울 곳곳에는 '우리'를 꿈꾸는 이들이 여전히 살고 있다.

한겨레와 SH가 진행하는 이번 '행복둥지 이야기 공모전'은 마을 공동체를 꿈꾸는 다양한 사례들을 발굴하고, 널리 전파해 마을 공동체 활동을 북돋우고자 마련했다. '행복둥지'는 SH의 공동체 주택 브랜드다. SH는 이미 '토지임대부 공동체주택' '맞춤형 공공주택' 등 다양한 공동체 주택을 보급하고 있으며, 2017년부터는 이에 'SH행복둥지'라는 브랜드를 붙이는 등 서울의 마을 공동체 활성화를 위해 노력해왔다.

이 현장 심사를 바탕으로 한겨레, SH, 사단법인 마을, 서울시 마을공동체 종합지원센터 관계자들이 11월26일 모여 2차 심사를 벌였다. 그 결과 SH 행복둥지 사례 3곳과 일반 마을공동체 사례 3곳 등 모두 6곳이 선정됐다.

2018년 기준으로 임대아파트에 주거생활서비스는 19개 분야 32개의 주거생활서비스를 제공하고 있다. 특히 육아지원 분야의 신규서비스(육아쉼터, 실내놀이터, 가족도서관)와 반려견 서비스, 공유세탁서비스도 새롭게 제공할 예정이어서 사회적 트랜드 변화에 좀 더 적극적으로 대응하는 특징을 보이고 있다. 이 이외에도 대학병원과의 협업을 통한 건강검진관련 서비스도 다양하게 제공하고 있다. 입주민의 일자리 창출을 위한 사업창출(시니어택배사업), 일자리 연계 사업(집수리 사업), 자격증 취득을 위한 일자리 교육 지원서비스(SH희망종이접기교실) 등도 활발히 진행 중이다. 특히, 입주민 대상의 집수리 교육을 통해 협약기관의 취업연계 프로그램도 진행되고 있고 나아가 일자리 상담사가 33개 단지에 배치되고 있다. 어린이, 청소년을 위한 지원서비스로 어린이 그림그리기 대회, 영화제, 청소년 인문학 캠프가 진행되고 있고, 청년토크 콘서트 행사도 개최하여 임대아파트 입주민에서 서울시민 혹은 청소년으로 확대 진행되고 있다. 또한 자녀 학습과 관련하여 작은 도서관 및 공부방 제공을 예정하고 있으며, 현재는 SH비전스쿨, 원어민 영어 교육 프로그램을 지역사회 기관과 협약하여 저소득층으로 제한한 선택형 프로그램으로 진행하고 있다.

　서울주택도시공사(SH)에서 제공하고 있는 주거생활서비스를 구체적으로 살펴보면 다음과 같다(<표 5-2> 참조).

표 5-2 서울토지주택공사(SH)의 주거생활서비스

구분	종류	세부 내용
도서관 제공서비스	작은도서관	• 임대아파트 단지 내 작은도서관 운영 지원 • SH공사, 서울도서관, 서울시자원봉사센터 MOU • 입주 후 6개월 동안 전문 도서관 관장 파견하여 위탁관리 후 주민 자치운영 • 작은도서관 봉사자 교육, 문화활동 소모임 장소로 활용
육아지원	육아쉼터	• 제공예정
	실내놀이터	• 제공예정
	가족도서관	• 제공예정
공부지원 서비스	공부방 제공	• 마을공동체를 만들어 방과 후 수업을 개설하여 아이들이 공부를 할 수 있는 공간 • 동네 친구 엄마가 선생님이 될 수 있음
	멘토링사업	• 봉사사이트 '1365'를 통하여 자원봉사하는 멘토(고등학생, 대학생)들이 지원 • 멘티의 엄마들은 멘토링하는 시간에 도서관 지킴이 봉사
	SH비전스쿨	• 가정 형편상 일반사설학원을 다닐 수 없는 저소득층 입주민 중학생자녀에게 무상으로 영어, 수학 등 교육 실시 • 임대주택 입주가구 자녀(중학생) 대상으로 영어, 수학 교육 • 월~목(18~21시), 주 2회 • 운영현황: 강서(가양5단지), 노원(월계1단지), 강남(수서1단지), 관악(관악드림타운)
	원어민 영어 교육	• 임대주택 입주민 자녀들에게 언어민 선생님을 만나는 기회를 제공하여 교육 불균등 해소 및 놀이를 통해 영어를 학습할 수 있는 기회 제공 • 임대주택 입주민 자녀 8~10세(초1~3학년), 원어민 영어 놀이식 학습으로 주 2회 강의 • 2학기제(1학기: 3~6월, 2학기: 8~11월), 주 2회(화, 목) • 수혜인원: 연 180명
공유세탁 서비스	빨래방	• 제공예정

구분	종류	세부 내용
커뮤니티 활성화 지원서비스	커뮤니티 활성화사업	• SH공사 입주민의 전체적인 삶의 질 향상을 목적으로 커뮤니티 활성화를 위한 기본규정수립, 공동체주택 설계 시 이해관계자 의견수렴, 공급입주 시 주민 안내 등
	공동체 코디네이터 지원	• 임대주택 입주고객을 대상으로 유형별 공동체에 적합한 문화강좌 및 집들이 행사 등의 활동을 폭넓게 지원
입주민 축제지원 서비스	공공주택 주거복지 페스티벌	• 공공주택 및 주거복지 정책을 홍보하여 시민들과 공감대 형성 및 임대주택 입주민, 일반시민, 유관기관, 기타 취약계층과 모두 함께 어울리는 축제 • 각종 프로그램, 주민참여공연, SH음악회 등
어린이·청소년 소통지원 서비스	어린이 그림그리기 대회	• 공사가 직영 관리하고 있는 아파트 입주민의 자녀 중 미취학 어린이 또는 단지 내 유아시설에 다니고 있는 미취학 어린이 대상 그림그리기 대회 개최 • 연 1회(4~6월) 매년 개최
	대청말 영화제	• 어린이들이 좋아하는 애니메이션을 무료 상영하여 문화 체험 기회 제공 및 주민들 간 소통의 장 제공(강남구 건강가정지원센터 협력지원) • 공연장소: SH공사 2층 대강당 • 공연시기: 매월 마지막주 목요일 18시30분
	SH청소년 인문학캠프	• 나의 꿈, 나의 미래 인문학 캠프 지원
	청년토크 콘서트	• UN 해비타트와 함께하는 청년주거문제와 창업공간문제, 미래를 위한 도시 만들기
나눔활동 지원서비스	사랑의 합동결혼식	• 서울주택도시공사 임대아파트 거주 고객 중 결혼식을 올리지 못한 부부 무료 결혼식 진행, 결혼예물 지급
	장수 및 가족사진 촬영	• 저소득 임대아파트 70세 이상 어르신, 저소득 임대주택 가정(기초생활수급권자 및 차상위계층, 한부모가정, 국가유공자, 다자녀, 다문화 가정 우선) • 장수 및 가족사진 촬영, 액자제작 제공 • 연 1회 단지 순회 촬영
음식 나누기 서비스	행복한 반찬 선물세트-도시락 전달	• 아파트 입주민 중 취약계층을 선정하여 주거복지사 및 희망돌보미가 직접 도시락전달

구분	종류	세부 내용
노인케어 서비스	안심콜-노인말벗 및 안전 확인 서비스	• 급속한 고령화 사회 도래로 공사 임대아파트에 거주하고 있는 어르신들께 찾아가는 안심콜 서비스를 제공하여 말벗 및 안전 확인 서비스 시행 • 주 2회(모집공고 및 계약기간에는 주 1회)
반려견 서비스	반려견 놀이터	• 제공예정
건강검진 서비스	입주민 무료 건강검진	• 의료 취약계층인 저소득층 입주민 대상으로 무료 건강검진 종합 서비스 제공, 고려대학교 의료봉사단 • 4월, 5월, 6월, 10월 셋째 주 토요일
	찾아가는 마음 건강 서비스	• 심적 불안은 겪고 있는 이웃과의 관계에 어려움울 겪는 입주고객에게 맞춤지원 관리와 정기적 단지 방문을 통한 상담 서비스
	자살예방 서비스	• 자살예방 캠페인, 생명존중 홍보 및 자살예방 교육 실시
	으뜸이 진료봉사	• 임대아파트 입주민의 의료보건 문제 해결하고자 한방 무료 진료 실시, 입주민들의 건강증진과 재활의지 향상 도모 • 장소: 성동사회복지관, 대청종합사회복지관, 금호대우아파트 경로당, 전농SK아파트 관리사무소 복지관
소식지 서비스	SH톡톡-웹진소식지	• SH공사 웹진 운영
법률 서비스	주거복지센터 법률서비스 지원	• 서울지방변호사회 시니어 프로보노 지원단과 서울시 주거복지센터 업무협약 체결 • 은퇴전후 시니어 변호사들이 주거복지센터에서 취약계층 권리구제, 생활안정 등 전문 법률서비스 제공
입주민 경제지원 서비스	희망 돌보미사업-일자리 창출, 주거생활안정	• 임대주택(아파트, 다가구)단지 내 환경관리, 방범활동, 취약계층돌봄서비스, 관리사무소 사무지원 등의 분야에 임대료 체납세대를 우선 채용하여 임대주택 입주민 주거생활 안정과 취약계층의 주거복지 향상을 위해 임대주택 입주민에게 일자리 제공하는 서비스
어르신 일자리 지원서비스	시니어택배 사업	• 서울시·CJ대한통운·한국노인인력개발원과의 업무협약을 통해 임대아파트 내 택배거점을 마련하고 참여 어르신이 전동카트로 세대에 배송하여 친환경적이고 안전한 택배서비스 제공

구분	종류	세부 내용
일자리 교육 및 개발 서비스	SH희망종이 접기교실	• 취학자녀의 창의력 개발, 고령 어르신의 치매예방을 위해 종이접기 교실운영, 경력단절 여성의 사회진출 위한 종이접기 강사 과정을 지원하여 입주민들의 삶의 질 향상에 기여 • 경력단절여성을 위한 종이접기 강사 과정, 치매예방 및 시니어를 위한 종이접기 강사과정, 취약계층 자녀 정서지원 위한 어린이 종이접기교실
취업연계 서비스	사회적 기업 연계 집수리 사업	• 임대주택 입주민 참여자의 사회적 기업과의 업무협약을 통해 임대주택 입주민 참여자에게 도배, 장판 기술교육 지원 및 협약기관인 사회적 기업에 취업 연계
일자리상담 서비스	찾아가는 임대주택 일자리 상담사 배치	• 취업지원서비스(취업상담·알선·교육연계·구직스킬교육 등) 제공 • 33개 단지(영구17개 단지, 공공16개 단지) 시행 중(2017. 01.기준)

3) 경기도시공사

경기도시공사는 경기도형 주거복지모델을 위해 건설형 임대주택인 경기도형 행복주택(대학생, 청년, 신혼부부 등)을 공급하면서 다양한 주거생활서비스를 개발하고 있다. 공동체 활성화를 위한 공유 공간(공동주방, 피트니스, 공동육아나눔터 등)제공과 옥상텃밭 가꾸기 등 주민 주도의 공동체 자율 활동을 장려하고 있다. 2018년 기준으로 공공임대아파트에 17개 분야 총 22개의 주거생활서비스를 제공하고 있으나 대다수의 서비스가 경기도형 행복주택(구, 따복하우스, 따복아파트, 따복 기숙사)에 편중되어 있고 이도 공간 플랫폼을 제공하고 있는 것에 그치는 경우가 많아 실질적으로 입주민을 위한 구체적인 주거생활서비스 운영은 제한적이다.

그 내용을 좀 더 살펴보면, 앞서 언급한 바와 같이 공동체 활성화를 위한 공동사용하며 공유하는 개념의 공간과 서비스를 행복주택에서 제공하고 있는데, 공동부엌, 공유세탁실, 공유공간 제공, 오픈사무실 제공 등이 그 사례이다. 그밖에 특징적인 주거생활서비스로는 집수리지원 서비스가 있다. 햇살하우징, G-하우징, 중증장애인주택개조사업을 통해 주거약자 계층의 거주환경을 개선하는데 힘쓰고 있다. 입주민의 건강관리를 위한 운동공간인 피트니스센터를 제공하고 있으며, 고령자, 장애인은 공공의료기관과 연계하여 의료복지서비스를 제공하고 있다. 또한 입주민이나 대학생의 일자리 연계를 위한 취업·창업지도서비스를 진행하고 있으며, 고령자를 위한 서비스로 노인건강 및 질병관리, 텃밭 가꾸기, 한글 교실, 고령자 두뇌 튼튼 보드게임, 실버 창업 아카데미, 그린힐링 콘서트 문화교육 등이 제공되고 있다.

경기도시공사에서 제공하고 있는 주거생활서비스를 구체적으로 살펴보면 다음과 같다(<표 5-3> 참조).

표 5-3 경기도시공사의 주거생활서비스 유형별 현황

구분	종류	세부 내용
공동 육아 서비스	공동육아 나눔터*	• 스카이브릿지에 위치. 육아정보, 장난감 교환 등 함께하는 공간 • 수원광교따복하우스, 안양관양따복하우스
실내어린이 놀이터 서비스	저층부/실내 어린이놀이터*	• 어린이들이 안전하게 뛰어놀 수 있도록 저층부 놀이터와 실내놀이터 조성 • 수원광교따복하우스(예정), 안양관양따복하우스(추진 중)
도서관 제공 서비스	어린이도서관제공*	• 아이들이 독서뿐 아니라 동화구연, 영상관람 등 다양한 문화생활을 즐길 수 있는 공간 • 수원광교따복하우스, 안양관양따복하우스
공동 부엌 서비스	오픈키친*	• 이웃과 함께 요리는 물론 식사에서 모임, 파티 등 다양한 활동 즐길 수 있는 공간 • 화성진안1따복하우스, 화성진안2따복하우스
공유 세탁 서비스	공유세탁실*	• 세탁기와 건조기, 손빨래 싱크는 물론 넓은 건조테라스 제공 • 화성진안1따복하우스, 화성진안2따복하우스
공유공간제공 서비스	공유로비· 오픈리빙· 공유공간*	• 복도 및 벤치, 넓은 중앙계단이 있는 감각적 디자인의 로비 제공 • 공유 주방과 거실이 이어지며 요리, 식사, 파티 등을 즐길 수 있는 공간 • 화성진안1따복하우스, 화성진안2따복하우스

구분	종류	세부 내용
오픈사무실 제공 서비스	워크스테이션 서비스*	• 오픈형 서재와 업무, 독서 등이 가능한 독립적인 공간으로 구성된 문화공간 • 수원광교따복하우스, 안양관양따복하우스
텃밭 제공 서비스	옥상텃밭*	• 옥상텃밭 제공 • 수원광교따복하우스
	옥상활용 텃밭상가·농기구 ·비료 지원	• 기존 매입임대주택 옥상 활용 입주민 커뮤니티 강화를 위한 옥상텃밭 제공(텃밭상자, 농기구, 비료 등 지원)
정원 제공 서비스	공중정원*	• 테라스와 연계하여 화단과 옥외가구를 배치해 주거공간 속 오아시스 같은 중정을 조성 • 안양관양따복하우스
건강공간제공 서비스	헬스케어시설-고령 자·장애인을 위한 무장애 의료서비스 임대주택	• 도립의료원 가용부지 내 또는 공공의료기관 인근 공유지에 건설 • 공공의료기관과 연계 의료복지 서비스 제공 • 베리어프리 설계 반영, 저층부에 헬스케어 관련 시설 설치
음식 나누기 서비스	사랑의 김장 나눔	• 취약계층 김장김치 지원 • 규모/대상: 5천만 원 / 道내 조손가정, 독거노인가정 등 • 매년 공사 창립일을 기념하여, 전직원이 김장봉사 활동 참여
의료 복지 서비스	공공의료기관 연계 서비스	• 고령자·장애인을 위한 무장애 의료서비스 임대주택에서 공공의료기관과 연계 의료복지 서비스 제공
기타 지원 서비스	문화행사 단체지원	• 지역축제 및 행사 후원이 필요한 단체 지원
소식지 서비스	따복소식	• 유관기관에서 제공하는 다양한 복지서비스를 공사 임대주택 입주민에 지역맞춤형 레터 형식으로 안내하는 서비스
주택정보 제공 서비스	분양정보 알리미	• 공사 홈페이지, 휴대전화 문자(SMS)로 분양정보를 보내주는 서비스
집수리 지원	햇살하우징	• 창호, 단열, 보일러, 전등기구, 도배, 장판 등 가구당 최대 500만 원까지 집수리 지원 • 중위소득 50% 이하이거나, 시장, 군수가 저소득으로 인정하는 경우

구분	종류	세부 내용
	G-하우징	• 화장실, 부엌, 지붕수리 등 주택 내외부시설을 최대 1,200만 원까지 지원 • 기초생활수급자, 한부모가정, 독거노인, 장애인 대상
	중증장애인 주택개조 사업	• 중위소득 70% 이하의 1, 2급 및 3급 중복장애인 가구 신청 가능
취·창업지도 복지 서비스	대학생을 위한 기숙사형 임대주택	• 저소득가구 대학생 대상 공공기숙사 공급 • 대학부지·대학 인근 공유지 우선활용 • 취업, 창업지도 등의 복지 서비스 제공

* 경기행복주택 제공 주거생활서비스

3 공공의 주거생활서비스 운영사례[1]

1) 돌봄나눔둥지

(1) 추진목표

임대단지 내 커뮤니티 공간에서 전 연령층이 이용 가능한 통합공간을 제공하며 종합 돌봄 서비스 구축하여 육아(유아), 돌봄(노인)외에 중간 연령층도 이용할 수 있는 다양한 돌봄 서비스를 제공함으로써 공간 활용·예산 운용의 비효율 해소하는 것이다. 운영기관은 사회서비스 기관이 맡아 마을 행사, 교육 등을 통해 입주민간 교류를 활성화하고 입주자가 참여자에서 운영자로 변화 유도하고자 하였다.

(2) 서비스 개요

2018년 신규 사업으로 활용되지 않는 주민공동시설을 리모델링하여 육아, 주민휴식 등 세대 통합형 돌봄 서비스 제공하고자 하였고 대상단지로 2016년 7월에 입주한 하남미사 17단지 국민임대가 선정되어 작은 도서관을

---

1) 본 사례들은 권오정·박경옥·최병숙(2019)이 수행한 "LH 주거생활서비스 품질평가체계 개발"연구의 보고서에서 발췌한 내용을 재구성한 것임.

리모델링하여 돌봄나눔둥지로 운영 중이다.

운영주체는 (주)돌봄세상이고 돌봄세상 직원 2명과 시니어사원 1명이 근무하고 있다. 사업비는 LH 자체예산이 투입되었고, 제공되는 주요서비스로는 아이돌봄, 작은도서관, 문화·교육 강좌, 공유부엌 및 공유냉장고 등이 있다.

(3) 돌봄나눔둥지 운영단지 사례(국민임대주택 - 하남미사 17단지)

하남미사 17단지에서 돌봄나눔둥지를 운영하고 있는 사회적기업인 (주) 돌봄세상은 주로 어르신, 아이, 장애인 등의 재가돌봄서비스를 주로 하던 기업으로 1년 동안 위탁운영하고 있으며 현재 상근자는 3명이다. 운영은 LH가 지원하는 월 150만 원 이외에 외부공모사업에 지원하여 운영비를 추가적으로 충당하고 있으며 돌봄나눔둥지 이용을 위해서는 간단한 회원가입 절차가 필요하며 현재는 303가구가 이용자로 가입한 상태이며 다양한 연령층의 입주민이 이용하고 있다. 돌봄나눔둥지 공간에서 시간대별 다양한 프로그램이 이루어지고 있고 주민공동체 동아리 활동도 이루어지고 있다. 현재 한 공간에서 다양한 프로그램이 이루어지고 있기는 하나 자연스럽게 운영되는 프로그램별 시간대가 구분되어 효율적인 운영이 이루어지고 있어 오전에는 성인들 프로그램이 주로 이루어지며, 오후에는 아이들을 위한 방과 후 교실이 운영되고 있다.

공유부엌에서 요리프로그램 외 요리를 직접 해 먹는 경우는 드물며 주로 음식 배달 및 포장을 해서 나눠먹는 공간으로 활용하고 있으며, 뒷정리를 위해서는 부엌설비가 있어 관리하기에 편리하다. 운영위원회(직원포함 3명, 주민 8명, 회장, 관리사무소장)에서 고기굽기 프로그램을 시도한 적도 있었고, 방학 때는 아이들 프로그램 이후 간단한 간식을 매일 매일 만들어서 제공하기도 한다. 주민의 라이프스타일이 음식을 하고 싶은 욕구보다는 음식을 싸가지고 오는 문화이며, 사용한 그릇은 씻어놓고 가기의 규칙이 잘 지켜지고 있다.

공유공구는 이용이 활발하며, 공유냉장고나 나눔장터 코너에는 주민들이 자발적으로 나누고 싶은 물품을 가지고 와서 정해진 장소에 놓아두면 필요한 주민이 갖고 가는 공유가 잘 이루어지고 있다.

　하남미사 17단지의 주거생활서비스인 돌봄나눔둥지는 자연스런 주민 간의 공유문화 확산의 플랫폼 역할을 수행하는 새로운 개념으로 육아, 교육, 생활 문화서비스, 노인돌봄, 경제지원 서비스를 아우르는 통합적 주거생활서비스 모델이다. 사업주민 스스로 운영에 참여하고, 아이를 키우며 소통하고, 소양교육으로 삶의 질을 향상하고, 나아가 일자리 창출효과, 일자리 교육 참여의 핵심공간으로 긍정적 이미지로 자리매김하고 있다. 현재는 관련 분야의 역량 있는 위탁업체를 선정하여 운영하고 있어 성공적인 운영을 하고 있으나, 향후 운영주체를 누가 어떻게 할 것인지, 단지에 배치된 주거복지사와 같은 전문인력이 서비스 코디네이터 역할을 수행하며 주민주도형으로 운영할지 등에 대한 검토가 필요하다. 앞으로는 돌봄나눔둥지가 특정 세대의 입주민만이 아니고 영유아, 어린이, 청소년, 청년, 중장년, 노년에 이르는 전세대가 이용하고 즐길 수 있는 새로운 공동체 활성화의 공간과 프로그램임을 입주민이 알 수 있도록 입주민 의식 개선을 위한 홍보도 지속되어야 할 것이다.

그림 5-4 하남미사 17단지 돌봄나눔둥지

돌봄나눔둥지 입구

안내데스크

놀이공간

프로그램실

작은도서관_좌식공간

공유공구&공유냉장고

작은도서관

공유부엌

카페테이블

2) 카셰어링(행복카)

(1) 추진목표

차 없는 세대나 대중교통이 열악한 지역의 입주민에게 이동편의 제공으로 가계부담 완화를 통한 주거복지 서비스 제고·불필요한 차량보유 억제 등 자동차 이용문화 변화 주도로 단지 내 주차문제 및 교통 혼잡 완화, 대기오염 감소로 주거환경 개선을 도모하고자 추진되었다.

(2) 서비스 개요

LH 공공임대주택 단지 내 주차된 자동차를 입주민이 함께 쓰는 교통편의 서비스로 '행복카' 전용 어플리케이션 혹은 홈페이지(http://www.happycar.or.kr)에서 회원가입 후 차량이용이 가능하며, 단지 내 지정된 주차구역(행복존)에서 자동차 이용 및 반납하도록 되어 있고, 카셰어링 이용요금은 일반 업체의 80% 수준이다.

운영주체는 (주)래디우스랩이며, 사업비는 LH와 민간 사업자가 업무협약을 통해 서비스를 운영하며 LH는 단지 내 주차공간 무상 제공 등 운영 및 활성화를 위한 홍보 등을 지원하고 있다. 현재 카셰어링 운영하는 공공임대주택 단지는 수도권 및 대구 일부지역 118개 단지이며 174대 운영 중이다. 운영업체의 직원은 20여 명이며, 그중 행복카 담당은 8명이다.

표 5-4 임대유형별 카셰어링 이용현황 ('19.5월 기준)

구분	소계	영구임대	국민임대	공공임대	행복주택
대상단지(개소)	118	4	80	23	11
차량수(대)	171	5	110	26	30

(3) 카셰어링 운영단지 사례(행복주택 – 하남 미사강변 C3 단지)

하남 미사강변 C3단지는 신도시에 위치하고 있어 아직 지하철(미사역 2020년 4월 개통예정) 미개통으로 대중교통이 불편한 상황이라 카셰어링 이용률이 높은 편이어서 통상 700세대 당 자동차 1대 배치기준이나 이 단지에 5대를 배치하였다. 월 평균 가동시간은 LH기준 1대가 월 120시간이다. 하남 미사강변 C3 단지는 회원수가 340명이며 2018년 11월 입주 후 매월 10%씩 증가하고 있다. 행복카 이용방법은 스마트폰 앱(90%)이나 홈페이지(10%)에서 회원 가입 후 스마트폰이나 회원카드를 이용하여 자동차 문을 개폐하는 방식이다. 일반 카셰어링보다 주차공간 무료사용으로 이용료가 20% 저렴하므로 부정사용 방지를 위해 스마트폰을 이용하여 본인 확인이 가능하다.

일반 카셰어링의 사용연령은 26세 이상이나 행복주택의 입주민 특성[2] 상 21세로 낮추었다. 연령이 낮아지면 자동차 사고율이 높은 단점이 있긴 하나, 행복주택 거주자로 한정하여야 커뮤니티 내부라는 의식이 있어서 자동차 사고가 줄어들 것으로 판단하고 있다. 회원과 고객센터는 행복카 카카오톡으로 소통하고 있다. 운영업체 직원이 10~14일 이내에 단지를 방문하여 자동차의 세차, 내부 청소 등을 진행한다. 회원 간에는 아파트 온라인 카페에서 자동차 이용에 대한 의견을 교환하기도 한다. 카셰어링 이용은 단지 특성(국민임대, 행복주택)상 입주초기 이후 증가하고 정착 후 소득증가로 자가용 구입하거나 주변환경의 교통편의가 개선되면 다시 감소하는 주기성이 있다.

공공임대주택에는 고령자 계층이 많고 하남 미사강변 C3단지에도 60세 이상이 150여 명에 이르나 주로 가입이 핸드폰 어플리케이션을 이용하여 이루어지고, 사용예약 및 결제를 진행하다보니 고령자 계층의 사용율이 저조한 상황이다. 이렇게 이동복지 서비스가 필요한 주요 계층이 서비스 수혜를 받을 수 없으므로 고령자 사용을 유도할 수 있는 차량 이용서비스가 필요하다. 입주민 입장에서도 함께 사용하는 차량이라는 생각을 가지고 사용규칙을 준수하며 깨끗하게 사용하려는 공유의식을 갖도록 지속적으로 홍

---

2) 2019년 8월 기준으로 하남 미사강변 C3 행복주택 단지의 입주민 총 2,183명 중 20–40세가 1,856명으로 85%를 차지하고 있다.

보가 필요할 것으로 보인다.

그림 5-5 미사강변 C3 단지의 카셰어링 운영 현장

행복카 지정 주차구역

행복카 홍보 현수막

④ 공공임대주택 입주민의 주거생활서비스에 대한 수요

최근 한 연구(권오정·최병숙, 2017)[3]에서는 LH의 공공임대주택에 거주하는 입주민을 대상으로 설문조사를 실시하여 주거생활서비스에 대한 수요조사를 실시하였다. 조사에 포함된 주거생활서비스 항목은 다음과 같다(<표 5-5> 참조).

공공임대주택 입주민들의 주거생활서비스별 필요도(3점 척도 측정하고 점수가 높을수록 필요도 높음)를 분석한 결과, 가장 높은 필요도를 보인 서비스는 무인택배(2.55)로 나타났으며, 다음으로 식당(집밥)(2.29), 세탁물수거·배달(2.25), 빨래방(2.24), 아이돌봄(2.18), 반찬나눔(2.17), 공부방(2.14), 공동육아(2.12) 순으로 높은 필요도를 보였다(<그림 5-6> 참조). 특히, 행복주택 입주민이 필요도가 높다고 한 주거생활서비스는 게스트 룸 운영(2.60)과 식당(집밥)서비스(2.50)로 대학생, 사회초년생, 신혼부부가 주 응답자임을 감안하

---

3) 설문조사 대상은 LH에서 운영 우수단지로 추천받은 단지 중 지역(서울권 3곳, 신도시권 3곳, 중소도시권 2곳, 농촌권 1곳)과 임대주택 유형(영구임대 2곳, 50년공공임대 1곳, 국민임대 3곳, 행복주택 3곳)을 고려하여 선정된 9개 단지의 입주민임. 아파트 단지별로 최소 표집단위인 30명을 기준으로 하였으며, 입주민의 연령이 젊은 층에서 고령층까지 다양하게 분포가 되도록 선정하고자 하였음.

면 청년층은 친지의 방문에 대비한 별도의 공간과 집에서의 식사를 대신할 수 있는 단지 내 식사제공을 선호하고 있었다. 영구임대주택 입주민은 다른 임대주택 유형 입주민 보다 빨래방서비스(2.40)를 많이 필요로 하고 있었다 (<그림 5-6> 참조).

지역권별 주거생활서비스 필요도 반찬나눔, 오픈키친, 식당(집밥) 서비스 등 음식 관련된 서비스는 농촌권과 중소도시권, 신도시권의 필요도가 높은 반면 지역상권이 많은 서울권(대도시권)은 상대적으로 필요도가 낮았다. 또한 공부방, 공동육아, 아이돌봄과 같은 육아교육에 관련된 서비스도 서울권(대도시권)보다 농촌권, 중소도시권의 필요도가 높아 주거생활서비스 필요 정도가 지역의 서비스 인프라 수준과 관련이 있을 가능성이 높다.

연령별 주거생활서비스 필요도를 보면, 아이돌봄과 공동육아는 20대부터 50대까지 고르게 필요도가 높았고, 고령자를 제외한 모든 연령층에서 필요한 서비스라고 여기고 있었다. 오픈키친 서비스의 경우에는 특히, 20대(2.50)와 70대(2.20)의 필요도가 높아 음식을 만들고 함께 나누어 먹는 활동을 제공하는 서비스를 필요로 하였다. 성별로는 여성의 서비스 요구도가 남성보다 높았고, 특히 오픈키친, 식당, 세탁물 수거배달, 수납정리, 무인택배, 텃밭, 포인트적립 및 이용 서비스에서 여성의 필요도가 더 높았다. 가구유형별로는 1인 가구는 식당(집밥)서비스(2.7), 빨래방(2.5), 무인택배(2.5), 2인 가구는 무인택배(2.4), 3인 가구는 무인택배(2.5), 아이돌봄(2.5) 서비스의 필요도가 높았다. 대학생과 사회초년생은 음식과 관련된 오픈키친, 식당(집밥) 서비스와 공부방 필요도가 다른 계층보다 높았고, 특히, 대학생의 경우는 생활체육 문화 서비스와 무인택배에 대한 필요도가 높았다. 맞벌이 가구의 경우는 무인택배, 아이돌봄, 세탁물 수거·배달, 공동육아 서비스에 대한 필요도가 높았고, 영유아 양육 가구는 공동육아, 아이돌봄 서비스에 대한 필요도가 높게 나타나, 육아에 대한 서비스 필요도가 매우 높음을 알 수 있었다. 초중고생 자녀 가구의 경우는 가사도우미와 공부방 서비스의 필요도가 다른 가구에 비해 매우 높았다.

표 5-5 주거생활서비스 설문조사 항목

항목	설명
반찬나눔	요리 솜씨가 좋은 주민들이 만든 반찬을 저렴하게 사먹을 수 있는 서비스
오픈키친	전문요리사(주민도 가능)를 초빙하여 요리를 배우고 음식만들기와 나누어 먹기를 할 수 있는 서비스
식당(집밥) 서비스	주민이 저렴하게 이용할 수 있는 음식제공 서비스
공부방 서비스	초등학생 혹은 유치원생 방과 후 활동 지원서비스
공동육아 서비스	여러 부모와 아이가 함께 모임과 교류를 갖고 육아정보를 공유할 수 있는 서비스
아이돌봄 서비스	저녁이나 밤시간, 혹은 부모가 아프거나 기타 긴급 상황 시에 이웃의 아이를 돌봐주는 서비스
빨래방 서비스	다양한 크기의 세탁기와 건조기 제공 서비스
세탁물 수거·배달 서비스	출근 전이나 늦은 시간까지 세탁물의 수거 및 배달 그리고 세탁물 관련 부대 서비스(바느질 등)
수납정리 서비스	수납공간정리사와 연계하여 집안 정리 교육을 받고 물품정리를 제공받는 서비스
가사도우미	집안일을 도와주는 가사도우미 서비스
인테리어 DIY	인테리어 업체와 연계하여 주민이 자기 집의 인테리어를 DIY 할 수 있도록 지원하는 서비스
게스트룸 운영	친인척, 친구 등의 방문객이 숙박할 수 있는 공간 이용 서비스
생활체육·문화 서비스	단지의 공간을 활용하여 미술, 체육, 음악 등과 관련된 다양한 프로그램을 제공하는 서비스
주거(가족)상담 서비스	전문가에 의한 자녀 양육 등 가족생활의 고충 상담과 주생활 개선에 필요한 상담 제공 서비스
무인택배서비스	물품의 수령, 반송 등을 편리하게 할 수 있는 무인택배함 제공 서비스
카셰어링 서비스	공유 자동차 회사와 연계하여 주민들이 필요 시 자동차를 이용할 수 있는 서비스
텃밭 서비스	텃밭을 제공하여 채소를 기르고 수확물을 주민과 나누는 서비스
반려동물 서비스	이웃의 반려동물 산책대행이나 단시간 돌봄 서비스
포인트 적립 및 이용 서비스	주민이 단지 내에서 제공하는 주거생활서비스에 참여하여 포인트를 적립 받고 그 포인트를 또 다른 서비스에 사용 가능하도록 하는 서비스

그림 5-6 공공임대주택 입주민의 주거생활서비스 요구도

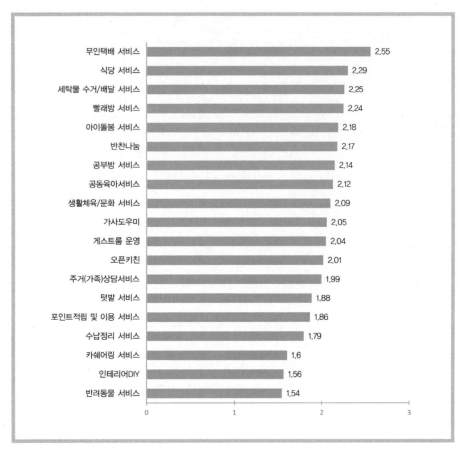

공공임대주택 입주민의 주거생활서비스 이용 의사를 보면 87.7%가 주거생활서비스 이용의사를 보이고 있었고 주거생활서비스 운영에서 재능기부 의사여부는 적극적으로 할 것 같다 10.4%로 높지 않았던 반면에 입주자의 2/3 이상(67.4%)은 전담 전문가(주거서비스 코디네이터)가 배치되어 서비스 지원을 해주는 것이 필요하다고 생각하고 있었다.

그림 5-7 주거생활서비스 이용의사 (단위: %)

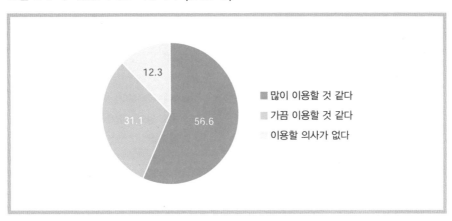

- 많이 이용할 것 같다
- 가끔 이용할 것 같다
- 이용할 의사가 없다

그림 5-8 주거생활서비스 운영 시 재능기부의사 (단위: %)

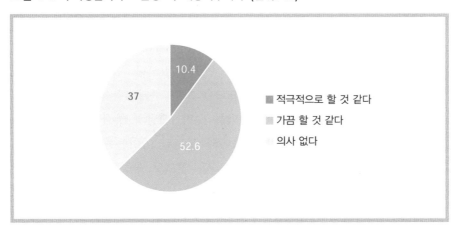

- 적극적으로 할 것 같다
- 가끔 할 것 같다
- 의사 없다

그림 5-9 주거서비스 코디네이터 배치 필요 (단위: %)

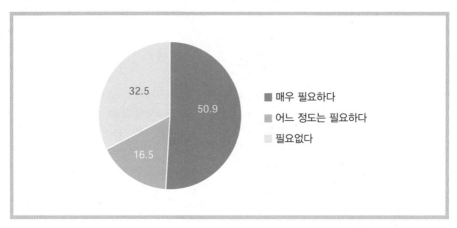

이와 같은 연구결과는 공공임대주택 입주민들이 어떠한 서비스를 필요로 하며 어떤 방식으로 운영되길 바라는지에 대한 의견을 이해하는데 도움을 주고 있다. 주거생활서비스가 필요한 수준은 임대주택 유형별, 지역권별, 연령, 가구유형에 따라 차이가 나타난 부분도 있으나, 이러한 다양한 요인들과 상관없이 공통적으로 높은 필요도를 보인 주거생활서비스 항목은 크게 생활편의에 관련된 무인택배, 세탁물 수거·배달과 빨래방, 음식과 관련된 식당(집밥)과 반찬나눔 서비스, 육아와 관련된 아이돌봄, 공동육아 그리고 공부방 서비스였다. 이러한 서비스들은 앞으로 공공임대주택에서 제공될 서비스 항목 개발 시에 우선적으로 참고해야 할 것이나 동시에 현실적으로 지속적인 운영이 가능 할지에 대한 인적, 재정적 자원과 지역자원들에 대한 검토도 이루어져야 할 것이다.

참고문헌

01 권오정·최병숙(2017.12).『신규 주거서비스 개발 연구 −주거생활서비스 중심으로
−』, (사)한국주거서비스소사이어티. LH 용역보고서.

02 권오정·박경옥·최병숙(2019.8).『LH 주거생활서비스 품질평가체계 개발』, (사)한
국주거서비스소사이어티, LH 용역보고서.

03 한국주거학회(2018.12). 2018 국가직무능력표준 NCS 및 활용 패키지(소분류: 주거
서비스, 세분류: 주거서비스지원), 고용노동부, 산업인력관리공단.

04 https://n.news.naver.com/article/028/0002435117

05 경기도시공사 http://www.gico.or.kr

06 마이홈 https://www.myhome.go.kr

07 서울주택도시공사 www.i−sh.co.kr

08 주택관리공단 http://www.kohom.co.kr

09 토지주택공사 www.lh.or.kr

제6장

제3섹터의 주거서비스 사례 및 전망

| 최병숙 |
한국주거서비스소사이어티 이사
전북대학교 주거환경학과 교수

공공과 민간이 주도하던 주택공급은 민관협력의 체계가 도입되면서 2014년 이후 제3섹터가 등장하여 새로운 주택을 공급하는 모드가 추가되었다. 주거복지의 사각지대에 있던 대학생·청년의 주거문제를 해결하고 이들에게 부담 가능한(affordable) 주택을 제공하고자 하는 목적은 주택의 공급을 넘어, 공동체의 형성 및 입주자 교육을 통한 효율적인 운영·관리까지로 이어지는 새로운 주거서비스를 제시하였다. 이에 본 장에서는 제3섹터가 주거서비스의 주체로 등장하게 된 배경에 대해 알아보고, 제3섹터의 핵심이 되는 사회주택과 이의 공급사례를 주택협동조합 체계와 사회적기업 체계에서 각각 살펴보고 향후 방향을 전망해 보고자 한다.

1 제3섹터와 새로운 주거서비스의 시도

제3섹터란 본래 제1섹터의 공공부문과 제2섹터의 민간부문 어디에도 속하지 않는 제3의 독립적인 부문을 의미하는 말이다. 하지만 현실에서는 공공부문과 민간부문의 공통영역을 지칭하는 개념이며 공공기관과 민간기업이 공동으로 자본을 투자해 설립한 특수법인이나 이러한 형태의 사업주체가 시행하는 사업방식을 지칭하는 개념으로 사용된다[1]. 제3섹터의 사업

---

1) 제3섹터란 공공부문(제1섹터)과 민간부문(제2섹터)이 공동으로 출자하고 있는 사업체를 의미하며, 이러한 형태의 사업주체가 시행하는 사업방식을 지칭하기도 한다. 민관공동 출자

방식은 일본에서 가장 발달된 제도이며 사회간접자본(SOC)을 개발하는 지
역개발이나 도시조성사업에서 활발히 적용되어왔다. 우리나라는 지방자치제
의 실시와 지방자치단체의 재정확충, 지역경제 활성화 필요성에 의해 1991
년 제3섹터 방식의 개발이 처음 도입되었다(서울특별시 도시계획국, 2016).

　　주거서비스 분야에서의 제3섹터는 2015년 주거기본법의 제정에 따라
주거권 확립과 주거복지에 대한 국가의 정책수립 그리고 주거안정망을 확
보하기 위한 주거복지 전달체계를 구축해야 하는 필요성이 제기되면서, 서
비스의 효율적인 전달을 위해 도입된 개념이다. 공공영역만으로는 주택 공
급은 재정 부담을 가중하여 수요에 대처하기 어려움이 있어, 공공임대주택
공급에서 민간 자본의 유치 · 활용, 협동조합주택, 주거복지서비스 활동, 주
민과의 협력체계 등 다양한 민관협력의 필요성 즉, 제3섹터 제도의 도입 필
요성을 제기하였다(김수현, 2013; 남원석, 2014; 이동훈 & 박은철, 2012; 이종권 외,
2013; 진미윤 & 김주진, 2014; 조혜민, 2017). 이러한 움직임은 서울특별시의 사
회투자기금 융자로 소셜하우징[2]이 2012년 도입되기 시작하면서 (예비)사회
적기업, 비영리 민간단체에 임대주택 사업이 가능해 지면서 부터이다. 그리
고 2015년 1월 서울시의 사회주택 활성화 지원 등에 관한 조례가 제정되면
서 제3섹터의 주거서비스 활동이 시작되었다. 나아가 민간임대주택에 관한
특별법(2015) 제정으로 우리나라 주거서비스 부문에서 제3섹터 활동의 토대
가 마련되었고, 공공지원민간임대주택[3] 또는 사회적기업 · 비영리 단체 등

산업으로 민간부문이 가진 우수한 정보 · 기술과 풍부한 자본을 공공부문에 도입해 공동출
자형식으로 행하는 지역개발사업을 말한다. 제3섹터란 이름은 공공부문인 제1섹터와 민간
부문인 제2섹터의 장점을 서로 혼합한 새로운 형태의 개발주체라고 해서 붙여진 것이다.
흔히 제3섹터는 비정부기구(NGO: nongovernmental organization)을 가리키는 개념으로도
사용되고, 미국에서의 제3섹터는 독립적인 섹터로 재단, 교회, 자선단체, 노동조합 등 비영
리단체(NPO: non profit organization)를 뜻하기도 한다(서울특별시 도시계획국, 2016; 이
종수, 2009; 미래와 경영연구소, 2006).

2) 사회투자기금 조성, 운용 추진 계획(서울시장 방침 제113호, 2010. 3. 13)에 근거하여
2012년 7월 사회투자기금 소셜하우징 융자사업이 도입되었다. 이것은 주거복지, 지역재생
을 위해 건설 사회적 기업, 협동조합 등이 참여하여 공공, 민간에 임대주택을 공급할 수
있도록 토지비, 건축비 등을 저리로 융자하는 사업이다. 임대주택의 공급주체는 (예비)사
회적기업, 협동조합 등 임대주택 공급(예정)인 서울소재 법인 또는 (예비)사회적 기업, 비
영리민간단체(사업대상자가 서울인 경우, 서울 외 소재 가능)이다.

3) 공공지원민간임대주택은 공공의 지원 · 공급과 민간이 운영하는 형태이다. 공공지원민간임
대주택은 주택도시기금의 출자를 받아 건설 또는 매입하는 민간임대주택, 매입 또는 임차

의 사회주택[4] 공급·관리 차원의 주거서비스 영역이 마련되었다.

물론 제3섹터의 주거활동은 법적 지원체계가 마련되기 이전부터 존재해 왔다. 이들은 지금까지의 주거문제 접근에서 사각지대였던 청년층 주거서비스에 집중을 두었고, 또 다른 한 시각은 공급방식에서 더불어 살아가는 미래사회를 이끌 주거문화에 주목하였다. 그리고 무엇보다 내 집 마련이 점점 어려운 현실에서 부담 가능한 주거 또는 저렴한 주거를 모색하는 새로운 공급·관리방식에 주목하는 움직임으로 사회에서 주거복지의 활성화와 더불어 부각되었다.

2 사회주택 주거서비스를 이끄는 제3섹터

사회주택은 서구에서 주택 공급 및 주거안정을 위한 공공영역의 정책수단을 통칭하는 개념으로 복지국가 변화 과정에서 공공부문 뿐만 아니라 비영리조직 등이 소유·관리하는 주택을 포함한 의미이다(조혜민, 2017). 또한 한국사회주택협회(2017)에서는 사회주택이란 호혜성[5]에 기초하여 공공의 지원[6]을 바탕으로 주거선택권[7]을 확장하는 주택이이라고 정의하였고(<그림 6-1> 참조), 사회주택은 비영리 또는 제한적 영리를 추구하는 민간 사회적 경제 주체들에 의해 공급되고 운영되는 특징을 갖는다(최경호, 2017). 여기서 사회주택의 운영주체인 제3섹터는 비영리를 추구하는 개념이 아니라 지역사회와 상생을 기본으로 한 사회적 기업 등과 연계하여 공정한 가격

하여 건설하는 민간임대주택, 공공택지 또는 토지를 매입 임차하여 건설하는 민간임대주택, 용적률을 완화 받아 건설하는 민간임대주택, 공공지원민간임대주택 공급촉진지구에서 건설하는 민간임대주택 중 어느 하나에 해당하는 민간임대주택을 8년 이상 임대할 목적으로 취득하여 법에 따른 임대료 및 임차인의 자격 제한 등을 받아 임대하는 민간임대주택을 말한다(민간임대주택에 관한 특별법 제2조 4항).

4) 사전적 뜻으로는 정부 기관 또는 비영리 단체에 의한 저소득층이나 특별한 도움이 필요한 사람을 위해 제공되는 주택으로 정의되거나, 일반적으로 저렴한 주택을 제공하는 목적으로 공공이나 비영리 단체에 의해 또는 이들의 협력에 의해 소유 및 관리하는 임대주택을 말한다(옥스포드 사전; 위키피디아 백과; 김수림, 2017).

5) 비영리-저임대료, 계약갱신권, 배정규칙, 공동체, 성실관리 등

6) 직간접 보조, 제도 개선, 배정 규칙, 감독 등

7) 보편성, 중립성, 주거 사다리, 시장과의 역할 분담 등

의 주거서비스를 제공하고 올바른 주거문화를 정착시켜 새로운 사회적 가치를 이끄는 민간집단이다. 또한 김수림(2017)은 우리나라 사회주택이란 적정 주거비, 주거비 부담완화, 안정적인 주거공급(주거안성)을 추구하는 목적성이 있으며, 저소득층 뿐 아니라 사회적 이슈가 되는 청년 주거문제 해결의 대안 주택으로 제시된 개념이라고 정의하였다. 그리고 외국의 사회주택과 다르게 우리나라 사회주택은 입주자와 지역의 공동체와 관계형성을 추구하고 있는 특징이 있음을 강조하였다.

그림 6-1 사회주택 개념 도식화

출처: 한국사회주택협회(2017), 2017사회주택백서, p.11.

최근 사회주택은 제3섹터의 주거유형에서 대표적인 사례로 언급되고 있다. 지금까지 민간이나 공공에서 제공하는 주거서비스와는 달리 거주자인 사용자를 공간의 기획과정부터 그리고 공간을 기반으로 한 입주 후 주거생활서비스까지를 다루고 있다. 단순히 물리적 공간만의 제공이 아니라 입주자들의 삶의 가치를 바람직한 주거문화로 선도하는데 까지 이끄는 것이다. 앞서 언급한 사회주택의 정의에서 주거서비스를 살펴보면, 적정 주거비, 주거비 부담완화, 저렴한 임대료의 주거지원 및 제공(경제적 서비스), 계약갱

신권을 통한 주거안정(생활서비스), 거주자(입주자)의 입장을 고려한 공간의
기획과 관리(물리적 서비스), 거주자 및 지역사회의 공동체와 관계 형성(생활
서비스)이라는 내용을 담고 있다. 즉, 사회주택 관련 제3섹터는 주거서비스
상담, 주택자금 지원 관리, 임차급여 실행관리의 경제적 서비스, 개인이나
가구의 편의 증진과 공동체 활성화를 위한 대상 맞춤형의 주거생활서비스
프로그램을 담당하는 생활서비스, 그리고 주거공간의 기획과 공간배치·운
영을 이루어가는 물리적 서비스의 주거서비스를 실시하고 있다.

③ 제3섹터의 주거서비스 사례

새롭게 등장한 제3섹터의 주거유형은 시장에서 주로 공공의 공급지원
과 민간법인이나 단체의 운영관리가 결합한 사회주택이 그 중심에 있다. 제
3섹터의 주거서비스 역시 사회주택에 초점을 두고 공급 및 운영주체, 지역,
공급방식, 공급대상으로 구분하여 실증적 사례의 주거서비스를 살펴보았다.
공급 및 운영주체는 사회적 기업형, 협동조합형, 기타 비영리법인형으로 구
분하였으며(장광석, 2016), 지역은 서울수도권과 지방, 공급방식은 빈집활용,
리모델링형, 신축형으로 구분하였고, 공급대상은 대학생 및 청년, 일반인,
장애인, 노인, 1인 가구, 창조기업인을 중심으로 다루었다.

표 6-1 사회주택 공급 및 운영업체

구분	사회주택 공급 및 운영주체
비영리 단체	민달팽이 주택협동조합, 함께주택협동조합
사회적 기업	녹색친구들, ㈜아이부키, ㈜선랩건축사사무소, ㈜두꺼비하우징, ㈜안테나, 유한책임회사 더함, 한국주거복지 사회적협동조합, 유니버설 하우징협동조합, 나눔하우징, 도시융합협동조합, 드로우주택협동조합, 셰어하우스우주㈜

1) 비영리 주거모델의 주거서비스 사례

(1) 민달팽이 주택협동조합의 '달팽이집'

- **운영주체:** 협동조합형
- **지역:** 서울수도권, 지방도시 전주
- **공급유형:** 사회주택 또는 셰어하우스
  단독 또는 다세대주택 임대 후 조합원 전대방식
- **대상:** 대학생 및 청년 조합원
- **주거서비스:** 주거교육 및 상담/주거공간의 공급·관리/예비조합원 및 입주자
  관리·교육/ 공동체운영 관련 주거생활서비스/주거서비스 정보
  체계 운영/ 주거서비스 자원 네트워크

민달팽이 주택협동조합[8]은 대학생의 주거문제를 풀어가기 위한 주거운동에서 시작한 단체이고 이들이 공급하는 주택을 달팽이집이라 한다. 2011년 민달팽이유니온이 창립되고[9] 민달팽이주택협동조합에서 2014년 5월 달팽이집 1호를 공급하는 것을 시작으로 주택의 비영리공급을 실천하고 비영리주택의 지속성을 실험하고 있다. 이들은 '새롭게 주거취약계층으로 대두된 청년층의 당사자 연대로 비영리주거모델을 실험하고 제도개선을 실천해 청년주거권보장, 주거불평등완화에 기여하고자 하는 사회적 임무를 갖고 활동하고 있다. 이들의 로고 역시 추구하는 바를 담고 있듯이 집이 없는 민달팽이 등껍질에 집을 그려 넣음으로 집이 없는 청년들에게 안정된 집을 제공하자는 의미를 담고 있다(김수림, 2017).

대학생과 청년의 주거문제는 높은 임대료와 열악한 주거환경 그리고 고립이라는 문제로 제기됨에 따라, 달팽이집은 부동산을 영리로 하는 민간시장과 달리 조합원 중심으로 주거안정에 목적을 두어 적정한 임대료를 제공하고 살아가는 동안의 주거비를 낮추고자 자치운영관리 방법을 취하고 있다. 자치운영관리를 위해 예비조합원들에게도 주거교육, 공동체 교육을

---

8) https://minsnailcoop.com/info 민달팽이주택협동조합(2018. 8. 24. 검색).

9) 민달팽이유니온, 민달팽이주택협동조합 로고 출처: https://minsnailunion.net/report 민달팽이유니온(2018. 8. 24. 검색)

실시하고 입주 후에도 지속적인 교육을 실시하며 주택 시설관리 및 규약을 만들어서 더불어 살아가는 방법을 실천하고 있다. 이러한 비영리주거모델의 달팽이집은 현재 5집이 운영되고 있고 LH달팽이집도 강북, 부천, 제기동에서 운영하고 있으며, 관련한 주거서비스는 대학생 청년답게 신선함이 넘친다.

집을 마련하기 위한 서비스기획 및 공간기획 단계의 주거서비스

달팽이집2호는 2015년 주택건물 전체를 임대하여 주거를 공급한 사례이다[10]. 집주인에게 5년 전세계약을 체결하고 조합원에게 월세 형태로 공급하는 방식으로 전체적인 운영방식을 결정하고, 세입자 상황을 고려하여 계약단위를 6개월 단위로 체결하고 주택임대차보호법에 준해 갱신이 가능하도록 기준을 정하였다. 그리고 주택건물 전체 임대료를 포함한 총 사업비가 약 7억 원이어서 협동조합의 자본만으로는 한계가 있는 상황이라 서울시 사회투자기금의 사회주택 지원(6억 8천만 원)으로 인테리어, 운영 등을 위해 필요한 부분을 충당하였다[11]. 사회투자기금의 지원과정은 보고서 작성·제출·심의 등의 만만치 않은 기획과정을 거쳤다. 이처럼 조합에서 집을 마련하기 위한 전략을 수립하고 방안을 마련하는 초기단계에서 조합원의 자본마련이나 공공자원의 지원을 연결하여 민달팽이주택협동조합이 추구하는 저렴한 임대료의 주거 제공, 즉 시세의 70%수준에서 주거를 공급하고자 하는 주거서비스가 이루어졌다. 2014년 1호집을 공급하는 과정에서도 이와 유사한 과정이 있었다[12].

2호집은 건축주와 함께 민달팽이유니온이 공간기획에도 참여해서 만든

---

10) https://brunch.co.kr/@nspace/83 민달팽이주택협동조합: 청년, 주택 문제를 해결해 나가다. 도시작가 with 공동체공간. 집을 구하는 과정에 지역의 협력, 공정주거 운동을 하고 있는 새동네연구소의 이OO 소장을 만나 저렴하게 가좌동의 건물을 임대하였다.

11) http://www.ohmynews.com/NWS_Web/View/at_pg.aspx?CNTN_CD＝A0002283609＆CMPT_CD＝P0001 세입자가 곧 집주인, 달팽이집에선 가능. 오마이뉴스. 2017년 1월 30일자 보도.
https://www.ajunews.com/view/20141115142319936 청년 협동조합 임대주택 '달팽이집' 가보니. 아주경제. 2014년 11월 16일자 보도.

12) 토닥이 조합원들의 동의를 거쳐 2014년 민달팽이 유니온에 1500만 원을 대출하였고, 민달팽이 유니온은 이 돈을 보태 청년들의 주거안정을 위한 청년셰어하우스를 운영하고 있다(오마이뉴스. 2015. 03. 06).

신축 주택건물을 임대받은 것이다[13]. 이들은 주차공간·마당을 공용공간 활용으로 지역사회와 교류접점으로 하고자 하는 프로그램, 거실·화장실·주방·발코니의 공용공간 배치·구성과 인테리어, 개인공간의 2인 1실 배치, 복층구조의 2인 가구 배치 등의 기획을 조합원과 입주자가 함께 참여하고 의사결정 하는 워크숍 프로그램 진행으로 도출하였다. 그리고 입주자들이 자신의 공간을 만들어 나가는 프로그램으로 직접 개인과 공용가구를 디자인 하는 워크숍 프로그램을 진행하기도 하였다. 이러한 워크숍 프로그램은 조합원을 위한 집이기 때문에 공간을 구성하기 전 의견을 모으는 과정이며, 수요자 중심으로 주거공간을 만들기 위한 민달팽이의 주거서비스 특성이다.

사진 6-1 달팽이집 2호

■PLAN
위치 서울시 서대문구 남가좌동 330-28
대지면적 138.20㎡
건축면적 67.69㎡
연면적 224.84㎡
규모 지상 4층(1층 필로티)
용도 공동주택(다세대주택)
건폐율 48.98%
용적률 162.55%
세대수 4세대

■세대별 면적&임대료
201호 62.56㎡ 60만원·23만원
301호 62.56㎡ 60만원·23만원
401호 65.26㎡ 60만원·25만원
402호 56.77㎡ 60만원·25만원

---

13) https://www.mk.co.kr/news/culture/view/2015/10/1028095/ 월세버느라 힘든 1인 가구여 "살만한 집에서 싸게 살자" 협동조합형 공공주택. 매일경제 2015. 10. 28.

기존의 주택을 임대후 리모델링하여 셰어하우스로 공급한 달팽이집 3호, 4호, 5호, 7호 사례도, 리모델링을 기획하고 추진하는 일련의 공간기획 과정을 역시 조합원과 입주자가 함께 워크숍 프로그램을 거쳐 진행하였다. 따라서 수요자는 집주인이 아니더라도 요구를 반영하여 집에 대한 이야기를 할 수 있게 되었다. 3호집은 커뮤니티 공간이 강조되었다. 각 세대별로 주방·거실이 배치되어 있으나 규모가 작아, 입주민 모두가 사용할 수 있는 공부방, 빨래터, 창고의 공용공간을 배치하여 전체 모임을 진행할 수 있게 하였고, 5호집은 넓은 마당을 특성화하여 다양한 프로그램의 벼룩시장을 열수 있도록 접근하였다. 이렇게 주체적으로 주거를 공급하며 공간을 기획하면서 '이용자가 직접 참여하는 공간, 민주적 의사결정의 문화'를 이루며 사회에 의미 있는 일을 이루고 있다[14].

사진 6-2 전주 달팽이집 워크숍 프로그램

출처: 제3섹터의 주거서비스 현황과 전망. 2018 한국주거서비스소사이어티(KHSS) 정기 정책세미나.

최근에는 지방도시인 전주에도 청년셰어하우스 달팽이집(2018년)을 공급하였고, 전주시 사회주택공급사업의 민관협력으로 참여하였다. 전주시 소유 2층 단독주택 빈집 1동을 민달팽이에서 리모델링하고 6가구를 공급·운영하였고, 리모델링 과정에서 워크숍 프로그램의 주거서비스를 기본으로 실시하였다. 제3섹터의 민달팽이주택협동조합은 청년주거활동을 주거 거점의 확장으로 보고 첫 번째 대상으로 전주를 시도한 것이다.

---

14) https://brunch.co.kr/@nspace/83 민달팽이주택협동조합: 청년, 주택문제를 해결해나가다. 도시작가 with 공동체 공간.

사진 6-3 전주 달팽이집 현장 사례 소개

전주 달팽이집의 전체 외관

마당 안쪽의 모임이나 영화상영 프로그램을 실시하는 데크공간

정리정돈과 쓰레기 분리수거 알림을 게시한 부엌·식당

실내 좌식형 거실

한편, 집을 공급하는 과정에 조합원이나 입주예정자는 다양한 방법으로 참여하고 간접적으로 여러 경험을 하게 하는 것이 중요한 포인트이다. '달팽이공작단'이라고 하는 프로그램을 열어 리모델링하는 과정에서 페인트칠, 수리하는 과정에서 무엇을 고치는지 그리고 인테리어의 목공작업을 체험하기도 하면서 각자의 집이 만들어 지는 과정을 공유한다. 다시 말하면 내가 살 집을 만들어 나가는 공간기획의 주거서비스 프로그램을 진행한다.

그림 6-2 달팽이집 공작단 모집 공고

달팽이집 4호를 함께 만들 '달팽이집 공작단'을 찾습니다.

지난해부터 올 초까지 우리는 달팽이집 3호가 안정적인 '삶의 터'가 될 수 있도록 이 집을 '함께' 채웠습니다. 50여명이 사람들이 자발적으로 드나들며 경험을 공유하고 공간을 만들어냈습니다. 새로운 방식으로 실험하고 실현 내 나가는 과정에서 달팽이집은 '우리의 집'이 됩니다. 그리고 이제, 달팽이집 4호를 시작 합니다. 리모델링, DIY, 리폼, 전기, 목공 등의 능력자를 달팽이집 4호에 쏟아 부을 마음이 있는 분들은 누구라도 좋아요. '달팽이집 공작단'이 되어 함께 해 주세요! 모여서 상상하고 작당하며 같이 만들어요!
달팽이집 4호에서 기다릴게요.

* 추후 '달팽이집 뭐라도 탐사대'(단기프로그램) 모집이 예정되어 있습니다.

출처: https://minsnailunion.tistory.com/510

사진 6-4 달팽이 4호집 리모델링 기획 및 활동: 달팽이공작단과 뭐라도 탐사대

출처: https://minsnailunion.tistory.com/550

주거 자금지원을 위한 경제적 차원의 주거서비스

달팽이집은 입주자를 대상으로 청년들의 자립을 위해 '청년연대은행 토닥'과 제휴를 맺어 재무상담, 가계부 워크숍을 제공한다.[15] 토닥은 조합원들이 출자한 돈을 공동체 기금을 조성하고 이 돈을 최대 100만 원까지 소액대출을 해주는 상호부조시스템으로, 가장 많은 대출용도는 생활비와 주거비다[16].

달팽이집 3호집을 구하는 준비과정에는 자금마련을 위한 달팽이펀드를 모금하였다. 민달팽이유니온이 청년유니온과 '청년연대은행 토탁 등 청년단체들과 협력하여 청년주거기금 마련을 위한 '달팽이 펀드'[17]모금을 하였고 이는 3호집의 보증금 마련을 위한 것이다[18].

주거관련 계약 · 입주 등의 공동체 활동을 겸하는 주거서비스

달팽이집은 입주자 선발 계약, 입주과정은 조합원들이 여러 번의 토론을 거쳐 다음 그림 6-3과 같은 절차로 만들었다. 신청부터 입주까지는 약 2주-4주의 시간이 걸리며, 기존 시장의 임대주택과 다르게 공동체 형성 혹은 함께 살기를 준비하며 계약을 진행한다.

주택협동조합이므로 입주를 위해서는 1단계, 민달팽이주택협동조합의 입주조합원으로 출자하고 가입해야 한다. 2단계, 입주신청의 입주계획서 작성해야 하고, LH 민달팽이집인 경우는 자격조회를 위한 서류 제출해야 한다. 그리고 입주신청서를 작성한다. 이때 입주계획서에는 이름, 연락처, 성별, 입주하고자 하는 집/호수/인실, 내가 생각하는 좋은 집(한 줄로 쓰기), '나'를 나타내는 단어[19] 선택하기, 6가지 질문에 대한 자신의 생각적기[20]의

---

15) https://minsnailcoop.com/press/?idx=639858&bmode=view 세입자라도 안정적으로 살 수 있는 청년 1, 2인 가구를 위한 달팽이집 2호 공급.

16) http://www.ohmynews.com/NWS_Web/View/at_pg.aspx?CNTN_CD=A0002085786& CMPT_CD=P0001 '무담보'는 기본, '무이자' 대출까지... 이게 가능?. 오마이뉴스. 2015. 3. 6.

17) 100만 원 저축, 년간 2.5% 이자, 목표액 1억 원, 상환일은 2018년 3월 15일(3년)이고 2015년 3월 15일까지 모금함(청년주거 기금마련을 위한 '달팽이'펀드 모금. 경향신문. 2015. 3. 12일자).

18) http://mediahub.seoul.go.kr/archives/870973 착한 월세 달팽이집. 내손안에 서울. 2015. 5. 21.

19) 열정적인, 검소한, 겁 많은, 겸손한, 고집 센, 관대한, 단순한, 극도로 솔직한, 근심이 없

그림 6-3 달팽이집의 입주·계약과정

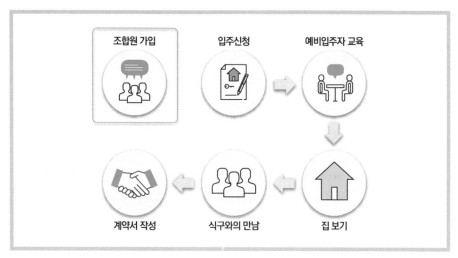

출처: https://minsnailcoop.com/89

는, 낙천적인, 내성적인, 낭만적인, 너그러운, 느긋한, 다정한, 단호한, 대담한, 명랑한, 여행을 많이 한, 끈질긴, 감정적인, 외향적인, 내향적인, 침착한, 장난스러운, 까다로운, 책임감 있는, 잘 노는, 덜렁대는, 엉뚱한, 자유로운, 계획형, 모험형, 느린, 안정적인, 활기찬, 꼼꼼한, 행동력 있는 중에서 나를 나타내는 단어를 선택함.

20) ① 민달팽이주택협동조합은 예비 입주 조합원들이 궁금해요. 무엇보다 자연스러운 일상에서의 내가 '나'를 가장 잘 나타낼 것 같아요. 평소 집을 중심으로 한 나의 일상은 어떤 모습인가요? 일상을 떠올려보며 나의 습관과 성향 지향점에 대해 자유롭게 써 주세요. ② 서로 만나며 조금씩 알아가는 과정에서 '달팽이집'과 '민달팽이주택협동조합'이 지향해 나가야 할 부분이 어떤 점이야야 할 것 같다는 생각이 드시나요? 또 달팽이집을 '함께' 만들었던 과정을 이어받아 우리는 '함께' 살아가고자 합니다. '함께 살아가는 집'이란 어떻게 이야기할 수 있을까요? ③ 다양한 사람들이 함께 살다보면 작은 갈등 상황은 당연히 생깁니다. "협동조합의 핵심은 갈등이다"라는 누군가의 이야기도 있었는데여. 갈등이 생기는 것은 문제가 아닙니다. 갈등이 생겼을 때 그것을 어떻게 마주할 것인가가 갈등 해결의 실마리가 됩니다. 그리고 함께 사는 것이 지속가능해 질 수 있습니다. '갈등을 마주하는 다양한 방법과 재치있는 아이디어'를 적어주세요. ④ 달팽이집에 살게 되었을 경우 '나로 인해 생길 수 있는 갈등의 상황'을 상상해서 적어주세요. 미리 고백할 수 있는 기회입니다. 그리고 그 상황에서 같이 사는 사람들이 어떻게 이야기를 하고 풀어 나갈 수 있을까요? ⑤ 달팽이집은 입주조합원 모두가 역할을 분배하여 주택/공동체 관리에 참여합니다. 이 과정에서 '나는 어떤 역할'을 할 수 있을까요? 더하여 달팽이집이 다양한 이야기를 품은 집이 될 수 있도록 앞으로 같이 살아갈 식구들과 함께 해 보고 싶은 일들이 있을까요? '달팽이집에서 살아갈 이야기'를 마음껏 상상해 주세요. ⑥ 언젠가는 달팽이집과 이별의 순간이 오겠지요? 그때 나와 달팽이집은 어떤 모습으로 달팽이집과 안녕을 이야기할까요? 더 성장한 모습의 서로를 상상하며 적어주세요(달팽이집에서 살다 나간 친구들은 여전히 달팽이집 그리고 조합과 좋은 관계를 유지 중이에요).

내용을 작성해야 한다. 이 입주계획서는 입주 심사에 사용하는 것이 아니라, 입주가 확정된 후 해당 집 식구들과 '서로 알아가는 과정'을 진행하기 위한 기초자료로 쓰인다. 예를 들면 집에 모든 식구들의 입주계획서를 비치하여 새 식구가 생길 때마나 함께 보고 이야기를 나누기도 한다. 3단계, 예비입주자 교육을 신청하고 실시하는 단계로 달팽이집은 어떻게 운영이 되고, 어떤 사람들이 살고 있을까? 와 같이 민달팽이주택협동조합과 달팽이집에 대한 소개, 함께 사는 법 등에 대해 이야기 나눈다. 4단계, 집 보기로 입주신청 시 신청한 집을 보러 갈 수 있으며, 집보기 방문 시 일반적으로 사무국 직원이 동반한다. 5단계, 식구와의 만남을 통해 같이 한 집에서 살아갈 식구들을 직접 보고, 서로에게 궁금한 점을 물어볼 수 있는 시간을 갖는 단계이다. 6단계, 최종적으로 사무실에 방문하여 달팽이집 계약서(민달팽이유니온 주택임대차계약서)를 함께 작성한다. 계약이 완료되고 입주 관련하여 룸메이트 매칭 및 이사 서비스를 진행한다.

주거관련 정보제공 및 상담의 주거서비스

민달팽이유니온에서는 민달팽이 주거상담센터와 연세대주거상담지원센터를 운영하는 주거서비스를 진행하고 있고, 웹상에서 친구같이 주거상담의 FAQ 제공 서비스를 실시하고 있다. 민달팽이 주거상담센터는 처음 집을 구하고 계약하는데 어려움, 임대차 분쟁, 임대차 계약지원 서비스, 다양한 청년주거지원정책 이용에 대한 정보 제공 서비스, 집주인의 수리비 요구, 긴급하게 살 곳이 필요한 경우 등 주거에 관한 상담서비스를 실시하고 있다[21].

연세대주거상담지원센터에서는 온라인상담지원서비스(임대차 문제, 각종 주거정보 제공, 공공기숙사 임대주택 정보제공), 오프라인 상담지원서비스(신촌 인근 각종 주택정보 제공, 나에게 맞는 집 찾기 상담제공), 집 보기/계약 시 동행 서비스(집 구하기 A to Z제공, 안전한-공정 계약맺기 동행), 그리고 착한 부동산 연계서비스로 <집토스>와 함께 하는 공정 중개, 표준임대차계약서 및 중개료 할인서비스를 실시하고 있다.

---

21) https://minsnailunion.net/64 민달팽이 주거상담센터.

FAQ 주거상담서비스에서는 임대인/임차인의 문제, 가계약금, 주거·주택관련 정보를 얻을 수 있는 곳, 새로운 룸메이트가 들어와 임대인이 월세 올려달라고 할 때, 계약 중도해지, 연말정산의 월세 공제, 전월세 전환율, 불법원룸, 세면대 수리비 등과 같이 일상생활에서 궁금한 점 등에 대해 내용을 제시해 주고 있다[22].

입주 후 더불어 살아가는 생활지원 및 협력 주거서비스

달팽이집은 입주민 자치관리를 기반으로 셰어하우스를 운영하고 있다. 자치관리를 하기 위해 입주민 생활규약을 만들고 다양한 주거생활서비스를 자체적으로 실시한다.

첫째, 입주자 교육으로 조합은 주거공동체를 꾸린 구성원들에게 지속적인 모니터링, 공동체 교육(대화법, 생각공유)과 주거·생활에 관련한 교육서비스를 입주직후 4시간씩 2회 교육으로 실시한다.

둘째, 공동체 규약 만들기로 공동체 교육에서 입주민간 살림, 교류, 규율에 대한 약속을 입주자 간 논의를 통해 마련하여 자치관리의 기반을 구축한다. 정기적인 공동체 활동으로 대청소의 날 지정, 입주자 회의를 개최한다.

셋째, 생활규칙 만들기로 청소·분리수거·공간사용시간·패널티·반려동물허용 등에 관한 규칙을 정한다. 예를 들어 공동체 일원으로 살아가기 위해 충분한 논의를 거쳐 다음과 같은 규칙을 만든다[23].

<달팽이집> 사용 안내

1. 달팽이집은 이웃과 함께 합니다. 너무 큰 소음은 조심해 주세요.
2. 기본적으로 2층 화장실을 사용하시면 됩니다.
   상황에 따라 3층_여자, 402호_남자 사용하실 수 있습니다.
3. 나갔다 들어오실 때 오후+벨을 눌러주세요.
4. 건물 내부에서는 눈 맞추시며 인사해요: D

---

22) https://minsnailunion.net/consultlist 민달팽이유니온 주거상담 FAQ.
23) http://www.ohmynews.com/NWS_Web/View/at_pg.aspx?CNTN_CD=A0002283609&CMPT_CD=P0001 세입자가 곧 집주인, '달팽이집'에선 가능.

넷째, 청소 자치관리로 공용공간(냉장고, 주방, 커뮤니티실, 화장실, 샤워실, 내부계단, 외부계단, 다용도실, 옥상 등)을 돌아가며 함께 청소 관리한다. 청소반장이 각 청소상태를 점검하며, 청소당번과 주기는 각 호실에서 정한다.

그림 6-3 민달팽이집의 청소, 입주자반상회 및 입주자 교육일정, 식품 관리 규칙의 예

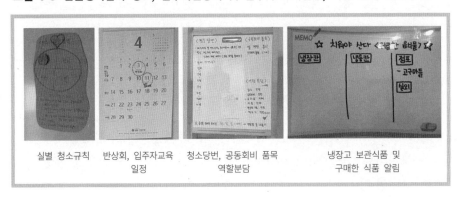

| 실별 청소규칙 | 반상회, 입주자교육 일정 | 청소당번, 공동회비 품목 역할분담 | 냉장고 보관식품 및 구매한 식품 알림 |

다섯째, 주택관리의 자치운영은 각 집마다 집사(동별, 주민대표 역할을 하는 입주민), 공과금 관리자, 시설관리자, 곗돈 관리자(커뮤니티 내에서 필요한 물품 혹은 모임에 사용하는 금전 관리), 주차장 관리자를 정하여 역할을 분담한다. 조합에서는 주택관리의 범위와 지속 가능한 관리를 확인하고 있으며, 각 집의 문제를 풀어주는 것 보다 함께 해결할 수 있는 장을 지원하고 있다. 주택관리의 역량이 축적되면 결국 입주자의 역할이 커지는 것이다. 주요 주택관리의 내용은 단열, 누수, 곰팡이, 벌레, 에어컨, 계절 대비, 에너지 활동이다.

여섯째, 공간제공 서비스로 미팅룸, 모임공간(소모임), 휴식공간(평상공간), 텃밭·옥상텃밭을 제공하여 모임이나 교류활동을 지원하고 있다.

사진 6-5 마을주민·아이와 교류하고, 쉴 수 있는 휴식공간(평상, 그네, 텃밭) 제공을 통해 이웃과의 만남을 유도하며 활동 확장, 이웃과의 공동체 만들기

사진출처(왼쪽 위): https://blog.naver.com/jutek/220413019478
사진출처(왼쪽 아래): https://minsnailunion.tistory.com/334

일곱째, 모임 서비스로 세입자 네트워크 모임[24]과 민달팽이 회원 모임[25], 반상회·지역반상회[26], 운영회의[27]를 진행하고 있다.

---

24) 세입자 네크워크 모임은 세입자 조직형성 및 문제 해결 프로젝트 모임 지원하고 지역사회 네트워크를 구축한다.
25) 민달팽이 회원 모임은 뜻이 맞는 친구, 마음이 맞는 친구를 만나는 장, 분기별 정기 회원 모임 및 교육을 실시한다.
26) 반상회로는 입주민들이 모여 이야기 나누는 시간, 매월 1회 정례화, 1년 12번 중 3회는 프리패스 사용 가능(2회 연속 사용 불가)하다. 지역 반상회로 입주민들이 주도하여 마을과 만남을 기획·진행(연 1회 이상)한다.
27) 운영회의는 달팽이집 생활에서 발생하는 상황(시설, 추가 입주 등)에 대해 입주민＋조합 사무국 회의이다. 사무국에서 안건을 제시하여 공식적인 절차로 진행하며 모든 입주자가 반드시 참석하는 것은 아니며, 대표 또는 필요로 하는 사람 참석하고 매월 1회 실시한다.

여덟째, 교류 서비스에는 달팽이집 교류 및 홈커밍데이 그리고 공유테이블이 있다. 달팽이집에서 만나는 조합원 교류회는 매월 1회 정례화되어 있고 달팽이집을 돌아가면서 주최하며, 조합원이 제안한 다양한 테마(가습기 제작, 안전한 먹거리, 다큐상영회 등)로 진행한다. 홈커밍데이는 퇴거한 사람들과 입주자들이 교류할 수 있는 프로그램이다.

아홉째, 갈등관리 서비스로 사는 것과 관련해 갈등, 고민이 생겼을 때 당사자는 갈등관리사에게 SOS를 보낸다. 즉, 달팽이집 상황 해결 시도권을 사용하는 것이다. 갈등 관리를 위해 주거상황연구소라는 이름의 TF팀을 만들고 열린 토론을 통해 문제를 해결한다. 갈등관리사는 충분히 듣고 상의한 다음 식구들과 공유하여 갈등 해결할 방법을 함께 찾는 서비스이다. 갈등관리 프로그램으로는 비폭력 대화, 갈등 매뉴얼 교육 등 다른 배경의 구성원이 원활히 소통할 수 있도록 돕는 프로그램이며, 거주 중 3-4명에게 비정기적으로 1회 3시간 실시하고, 집사들의 저녁식사 및 교류프로그램에서 갈등, 노하우, 고민 등을 공유한다.

사진 6-6 달팽이집의 교류서비스(집들이, 공유테이블, 공유 도서관 및 게시판, 생일카드)

달팽이집 집들이
출처: http://cafe.daum.net/isuisu/Tm4A/79

현관입구에 오가며 볼 수 있는 '공유테이블'을 두어 서로의 음식 등을 공유하거나 하고 싶은 말을 다이어리에 적어 놓으며 교류함. 그리고 전달하고 싶은 정보들도 공유테이블에 두고 교류함. 입주자가 여행에서 상징인 달팽이 인형은 구입한 것을 공유함.

달팽이집 1층 로비에 입주자들이 기능한 책으로 만들어진 간이 도서관, 서로에게 전하고 싶은 말이 있으면 공지사항을 만들어서 벽에 붙여 공유, 우산도 공유함
출처: https://blog.naver.com/jutek/220413019478

입주자 생일날에 서로 축하카드를 챙기려 공동구비

(2) 함께주택협동조합의 '함께주택'

> - **운영주체:** 협동조합형
> - **지역:** 서울수도권
> - **공급유형:** 셰어하우스 및 토지임대부 사회주택
>   다가구주택 매입 리모델링, 조합원 임대 1인 가구
> - **대상:** 조합원
> - **주거서비스:** 수요자 맞춤 주거공간의 공급·관리/집수리 교육/거주자 회의/
>   주거서비스 자원 네트워크

함께주택협동조합은 함께주택 1호 1인 가구 셰어하우스와 함께주택 2호 성소수자를 위한 주택을 공급·운영하고 있고, 함께주택 3호로 토지임대부 사회주택 신축공급을 추진하고 있다. 집을 상징화한 로고[28]는 함께주택협동조합 이름이 지붕아래 위치하고 있다. 함께 집을 마련하고 관리하며 안정된 보금자리를 구축한다는 의미를 나타내고 있다. 함께주택은 협동조합의 조합원을 대상으로 주택을 마련하고 관리하고 있으며, 함께주택 1~3호를 공급·운영하는 과정에서 나타난 주거서비스를 정리해 보면 다음과 같다.

첫째, 주택개조 주거서비스로 평소 집수리에 관심있던 조합원에게 함께주택 1호 공사(페인트칠과 배관재설치 작업)에 참여를 안내하고 지원자를 모집하여 실행하였다. 이 프로그램은 '이용자가 만들고 스스로 운영하는 구조'를 중시[29]하는 함께주택협동조합의 목표에 따른 것이다. 이에 함께주택 집수리사업단에서 연 1회 정기점검 및 진단을 통한 예방·유지보수 서비스, 상담 및 수리 서비스를 실시한다. 그리고 지속적인 조합원의 수선교육 서비스, 월 1회 지속적인 거주자 회의를 기반으로 관계망 유지 서비스, 주택 입구에 게시판을 설치하여 정보를 교류하거나, 함께주택 페이스북을 오픈하여 온라인상에서 상호 교류하는 입주자 공동체형성 및 교류의 주거생활서비스를 실시한다.

---

28) http://cafe.daum.net/housingco−op/TAJq 함께주택협동조합

29) http://blog.naver.com/PostView.nhn?blogId=bridgewcoop11&logNo=221379889492
사회적 약자 주거모델 실험나선 '함께주택협동조합−민달팽이 주택협동조합'. 일상을 바꾸는 시민의 힘. 2018. 10. 18.

둘째, 거주자 참여형 공간기획 주거서비스를 실시한다. 2020년 3월 입주목표인 함께주택 3호는 주택의 설계에 입주자가 될 조합원들이 직접 참여하고, 총 12차례의 워크숍 프로그램을 운영할 것이며, 운영·설계 등 전과정에 입주자가 참여하여 의견을 개진한다. 호수와 면적의 최종결정은 선정된 입주자의 참여 워크숍을 통한 상호협의와 서울시 공공건축가의 동의를 거친 후 결정할 예정이다[30].

그림 6-4 함께주택 3호 의견수렴의 날 행사 포스터: 거주자 참여형 공간기획 제시

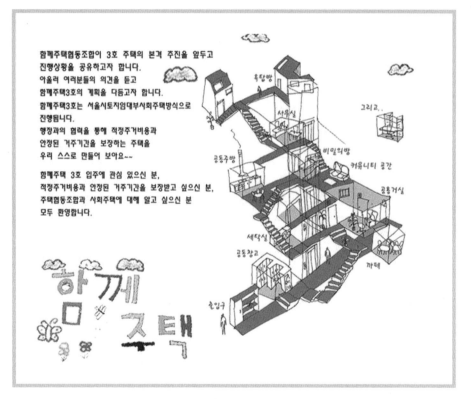

출처: http://blog.naver.com/PostView.nhn?blogId=erounnet&logNo=221408088254

30) http://blog.naver.com/PostView.nhn?blogId=erounnet&logNo=221408088254   행정안전부 리빙랩 2018. 함께주택협동조합 '함께주택 3호' 입주자 모집. 이로운넷. 2018. 11. 28.

2) 사회적 기업의 주거서비스 사례

(1) 유한책임회사 더함의 '위스테이(WE STAY)'

- **운영주체:** 유한책임회사, 사회혁신기업, 사회적 협동조합
- **지역:** 서울수도권
- **공급유형:** 사회주택
  협동조합형 공공지원 민간임대주택
- **대상:** 사회주택 입주자격 충족자
- **주거서비스:** 주거공간 기획·공급·관리/예비조합원 및 입주자 관리·교육/
  공동체 및 커뮤니티 관련 주거생활서비스/주거서비스 정보체계
  운영/주거서비스 자원 네트워크

위스테이(WE STAY)는 더함의 주거브랜드로 이웃과 마을공동체를 추구하는 이미지를 담고 있다[31]. 위스테이가 다른 제3섹터의 주거서비스와 차별화되는 것은 소규모의 사회주택이 아닌 아파트형 공동체 사회주택을 중심으로 커뮤니티 주거서비스를 계획하고 이웃들과 진짜 사람 사는 마을을 만들어 나가고자 하며, 그 내용은 다음과 같다.

첫째, 참여형 설계방식의 커뮤니티 공간기획 주거서비스의 제공이다. 이웃을 만나고, 취미를 나누는 공간을 기획한다. 커뮤니티 활성화를 위해 법정 기준의 2배가 넘는 넉넉한 공간을 제공한다. 입주 예정자들이 참여하는 커뮤니티 공간디자인 워크숍을 통해 수요 맞춤형으로 접근한다. 참여형 설계 워크숍은 입주 전부터 아파트 단지의 커뮤니티 시설[32]과 서비스를 시행사, 조합원, 공간퍼실리테이터, 설계사무소가 함께 모여 계획하는 것이며,

---

31) http://westay.kr/Pr/BI 위스테이 BI story에 따르면 '하늘에 구름이 어우러지듯이 나무와 나무가 모여 울창한 숲을 이루듯이, 너와 내가 만나 이웃이 되고 풍요로운 마을공동체가 형성되는 과정을 V와 V가 만나 W가 되는 심볼과 컬러로 표현'하였다.

32) 예비입주자들이 수렵한 위스테이 커뮤니티 시설 콘셉트(별내지구 사례)는 ① 커뮤니티 카페/공유부엌(서로 배려하며 배움과 교류가 일어나는 문화 카페) ② 어린이집/공동육아 (자연과 마을, 어른과 어린이가 함께하는 공간) ③ 다목적 도서관(책을 만나고 이웃과 대화하는 공간) ④ 크리에이티브 카페(함께 배우고 만들고 놀면서 취미를 공유하는 공간) ⑤ 놀이광장/잔디광장(이웃과의 마주침, 다양한 마을활동이 있는 공간) ⑥ 헬스케어센터 (내 몸 사용법을 알아가며 함께 건강해지는 공간) (출처: http://westay.kr/Intro/About)

그림 6-5 커뮤니티 공간디자인 워크숍 진행과정(위스테이 지축)

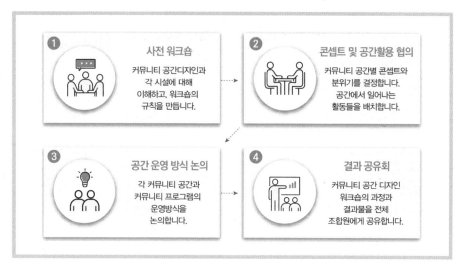

출처: http://westay.kr/JichukCommunity

입주 이후에도 입주자와 함께 커뮤니티 공간을 만들어 나간다.

둘째, 입주자 공동체 사회적협동조합을 통한 주거서비스 제공이다. 아파트 주거공급과 운영에 참여하는 사회적협동조합[33]의 새로운 주거모델을 기획하고, 주거기반의 삶의 다양한 문제를 함께 만드는 미래를 위한 입주자 공동체 형성한다. 즉, 자치, 자립, 자주 운영이 가능한 아파트 공동체를 형성한다.

셋째, 입주전 공동체 형성을 위해 모델하우스를 커뮤니티 공간으로 계획하였고, 퇴근 후 서울의 직장에서 접근이 좋은 명동의 커뮤니티 마실(모델하우스)을 통한 예비 입주자 교육과 커뮤니티 파티 등의 다양한 프로그램의 주거서비스를 제공한다. 모델하우스를 활용하여 공동체 구성의 마중물 형성을 위한 물리적 공간을 마련하고, 전체 조합원의 구성·관계 맺기·입주 준비를 위한 다양한 소모임 활동을 진행한다.

넷째, 커뮤니티와 다양한 형태의 사회적 경제, 공유경제와 결합한 주거 생활서비스[34]를 제공한다. 차량 공유·임대, 생활협동조합, 주민병원, 공동

---

33) 입주민(임차인)인 조합원이 협동조합을 구성하고 임대리츠의 지분을 소유함(입주시 우선주 일부와 보통주 전부 인수하여 임차인들이 아파트 간접 소유)

그림 6-6 커뮤니티 공간디자인의 예비입주자들의 의견 과정

출처: http://westay.kr/Intro/About

육아 어린이집 등을 제공하려 하고, 공동체 중심의 공동구매, 육아·돌봄 등
생활필수품의 서비스 비용을 낮추고자 하며, 협동조합의 직접서비스 공급
으로 주민 일자리를 연계한다.

사진 6-7 명동에 위치한 위스테이 모델하우스겸 예비입주자 커뮤니티 공간

출처: http://westay.kr/Intro/About

---

34) http://www.ohmynews.com/NWS_Web/View/at_pg.aspx?CNTN_CD=A0002539646&
CMPT_CD=P0010&utm_source=naver&utm_medium=newsearch&utm_campaign=
naver_news 위스테이 500세대의 실험… 그들은 아파트의 주인이 될 수 있을까.
오마이뉴스. 2019. 6. 10.

(2) ㈜녹색친구들의 '더불어 숲'

- **운영주체:** 사회적기업
- **지역:** 서울
- **공급유형:** 사회주택
  토지임대부 사회주택으로 공공에서 토지매입 후 장기임대,
  사업주체 건물신축 또는 리모델링
- **대상:** 사회주택 입주자격 충족자
- **주거서비스:** 주거공간 기획·공급·관리/입주자 관리·교육/공동체 및 커뮤니티
  관련 주거생활 서비스/ 주거서비스 정보체계 운영/ 주거서비스
  상담/ 주거서비스 자원 네트워크

㈜녹색친구들은 사회적 공공성, 친환경 주택, 공동체 마을이라는 세 가지 키워드를 기반으로 비전을 실현하는 사회적 기업으로 서울시 사회주택을 공급·시공·시행 및 운영·관리하고 있다. 임대주택을 관리하면서 시설 중심에서 점차 사람이 사는 공동체 주거공간 관리를 하고 있다[35]. 관련하여 자발적으로 입주민 및 지역민 공동체 형성 및 서로 돕고 의지하는 삶을 살아갈 수 있도록 생활에 대한 주거서비스를 실시하고 있다. 녹색친구들은 비영리단체의 셰어하우스와는 다소 차이가 있고, 사회주택 공급서비스를 제공하면서 커뮤니티 공간기획 및 공동체 프로그램 기획 등의 다음과 같은 주거서비스를 실시하고 있다[36].

사회주택 1, 2, 3호를 공급하면서 1층에 커뮤니티공간을 기획·공급하고 프로그램을 구성하는 주거서비스를 실시하고 있다. 1호점(성산)은 커뮤니티 공간에 우리동네 정미소를 운영해 좋은 먹거리를 제공하고 지역일자리 창출에도 힘쓰고 있다[37]. 동네 정미소의 공간기획 방향은 쌀 소비에 대

---

35) https://www.maposehub.net/253 녹색친구들은 동네정미소를 추천합니다. 마포구사회적경제통합지원센터. 괜찮은 거래. 2019. 7. 5.

36) https://m.post.naver.com/viewer/postView.nhn?volumeNo=13591009&memberNo=18874576&vType=VERTICAL [채권형] 주거문제, 새로운 대안을 찾다_(주)녹색친구들. 오마이컴퍼니. 2018. 3. 7.

37) 식생활을 결합한 동네정미소의 주거서비스로 동네정미소는 농촌을 살리자는 차원에서 도시와 농촌을 연결하여 사회적으로 도농공동체를 지향하고자 하는 것이며, 동네정미소에서

한 새로운 소비패턴 수용과 새로운 먹거리 문화 형성의 촉매 공간, 녹색친
구들의 주거공간과 연결된 커뮤니티 공간, 지역청년을 채용하고 지역 청년
의 공방제품을 판매하는 복합문화공간이다38). 즉, 농네 성미소 공간을 기점
으로 지역의 자원을 연계하여 청년 일자리 창출 또는 수익증대 등의 시너지
효과를 이끈다. 2호점(창천)은 커뮤니티 공간에 공유공간의 동네사랑방을
주민공동시설로 배치하여 입주자 커뮤니티 형성을 돕고 있다. 3호점(봉천)
은 커뮤니티 공간에 육아협동조합 어린이집으로 (사)공동체관악의 부모협동
조합 어린이집 서로돌봄을 유치하여, 신혼부부나 맞벌이 입주자 및 지역민
까지 서비스를 제공하고자 하였다.

그림 6-7 녹색친구들 사회주택 내 지역 커뮤니티 공간

출처: https://www.maposehub.net/253

또한 입주자들에게 사전 공동체 활성화 교육 및 입주 전 입주협의회
회의를 통한 주민교류 및 관리비·수선유지비 등의 직접 자치관리를 지원하
는 주거생활서비스를 실시하고 있다. 기타 주거정보에 대한 상담서비스 및

입주신청 안내, 공급사회주택의 주거서비스에 관한 정보 제공 등은 온라인 상의 홈페이지를 통해 제공하고 있다.

(3) ㈜선랩 건축사사무소의 '쉐어어스 SHARE-US'

- **운영주체**: 사회적 기업
- **지역**: 서울
- **공급유형**: 리모델링형 사회주택/리모델링 공유형 생활주택
- **대상**: 청년
- **주거서비스**: 주거공간 기획·공급·관리/입주 상담 및 정보제공 주거서비스/ 공동체 및 커뮤니티 관련 주거생활서비스/노후주택개량 주거 서비스/주거서비스 자원 네트워크

㈜선랩 건축사사무소(이하 선랩)는 모두행복한생활공간연구소 선랩(SUNLAB)의 의미이다. 선랩은 '해뜨는 집' 집수리 자원봉사로부터 출발해 사회적기업을 이끌었다[39]. 선랩의 철학이 기존 원룸이나 노후 고시원의 협소한 공간으로 소통하지 못하는 고질적인 외로움을 해소할 수 있는 대안으로 공유공간과 커뮤니티 공간을 확대한 1인 주거의 새로운 시도가 '쉐어어스'이다. 선랩은 청년층 사회주택공급과 입주자 모집 선정·관리·교육 등과 관련한 주거서비스를 제공하고 있다.

쉐어어스의 주거는 화장실을 포함하여 개인 방은 독립성이 확보되어 있다. 공유공간은 미팅룸 서비스(미팅룸, 그룹스터디, 미디어공간), 모임공간(좌식형 소모임, 취미공간), 갤러리공간(갤러리, 쇼룸), 스터디룸(개인 스터디룸, 코워킹 스페이스), 카페(오픈 카페), 공유부엌, 텃밭(텃밭, 옥상정원)과 같이 매우 다양하게 공간기획을 하고 공급한 점이 특징이다. 그리고 이러한 공유공간은 다른 사회주택과 달리 입주 청년만이 아니라 지역주민과 청년에게도 시설

---

39) 선랩(SUNLAB)은 Social architects Upcycle material New proposal LABortory의 약어이다. "건축의 사회적 가치"에 주목하는 건축가 집단으로 지역의 노후주거환경문제와 사회 소외계층의 주거 지원을 위하여 지역사회 구성원과 협력을 통한 지역의 자원 재순환을 바탕으로 새로운 건축서비스를 제안하고 있다(출처: https://seouljobs.net/recruit/youth1517/ ㈜선랩 건축사사무소. 서울잡스. 2015. 2. 11.).

을 개방하여 지역과 소통하는 공동체 형성 및 커뮤니티를 실험하는 것이 매우 특징적이다. 사회주택 1호점의 편안하게 공부할 수 있는 작은 공간들, 2호점의 루프탑, 3호점의 목공소, 4호점의 지하에 있는 나만의 취미활동공간 시설은 입주민만 아니라 신림동의 지역에 거주하는 사람들에게 필요한 시설이다. 따라서 지역에서 각각의 시설요소들을 공유하면 개인 방은 작더라도 누릴 수 있는 것이 많아진다. 결국 동네를 하나의 집처럼 만드는 것이 다른 사회주택과 차별화된 점이다. (NSPACE, 2019; 김수림, 2017) 즉, 사회주택 단위의 주거서비스가 아니라 4채의 사회주택을 연합한 동네단위의 주거서비스를 실시하고 있는 것이다[40].

---

40) 주거서비스는 첫째, 사회주택 기획·설계·공급 및 운영관리서비스로 신림동 1호점~4호점을 공급·운영관리 및 온라인, SNS를 통한 입주자 모집공고를 실시하고 있다. 둘째, 입주 관련 전화상담 및 온라인 채팅상담, 현장방문, 계약 등의 입주관리 주거서비스를 실시하고 있고, 온라인상 쉐어어스 4가지 유형의 개인실과 다양한 커뮤니티시설 등의 정보를 제공하는 주거서비스를 실시하고 있다. 셋째, 입주민과 지역민을 위한 커뮤니티공간 사용 관련하여 입주자 무료, 외부인과 함께 이용 시 50% 할인, 외부 지역민 유료의 주거서비스를 실시하고 있다. 이용시간은 월-토 AM 09:00~PM 09:00 까지 휴게실, 회의실, 모임실을 개방하며, 호암로 스튜디오는 정기사용자 24시간 이용이 가능하다. 호암로 스튜디오는 신림동 청춘작가 테스트 공방 프로젝트를 실시한다. 넷째, 커뮤니티 프로그램 제공의 주거생활서비스로는 취미와 관심사로 지속가능한 모임을 기획하며, 쉐어어스와 인터스타일 다이닝 프로젝트와 콜라보 프로젝트 정기적 진행, 홈커뮤니티 세미나를 실시한다. 다섯째, 동네에서 많은 비용을 받지 않고 집 주인에게 공유주택 컨설팅 즉, 노후주택개량 지원 컨설팅 주거서비스를 실시한다. 여섯째, 주거서비스 자원의 네트워크 관리로 쉐어어스는 청년들을 위한 라이프스타일 맞춤형 공유주택의 사회주택 공급을 위하여 사업자금으로 한국타이어나눔재단이 조성한 '따뜻한사회주택기금' 등을 연계한 주거서비스를 진행하고 있다(http://www.seoulfn.com/news/articleView.html?idxno=351991 한국타이어, 청년 맞춤형 쉐어하우스 입주자 모집. 서울파이낸스. 2019. 8. 8.).

사진 6-8 쉐어어스 1, 2, 3, 4호의 공유공간 사례

신림로 루프탑

신림로 바비큐그릴

서림길 휴게실

서림길 회의실

서림길 모임실

호암로 스튜디오 작업실

호암로 스튜디어 교육실

출처: http://brunch.co.kr/@nspace/69

(4) 유니버설 하우징협동조합의 '에이블하우스 ABLE HOUSE'

- **운영주체:** 사회적 기업
- **지역:** 서울
- **공급유형:** 신축형 사회주택
- **대상:** 장애인, 노인의 사회적 약자
- **주거서비스:** 주거약자지원 공간기획·공급·관리 서비스/입주상담 및 정보제공 주거서비스/공동체 및 커뮤니티 관련 주거 생활서비스 기획/ 주거서비스 상담/주거서비스 자원 네트워크 관리

에이블하우스는 현재 건립중인 사회주택이지만, 주거약자인 노인과 장애인을 대상으로 한 차별화된 주거서비스 제공을 추진 중에 있다. 사회주택을 공급하기 위하여 사업자금 마련을 위한 자원 네트워크를 구축하고 있다. 유니버설하우징협동조합은 장애인을 위한 유니버설주택 즉, 에이블하우스를 건축·분양·임대관리 하고자 하며, 유니버설주택의 커뮤니티공간을 지역사회에 개방하여 주민과 함께 하는 문화예술행사를 기획·추진하므로 지역사회 공동체문화를 조성하고자 한다. 이에 유니버설 하우징협동조합은 새로운 노인·장애인 사회주택의 주거서비스를 개척해가는 시각에서 지켜볼 필요가 있다.

(5) 한국주거복지 사회적협동조합의 '추천'과 '청춘101'

- **운영주체:** 사회적 기업
- **지역:** 지방도시(전주)
- **공급유형:** 건물임대부 사회주택
- **대상:** 청년 및 취약계층
- **주거서비스:** 주거공간 기획·공급·관리/입주자 관리·교육/공동체 및 커뮤니티 관련 주거생활 서비스/ 주거서비스 정보체계 운영/ 주거서비스 상담/ 주거서비스 자원 네트워크

한국주거복지 사회적협동조합은 지방에서는 최초로 건물임대부 리모델링형 사회주택을 공급하였다. 협동조합은 전주시가 건물을 매입하고 리모델링비용을 지원하는 전주형 사회주택 1호집 '추천'과 2호집 '청춘101'을 기획·공급·관리하여 총 24가구에 주거서비스를 제공하고 있다. 전주형 사회주택은 서울지역의 사회주택이 토지임대부인 점과 다른 공간기획이다. 그리고 1호집 추천은 도시재생사업에 시너지효과를 주기위하여 연계 추진된 사회주택으로, 도시재생 해당지역의 지역민 주거마련 차원에서 1차 접근하였다. 이에 지역민의 공동체 및 커뮤니티형성이 중시되었고, 마당을 활용한 입주식, 삼겹살파티 등과 주민 반상회를 통한 커뮤니티 활동의 주거생활서비스가 제공되었다.

2호집은 여성안심 사회주택으로 전주시 무주택 여성 청년에게 저렴하고 안정적인 주택을 공급하고자 한 것이다. 범죄예방 환경디자인을 적용하여 사용자를 고려한 주거서비스 공간기획을 하였다. 공간기획 과정에서 원룸 1실을 커뮤니티공간으로 계획하여 지속적인 입주민의 만남과 교류의 공동체 활동이 가능하도록 하였고, 입주 전 사전교육을 통해 공동체 생활의 규칙, 입주민의 얼굴알림, 입주 모임을 유도하는 주거생활서비스도 제공하였다. 2호집 입주식에는 입주민과 지역주민이 함께 참여하여 테이프 컷팅식을 하였다. 그리고 커뮤니티 공간을 둘러보는 오픈하우스, 옥상 루프탑에서 입주자와 사업 참여자의 소감 나누기 등을 통해 집을 중심으로 입주자와 지역주민 소통시간을 가졌다.

한국주거복지 사회적협동조합의 전주형 사회주택에 관한 주거서비스를 정리하면, 전주형 사회주택 기획·공급·운영·관리 및 지역 사업의 사업자금을 연계하는 지역자원 연계 네트워크 구축, 공동체 활성화를 위한 커뮤니티 공간기획, 입주민 편의를 위한 택배함 제공 서비스, CPTED 범죄예방안전 디자인의 주거서비스 공간기획(고보조명, CCTV), 개인실의 차별화된 색감의 인테리어 공간제공, 입주자 선정 및 교육[41], 주거비 납부관리 등의 주거생활서비스, 건물위생관리 및 유지보수의 관리서비스를 담당하고 있다.

---

41) 입주자 모집 안내는 전주시에서 담당하므로 입주자 모집이 완료되고 나서 협동조합에서 입주자 선정, 사회주택에서의 입주 안내 및 주택배정을 한 후 계약을 실시함.

그 외 입주자 주거복지서비스, 상담 및 사례관리(주거비, 주거이동, 일상생활
문제 등), 입주민 공동체 활성화 프로그램(분기별 1회 반상회 등)을 시행하고
있다.

사진 6-9 한국주거복지 사회적협동조합 '추천(1호)', '청춘101(2호)' 공간특성과 오픈하우스

4 제3섹터의 주거서비스 전망

　　이상에서 비영리단체와 사회적기업의 대표적인 제3섹터가 부담 가능한
주택의 한 형태로 '사회주택' 관련 주거활동에서 주거서비스를 제공하고 있
는 사례를 살펴보았다. 이들이 제공하는 사회주택은 순수하게 비영리 단체
의 민간자본 조합원의 출자금으로 추진된 사례는 주택협동조합의 달팽이집
1호집과 함께주택 1호집 뿐 이다. 그 외 사례들의 사회주택은 공공의 자본
지원을 기본으로 비영리 또는 제한적 민간단체(기업)가 연계하여 실질적인
사회주택의 공간기획, 운영·관리하는 방식의 주거서비스가 제공되고 있다.
즉 민관협력 방식으로 제3섹터가 공공과 결합한 주거서비스를 제공하는 방
식이다.

　　앞서 살펴본 제3섹터의 주거서비스는 대학생 혹은 청년이 주 대상이
되고 있고, 일부 성소수자, 장애인 등의 소수집단이 그 대상이 되고 있다.

이는 제3섹터의 사회주택 공급이 주택시장에서의 사각지대에 해당하는 계층을 대상으로 하고 있음을 나타내는 것이다. 일반인 무주택자를 대상으로 한 경우는 전년도 도시근로자 가구당 월평균 소득의 70%(1인)~100%(2인 이상) 이하를 충족해야 사회주택의 입주 대상이 된다. 사회주택의 주거서비스는 주로 단독주택, 다가구주택이나 고시원, 원룸을 임대하여 리모델링한 후 다시 임대주택으로 공급하는 방식과 토지임대부로 다가구주택 신축 후 임대하는 방식이다. 사회주택의 규모는 소규모가 대부분이고, 1사례만이 토지임대부로 500세대의 아파트를 신축 임대하는 대규모였다. 그리고 유일한 지방도시 전주형 사회주택은 건물임대부 방식으로 공공에서 건물을 매입하고 제3섹터가 주택을 임대받아 리모델링 후 다시 임대하는 방식이다. 이러한 사회주택 공급방식 중 주택전체 임대, 토지매입, 건물매입 등은 재정이 열악한 제3섹터가 추진하는 것은 불가능하므로, 공공의 지원이 개입되고 그 다음단계에서 입주자에게 주거서비스를 제공하는 일련의 과정을 비영리단체나 사회적 기업이 담당하는 형태로 파악되었다. 이는 사회주택 시장이 민관협력방식으로 정착될 것이고, 주거서비스 제공의 주체는 지금과 같이 운영관리를 담당하는 제3섹터가 될 것으로 판단된다. 즉, 사회주택을 중심으로 제3섹터의 주거서비스 공급·관리·운영으로 이어지는 새로운 주거서비스산업이 확대될 것이다.

제3섹터의 핵심적인 주거서비스는 주택의 운영관리만이 아니라 포괄적인 주거서비스 기획과 주거서비스를 고려한 공간기획을 초기 단계에 수행한다. 우리나라 사회주택은 외국과 달리 공동체 개념을 강조하고 공유공간의 주민공동공간, 커뮤니티공간이 배치되며 이 공간을 기반으로 공동체 활성화를 유도한다는 개념이다. 따라서 제3섹터에게 사회주택 주거서비스의 공간기획은 매우 막중한 일이 될 것이다. 그 결과가 특히 우리나라 청년의 주거문화를 형성하는데 영향을 미치므로, 커뮤니티 공간을 계획하며 미래사회로의 가치 '함께 더불어 살아가기'를 주거생활프로그램으로 연결 지어야 할 것이다. 다양한 수요자 요구와 시대적 요구, 신세대의 요구에 맞춘 신선한 프로그램을 상큼하게 발굴·창조 기획하여 보급하는 것도 필요할 것이다.

입주 및 계약단계의 사회주택 주거서비스는 지금과 같이 입주 계획서

작성을 통해 스스로의 입주할 집에 대한 생각을 꼼꼼하게 파악하고, 공동체 생활차원에서 타인과의 생각과 삶을 나누는 방식을 익히고 공감하는 교육이 입주 전 선행되어야 할 것이다. 입주 후에도 서로 다른 이웃을 이해하고 공감하기 위한 교류와 만남, 소통의 시간을 갖는 주거서비스를 지원해야 할 것이다.

한편, 커뮤니티 공간은 개개의 사회주택 수요만을 고려하기보다 지역 단위에서의 요구를 수용하여 다양한 종류의 커뮤니티 공간을 이용할 수 있는 연결망을 마련하는 것이 필요할 것이다. 생활권 지역 내에서 사회주택을 공급하는 제3섹터는 서로가 상생할 수 있는 방안으로 커뮤니티공간의 자원을 점으로 관리·운영하기보다 서로 다른 공급주체끼리도 제휴 연대하여 관리·운영하는 것이 보다 효율적인 주거서비스를 제공하게 될 것이다. 입주자가 사는 집에서의 주거서비스만이 아니라 연대체계 속에 있는 제3섹터의 주거서비스를 같이 공유할 수 있게 된다면, 사회주택의 가치는 더욱 높아질 것이고 입주자의 만족도 역시 높아질 것이다. 그러기 위해서는 제3섹터의 커뮤니티공간과 지원 프로그램의 주거서비스 각각이 일정 수준에 이르러야 한다는 시각이 제시될 수 있다. 이는 곧 제3섹터가 자체적으로 자신이 관리하는 커뮤니티 공간과 제공하는 프로그램의 주거서비스 수준을 관리하고 지속적으로 발전적 방향을 모색해야 할 것이다.

나아가 제3섹터의 연대를 통해 주거서비스를 기점으로 그 외 청년의 일자리 관련 정보제공, 가계재무관리의 경제교육 등을 공유 개념으로 확산시킬 수 있다. 카셰어링, 공유오피스, 공유부엌, 공동육아 등의 다양한 공유 개념의 프로그램을 공동체 활성화 나아가 자체적인 일자리 창출로 이어나가는 것도 필요할 것이다. 또한 제3섹터의 주거서비스는 공공이나 민간의 주거서비스와는 다르게 실험적 성격을 내포하고 있는바, 현실의 높은 임대료와 주택가격의 문제를 공공과 협력하여 지속적으로 새로운 주거서비스를 모색하는 것도 필요하다. 그리고 제3섹터의 사회주택 중심의 주거서비스는 그 규모가 소규모이므로, 부담가능한 주택의 확대라는 차원에서 현재 대규모로 제공하고 있는 위스테이 아파트형의 공급 이후 지속적으로 주거서비스의 실행을 모니터링해야 할 것이다.

한국주거문화의 미래는 주택을 넘어 동네에서 이웃과 어떤 삶을 펼칠 수 있느냐, 곧 지역의 주거서비스가 무엇이냐에 따라 차별화될 것이라고 여겨진다. 그 과정에서 빠르게 제3섹터가 청년층을 주된 대상으로 부담가능한 주택 개념의 사회주택을 중심으로 주거서비스의 항로를 그리고 있다. 주거서비스 산업이 출발되었음을 보여주는 것이며, 이를 활성화하기 위한 향후 법과 제도의 뒷받침이 따라야 할 것이다.

참고문헌

01 김수림(2017). 한국 사회주택의 공급 및 운영에 대한 실태. 전북대학교대학원 석사학위논문.

02 권오정, 최병숙(2017). 신규 주거서비스 개발 연구: 주거생활서비스를 중심으로. (사)한국주거서비스소사이어티.

03 미래와 경영연구소(2006). NEW 경제용어사전. 미래와 경영.

04 박경옥, 최병숙, 김도연, 조인숙(2018). 청년민간임대주택 셰어하우스 가이드라인 마련을 위한 연구. (사)한국주거학회.

05 서울특별시 도시계획국(2016). 서울특별시 알기 쉬운 도시계획 용어. http://urban.seoul.go.kr

06 이종수(2009). 행정학사전. 대영문화사.

07 임소라(2018). 비영리 주거모델, 달팽이집의 지속가능성. 2018 한국주거서비스소사이어티(KHSS) 정기 정책세미나.

08 장광석(2016). 사례분석을 통한 사회주택 발전방안에 관한 연구. 전남대학교대학원 박사학위논문.

09 조혜민(2017). 제3섹터 사회주택공급정책과 성과에 관한 연구: 서울시를 사례로. 서울대학교 대학원. 석사학위논문.

10 최경호(2017). 사회주택과 도시재생. 서울시사회주택종합지원센터.

11 옥스퍼드(Oxford) 사전 http://www.oxforddictionaries.com

12 위키피디아(Wikipedia) 백과 http://en.wikopedia.org/wiki/Wikipedia
http://socialhousing.site/221366441319
http://socialhousing.site/221342393303
https://blog.naver.com/kcs30035600/221528989972
http://www.ibookee.kr/index.php?mid = events&document_srl = 5675
http://www.incheontoday.com/news/articleView.html?idxno = 115719 전주시, 빈집정비와 주거복지 연계해 주거지 재생. 인천투데이. 2019. 7. 29.
NSPACE(2019). SHARE: us: 신림에 건축가의 사회적 역할 더하기, http://brunch.co.kr/@nspace69
http://blog.daum.net/limlim0314/5073
http://minsnailcoop.com
http://www.facebook.com/minsnail.housingcoop

제7장

국외의 공공 주거서비스

| 박경옥 |

한국주거서비스소사이어티 이사
충북대학교 주거환경학과 교수

국외의 주거서비스를 이해하기 위해서는 해당 국가의 주택공급에 영향을 주는 사회·경제적인 배경, 주택정책, 주택시장, 주택수요자의 주거의식 등을 역사적 흐름에서 파악하는 것이 필요하다. 일반적으로 공공의 주거서비스는 물리적 서비스인 주택공급이 우선적으로 이루어진다. 국내에서도 공공주택 공급에 주력한 결과, 2015년 기준 전체주택에서 공공임대주택이 차지하는 비율은 8.2%(약 125만 7천 호)로 상승하였고(통계청, 2017), 2022년에는 200만 호를 목표로 하고 있다. 공공임대주택의 양적 공급이 증가하면서 수요자의 거주안정성을 높이기 위한 연성적 주거서비스인 경제적 서비스나 생활서비스가 더욱 중요하게 되었다.

본 장에서는 30−50클럽에 속한 국가 중 자유시장주의 체제의 미국, 영국, 일본과 보수주의 체제의 독일에서 이루어지는 공공의 대표적인 연성적(soft) 주거서비스에 관련된 내용을 중점적으로 살펴보기로 한다.

1 공공 주거서비스의 범위

주거서비스는 2019년 국가직무능력표준(NCS)에 도입되었으며, 국민의 주거안정과 주거수준 향상을 위한 물리적 서비스, 경제적 서비스, 생활서비스의 총칭으로 정의한다. 이러한 정의에 대응해보면 국내 공공 주거서비스는 주거취약계층이나 주거문제가 있는 가구에게 주택을 공급하거나 주택을 임대, 소유, 개량하기 위해 필요한 자금을 지원하는 부분에 중점을 두고 진행되어 왔으므로, 물리적 서비스와 경제적 서비스에 치중되어 왔다. 2014년 10월 국토교통부의 「주거급여법」의 시행을 계기로 주거취약계층의 주거복지에 대한 관점에 변화가 나타났다. 무주택 저소득층을 위한 주택 건설공급자에 대한 보조방식으로부터 수요자 보조방식으로 전환된 것이다. 현 시점은 수요자 보조방식으로 전환되는 초기 단계이므로, 정책대상가구가 지역사회에서 안정적이고 독립적인 생활을 할 수 있도록 지원하는 연성적 주거서비스는 아직 부족한 상황이다. 이러한 공공의 서비스를 주거서비스의 협의의 의미로 주거지원서비스, 주거복지서비스라고 정의하여 사용하였으며, 최근에는 주거생활서비스라는 용어로도 사용한다.

개인 또는 가구가 주택에 거주하기 위해서는 주택에 관련된 근린환경, 건축적 사항, 가격, 융자조건 등의 탐색부터 시작하여야 한다. 그런데 주택에 대한 정보는 개인에게 제한적이고 접근하기가 어려우므로, 정확한 정보를 얻기 위하여 온라인 상에서 정보를 찾고 부동산전문가와 상담하는 것으로부터 출발해야 한다. 주택을 선택하고 거주할 수 있는 조건을 갖춘 후, 지속적으로 생활하기 위해 유지관리, 리모델링, 에너지소비를 줄이기 위한 방법, 제도적 지원에 대한 정보 등 다각적 측면의 서비스가 연속적으로 필요하다. 이러한 서비스를 받기 위해서는 주거문제를 파악하고 해결방안을 마련하기 위해 상담을 받을 수 있는 여건이 조성되고, 생활하면서 자신의 조건에 맞는 프로그램에 참여할 수 있어야 한다. 「주거기본법」(2015.12.23. 시행)에 의해 국가 및 지방자치단체는 국민의 주거권을 보장하기 위하여 주거정책을 수립·시행하여야 한다. 이에 따라 현재 공공의 주거서비스는 주거취약계층에 우선적으로 지원되고 있으며, 일반가구도 공공의 주거서비스를 일부 지원받고 있다.

경성적(hard) 주거서비스는 주택을 공급하고 관리(일상적 유지관리, 개조, 리모델링 등)하는 것이다. 김혜승 등(2012)은 이러한 경성적 주거서비스와 구분하여 주거취약계층을 위한 공공의 연성적 주거서비스를 세 가지 범주로 나누어 정리하였다. 첫째는 주거의 탐색·정착·유지를 지원하는 서비스, 둘째는 독립적인 생활이 가능하도록 일상적인 생활기술을 제공하는 서비스, 셋째는 지역사회에서 자립활동을 할 수 있도록 고용·복지·보건 서비스 등

과 연계해주는 서비스이다(<표 7-1> 참조). 이 중 첫 번째 서비스가 공공
의 핵심적 주거서비스로 보았다.

표 7-1 공공 연성적 주거서비스의 범주별 서비스 내용

범주		구분	내용
핵심서비스	주거의 탐색, 정착, 유지 및 지역사회 거주지원 서비스	주거 탐색	노숙인 상담 및 임시거처 지원
			공공임대 관련 정보제공 및 신청절차 안내
			저렴한 민간임대주택 탐색지원
		주거 정착	임대료 지원 관련 정보제공 및 신청절차 안내
			임차관계 설정 및 유지와 관련된 지원
		주거 유지	주거위기에 대응하기 위한 상담
			필수적 가구나 비품 등의 구매, 확보 지원
			전기, 수도설비 등의 연결 및 지원에 대한 정보제공 및 신청절차 안내
			주택의 유지관리 지원
			주택 안전점검
			주택의 개량 및 수선 상담
		주거 이동	공공임대주택 간 주거이동 지원
			자가주택 탐색지원
			자가 건축/매입 시 지원 관련 정보 제공 및 계약체결 유의사항 안내
		지역사회 거주	이웃과의 갈등 등으로 인한 거주 고충상담
			지역사회 참여지원
보조서비스	독립생활지원 서비스	일상 생활	세탁, 세면용품 구입 및 사용, 목욕, 날씨에 적합한 의복착용 지원
			식료품 구입, 요리, 식사 등 지원
			대중교통 이용, 교통·신호 준수 지원
		경제	금전관리 방법 습득 지원
			자산 형성 프로그램 연계
		정서·건강	정서적 지지와 상담
			건강관리지원
	의료·고용·공공부조 등 각종지원을 연계하는 서비스		수급신청, 주민등록, 장애등록, 각종 복지 수당 신청 등 행정지원
			각종 검사 및 치료 등 의료지원 연계
			구직알선 등 고용지원 연계
			보육 및 교육지원 연계
			사회복지시설 이용지원 연계
			지역정신보건서비스 연계
			신용회복 지원 연계

자료: 김혜승 외(2012). p.272. 일부 수정.

국외의 사례로 영국, 미국, 독일, 일본에서 이루어지는 공공의 대표적인 연성적 주거서비스의 제도, 운영방식, 성과와[1], 일반가구를 대상으로 하는 주거정보제공기관의 활동에 대해 살펴보기로 한다.

② 영국의 주거서비스

영국은 1980년대 이전까지는 전체주택 중 공공임대주택 비율이 높았던 국가였으나 점차 공공임대주택을 민영화하여 자가소유를 지향하였으며 2003년에는 자가점유율이 71%까지 높아졌다. 10% 이하였던 민간임대주택은 2012년부터는 공공임대주택보다 많아지게 되었다. 2008년 세계금융위기 이후 경기침체로 저렴한 주택이 충분히 공급되지 못하여 임차인은 주거불안정의 상황을 겪게 되었다. 2015년 기준 자가점유율은 63.7%이며, 공공임대주택에 거주하는 가구 비율은 17.4%이다(진미윤·김수현, 2018).

영국에서는 주거문제가 있는 사람은 해당 거주 지역에서 공공 주거서비스를 받을 수 있다. 공공 주거서비스로는 중앙정부가 지방정부에 재원을 지원하는 서포팅 피플(Supporting People) 프로그램이 대표적이며, 비영리조직으로는 셸터(Shelter)가 전국적인 조직망을 가지고 활동한다.

1) 중앙정부의 서포팅 피플 프로그램

중앙정부 프로그램인 서포팅 피플 프로그램(2003년~현재)은 지방정부가 취약계층에게 주거비보조 이외에 건강과 웰빙(well-being)을 위한 주거서비스를 제공할 권한을 부여한 지방정부법 2000(Local Government Act 2000), 지방정부와 보건당국(Health Authorities) 간의 협력체계를 마련한 건강법 1999(Health Act 1999), 감사위원회(Audit Commission)에게 지방정부의 서포팅 피플 프로그램과 관련된 활동을 관리·감독하는 역할을 부여한 지방정부법 1999(Local Government Act 1999)에 의해 실시한다.

---

1) 영국, 미국, 독일의 주거서비스는 김혜승 외(2012). pp. 173-261.의 내용을 참고로 요약하였음.

서포팅 피플은 노인, 장애인, 홈리스(homeless), 취약 청소년 및 성인이 스스로 적절한 주택을 마련하면, 개인이 주거공간에서 자립적으로 생활하기 위한 가스·전기 요금의 지불, 유지·보수, 주택을 안전하고 편안하게 유지하는 일상적 생활능력을 습득하여 자립적인 생활을 위한 자신감을 갖고 지역사회 일원으로 이웃들과 좋은 관계를 유지하고 커뮤니티서비스를 요청할 수 있는 능력을 기를 수 있는 서비스를 제공하는 것이다. 주거취약계층에 대한 주거지원이 단순한 임대비 주거보조금 체계에서 시작하여 예방적 차원의 주거관련 지원에 중점을 두는 방향으로 확대되어 왔다. 지원대상으로 고령가구, 노숙자, 보호시설을 떠나는 청년층, 장애인, 십대 부모들, 범죄기록자, 마약과 알코올 중독자와 가정폭력의 위험에 있는 여성들을 포함하며 자가 소유자도 대상에 포함한다. 중앙정부가 재원을 마련하고, 지방정부는 프로그램 계획과 실행 업무를 진행하는 체계이며 중앙정부, 지방정부, 민간부문의 협력관계 프로그램이다(<그림 7-1> 참조).

각 지방정부는 중앙정부가 제시한 지침에 따라서 지역특성에 맞는 대상자 선정기준과 지원서비스를 개발하여 5개년 계획을 수립하여 실행해야 한다. 그 지역의 건강, 사회서비스, 주택과 재개발, 커뮤니티 안전과 관련된 지역적 전략정책과 연계시켜 융통성 있는 지원서비스를 제공한다. 중앙정부는 프로그램의 진행 상황을 모니터링하고 정기적으로 평가한다. 특히 지방정부는 주택, 사회서비스, 건강 및 보호서비스 관련 민간단체나 비영리단체들과 계약을 체결해 프로그램 운영과 서비스 제공의 질을 높인다. 서비스 공급자들은 프로그램 참여 대상자들 개인에 대한 지원계획을 수립해야 하며 참여자 중심의 서비스를 제공할 수 있어야 한다. 서포팅 피플 프로그램의 지원서비스에 대한 검토과정에는 서비스제공자들이 서비스지원 대상자들을 어떻게 참여시키는지 서포팅 피플 위원회(Supporting People Commissioning Body)에 정기적으로 보고하는 과정이 포함되어 있다.

서포팅 피플의 주거서비스 종류를 <표 7-1>의 주거서비스 내용과 대응시켜 보면, 핵심적인 서비스에 해당하는 세입자 계약문제 등에 대한 지원, 주택 개선에 대한 조언, 가스와 전기 등 공공 서비스의 접근방법, 보호주택 제도 내에 제공되는 관리서비스, 커뮤니티서비스 정보 제공에 대한 접근, 고령자를 위한 단기간 가정방문 또는 장기간 상주 지원도우미 등이 있

다. 보조적인 서비스로, 독립적인 주거생활을 유지하기 위한 개인의 역량
개발에 대한 지원이 있는데, 보호시설을 떠나는 어린 청년층에게 요리나 위
생 등의 기술에 대한 훈련 지원, 정신질환 또는 약물남용 상태의 젊은 노숙
인들에 대한 훈련 및 상담, 교도소 등 제소시설을 떠나는 사람들에 대한 지
원, 학습장애나 정신질환 문제를 가진 사람들이 병원과 같은 제도적 보호시
설보다 지역사회 커뮤니티에서 생활할 수 있도록 교육과 고용훈련의 프로
그램 참여 지원, 재정관리 등이다.

그림 7-1 서포팅 피플 프로그램의 실행구조

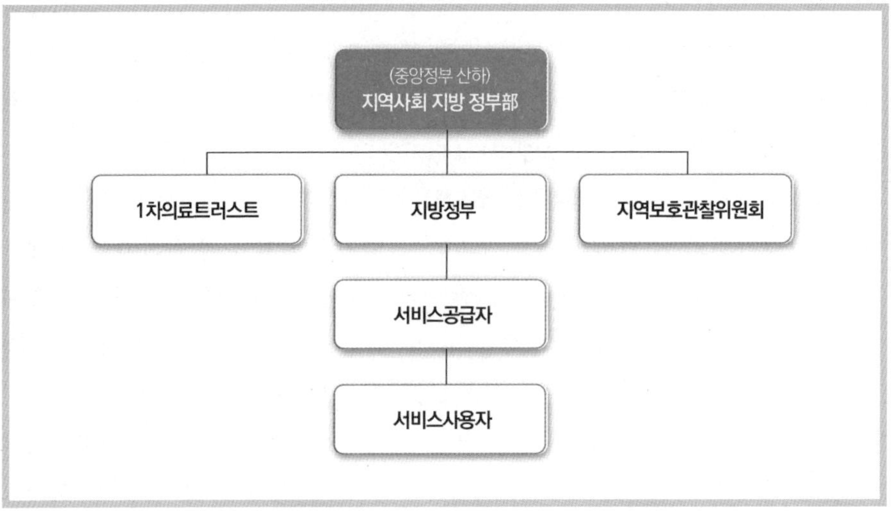

자료: 김혜승 외(2012). p.178. 일부 용어 수정.

이 프로그램의 성과에 대한 감사위원회의 보고서에 의하면, 취약계층
은 자립적으로 생활할 수 있게 되었으며 삶의 질이 향상되었다고 한다. 취
약계층들이 참여자 중심 진행과정으로 지원받는 서비스 및 계획단계에 더
많이 참여할 수 있게 되었고 선택의 폭도 넓어졌다고 평가하였다. 구체적으
로 취약계층의 자신감 회복, 선택, 통제·조절과 참여의 기회확대라는 긍정
적인 기여가 있었으며, 대상자들이 요구한 수입의 최대화를 통한 경제적 안
정에 대해서는 성과가 낮은 것으로 평가하였다. 이 프로그램을 실시하였을
때 소요되는 비용과 실시하지 않았을 때 소요되는 비용을 계산해보면 국가

전체 차원의 순이익이 높아진 것으로 나타났다. 대상자별로 국가 순이익이 높은 대상자는 지원 및 보호관련기관에 거주하는 노인, 지적장애인, 정신질환자이며, 부문별로는 종합보호서비스, 건강, 범죄 순으로 경제적 효과가 높은 것으로 평가하였다. 지방정부가 1차 의료트러스트, 지역보호관찰위원회와 공동으로 서포팅 피플 프로그램을 진행함으로써 이들 기관 및 민간단체, 비영리단체와 동반관계를 유지할 수 있게 되었고 지역주민의 욕구에 대한 이해를 높였다.

2) 비영리조직의 활동

(1) 셸터

비영리조직의 활동으로는 '셸터(Shelter)'가 전국적인 지부 네트워크를 통해 주거와 관련된 거의 모든 문제를 무료로 상담해주고 있다. 1996년 주택법(Housing Act,1996)에 모든 지방정부는 홈리스문제 해결 및 홈리스 방지를 위해 필요한 상담과 정보를 해당 지역주민 누구에게나 무료로 제공해야 한다고 명시되어 있다. 이 법에 의해 주거위기와 관련된 상담 및 정보제공은 공공서비스에 해당되므로, 셸터의 재원은 정부의 재정지원, 기부금, 중앙정부와의 프로젝트사업 계약을 통해 마련하고 있다.

상담 및 정보제공 방법과 내용은 영국 전역에 50개의 상담센터 사무소(Shelter advice centers) 운영, 노숙위기에 처한 사람들을 위한 긴급주거상담전화(Housing advice helpline 혹은 hotline), 자가 소유자의 모기지(mortgage: 은행이 부동산을 담보로 하여 장기간 빌려주는 주택 자금) 체납, 담보물 회수문제를 상담하는 전화(Homeowner helpline), 질문을 요청하면 3일 이내에 회신을 받을 수 있는 이메일 상담이 있다. 홈페이지를 통해 상담하거나 긴급전화를 걸 수 있다(<그림 7-2> 참조). 200명 이상의 주거관련 전문상담사가 주거의 실질적 문제와 법적 문제를 설명해주며, 집주인 및 임대사업자와 상담요청자 사이의 중재역할을 한다. 노숙자가 되는 것을 예방하기 위해 내담자와 상담하고, 도움을 받을 수 있는 공공기관 및 단체와 내담자를 연결해준다.

상담서비스의 내용은 <표 7-1>의 핵심적 주거서비스에 해당하는 홈

그림 7-2 셸터 홈페이지의 상담·긴급연락 시스템

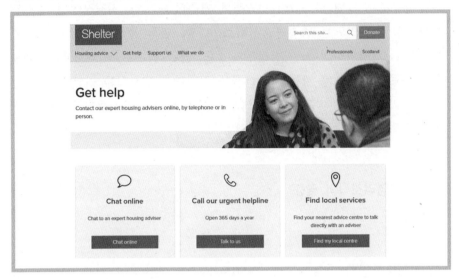

출처: https://england.shelter.org.uk/get_help(검색일 2019. 8. 20.)

리스지원(긴급상담 및 긴급주택 제공, 노숙자가 될 위기에 지방정부의 주택부서에 도움 청하는 방법, 주택부분 사회서비스의 안내 등), 거주지 찾기(임시숙소 제공, 대출 및 보조금 신청 안내 등), 임대료 지불 및 모기지 상환, 퇴거관련 정보제공, 모기지 체납·담보물 회수, 임대 및 임차, 주택개보수 및 안전한 주거환경 정보, 이웃 간 문제 대응, 청년의 긴급주거 제공 등이 있다. 보조서비스에 해당하는 내용은 가족관계 향상·중재, 불만사항 표현 및 법적 대응방법(소송 대응, 법정에서 필요한 법적 상담, 분쟁 해결방안, 임대인·공공에 불만표현 방법 등)이 있다[2].

셸터는 청년의 홈리스와 실업 문제를 해결하는 포이어(Foyer) 사업도 하고 있다[3]. 포이어 모델은 여러 나라에서 청년홈리스 문제에 대응하는 정책으로, 16세에서 25세까지의 홈리스 상태이거나 홈리스 위기에 처한 청년에게 거처가 제공되는 것이다. 최대 거주기간은 2년이며, 거처에서 청년들은 자기개발에 필요한 다양한 서비스를 제공받고, 학업 이행, 고용능력 향

---

2) 남원석 외, 2004, pp.115−117, 재인용 김혜승 외, 2012, p.201.
3) 포이어 모델은 서종균(2018). pp.29−55.을 요약 정리함.

상, 건강 회복과 더불어 잠재된 리더십을 발전시킬 수 있다. 영국에서는 1992년 셸터와 디아지오(Diageo) 주류회사가 협력하여 YMCA호스텔 건물을 포이어로 전환함으로써 시작되었다. 지방정부는 홈리스 상태인 사람에게 임시거처를 제공해야 할 의무가 있다. 주거담당 지방행정기관 및 관련서비스를 제공하는 조직이나 기관들이 주거소요가 있는 청년들을 포이어에 의뢰한다.

대부분 포이어 건물은 리모델링한 건물이 많고 10명 정도 거주하는 소규모건물부터 200명 정도가 이용할 수 있는 건물도 있다. 일정규모 이상의 건물에는 24시간 직원이 배치되어 관리와 주거서비스를 제공한다. 주거서비스는 직원들에 의해 직접 제공되거나 지역 대학, 훈련기관, 고용지원기관 기업 등과 협력하여 제공된다. 청년들의 생활기술 개발, 교육, 고용과 관련된 독립적인 생활을 할 수 있는 능력 높이기, 약물·보건·심리 상담 등의 지원을 한다. 청년 개인별 사례관리와 다양한 형태의 멘토링도 이루어진다. 포이어사업의 건물이나 기타시설 건설은 정부의 사회주택 보조금, 민간의 기부금, 기타 지원으로 이루어지고, 운영에는 주거비보조와 사회서비스에 대한 정부지원금이 사용된다. 포이어사업은 중앙정부의 서포팅 피플 제도와 결합한 모델로 이루어지는 경우도 있다.

(2) 주거개선기관 HIA(Home Improvement Agency)[4]

주거개선기관 HIA는 전국주거개선기관 및 핸디퍼슨 서비스(The National Body for Home Improvement Agency and Handyperson Service)재단의 지원으로 설립된 비정부기관 NGO(Non Governmental Organization)이다. 지역에 따라서 HIA가 아닌 케어앤리페어(Care & Repair) 또는 스테잉풋 에이전시(Staying Put Agency)등의 명칭을 사용하기도 한다. 영국 전역에 약 200여개의 HIA가 설립되어 있다.

HIA는 지역의 노인, 장애인 취약계층을 대상으로 정보제공 및 상담을 하며 5개 분야에 대해 서비스를 제공한다. 구체적인 서비스 내용으로는 고령자가 집을 개조하거나 새 집을 구할 때 정보제공과 상담, 장애인이 자신

---

4) HIA 홈페이지 https://www.findmyhia.org.uk/abouthias (검색일 2019.8.20.)

──────
그림 7-3 HIA홈페이지

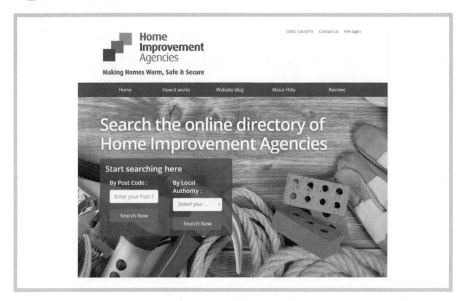

자료: https://www.findmyhia.org.uk/home(검색일 2019. 8. 20.)

의 주택에 거주하기 위해 주택개조를 하고자 할 때 시설 보조금을 지원 받기 위해 공무원 및 작업 치료사 등에게 서비스 연계, 집의 모든 부문의 수리를 하는 핸디퍼슨 서비스, 병원 퇴원 및 재활 환경 준비(주택에 안전손잡이, 경사로, 출입구 확대 등), 에너지 효율적인 주택 리모델링, 복지 및 수당 수혜자격확인 등이다. 서비스 내용은 핵심 주거서비스 중 주거유지에 집중되어 있다. 이용자는 HIA 홈페이지를 통해 자신의 주소지에 위치한 HIA를 찾을 수 있다(<그림 7-3> 참조).

③ 미국의 주거서비스

미국은 자가소유 확대를 목표로 시장중심적인 주택정책을 실시한 대표적인 국가이다. 미국의 자가율은 1964년 63%에서 2000∼2006년에 67∼69%까지 상승하였으며, 2019년 6월 기준 64.1%이다[5]. 2007년 금융위기 이후 저소득층이 주택임대료 연체로 주택압류가 많아졌고 강제 퇴거, 홈리스 등의 주거위기 상태에 처하게 되면서 임대료 연체가구 지원, 주택 재정착 지원 등의 연성적 주거서비스의 필요성이 높아졌다.

미국에서는 공공주택공사 PHA(Public Housing Authority)가 공공임대주택이나 주택바우처를 공급하며 이러한 수혜를 받는 자에게 연성적 주거서비스를 제공한다. 연방정부 지원을 받을 자격은 안 되지만 주거안정에 위협을 느끼는 중산층 이하의 가구는 민간 비영리단체로부터 주거서비스를 받을 수 있다.

1) 각 지역의 공공주택공사(PHA)

미국 공공의 주거서비스는 정부부처인 주택도시개발부 HUD(U.S. Department of Housing and Urban Development) 하위기관인 공공주택공사가 제공한다. 공공주택공사는 연방정부 산하에서 연방정부의 주택정책을 집행하는 조직으로 운영되어 왔으나, 2000년 이후 지방 분권 강화와 민영화로 일부 주정부가 이들을 인수 및 합병하기도 하였다. 공공주택공사는 저소득층이 거주하는 공공임대주택의 사회적 계층의 혼합, 빈곤 탈피, 그리고 사회복지 연계, 일자리 창출 및 자활 제공에 대해 주력하고 있으며(진미윤·김주진, 2014), 그 외 다양한 희망사업들도 지역 단위로 추진하고 있다.

저소득층의 주택공급은 그들이 공공지원에서 벗어나 독립적인 생활을 할 수 있도록 돕는 서비스와 연계되어야 한다는 전제 하에 이루어지고 있다. 1996년 복지개혁 이후 공공주택공사는 공적 주거지원을 받는 저소득층에게 구직지원 또는 교육프로그램 제공과 같은 사회복지서비스를 함께 제공하여 근로를 장려하고 수입을 증대시켜 민간주택에 거주하도록 유도하는 잡 플러스(Job-plus), 가족자활 FSS(Family Self-Sufficiency), 호프 식스(HOPE VI) 등 다양한 프로그램을 진행하였다.

잡 플러스 시범 사업은 1996~2003년까지 6개 도시에 시행된 후 전국적으로 보급되었다. 공공주택에 거주하는 비장애인과 노동가능인구가 사업

---

5) U.S. Census Bureau, Housing Vacancies and Homeownership Table 14.
   Homeownership Rates for the US and Regions:
   1964 to Present https://www.census.gov/housing/hvs/data/histtabs.html

대상이다. 프로그램의 세 가지 중요요소는 단지 내에 고용지원센터를 설치하여 취업관련정보 및 교육프로그램 제공, 보육지원, 교통수단지원 등 취업관련서비스를 지원하고, 소득수준에 따라 소득증가 시에도 일정범위의 고정된 임대료를 그대로 보전토록 해 주는 방식으로, 지역사회주민과 네트워크형성을 하여 취업정보를 교환하도록 하는 것이다. 이 프로그램은 저소득가구의 취업률 증진, 빈곤율 감소, 커뮤니티 개발에 긍정적인 효과가 있는 것으로 평가되었다.

가족자활(FSS) 프로그램은 주택바우처 지원대상 가구 및 공공임대주택 거주자를 대상으로 사회적 서비스 연계, 일자리 참여 의식을 고취시키는 것이다. 자발적 참여자가 5년 후 경제적 자립을 달성하도록 계약서를 작성하고, 지역 공공주택공사는 참여자에게 사례관리, 직업교육, 보육지원, 교통수단의 보조 등의 서비스를 제공하는 것이다. 공공주택공사는 지역 내 각종 사회복지 기관(학교, 보건의료기관, 고용센터 등)과 운영위원회를 설립하여 수행계획을 세우고 주택도시개발부의 승인을 받아 참여자에게 서비스를 하였다. 주택도시개발부로부터 지원받는 비용은 사례관리자 고용비용으로만 사용하고 사회복지서비스 제공비용에 사용할 수 없으므로, 운영기관이 지역단체들의 협력으로 운영재원을 마련해야 한다. 참여대상자는 소득이 증가되어도 임대료가 상승되지 않으므로 소득과 일정한 임대료 차액만큼 신탁계좌에 저축하고, 계약서에 서명한 목표를 달성하기 위해서 신탁계좌의 저축액을 부분적으로 사용할 수 있다. 참여자 소득의 30%가 시장임대료와 같아지면 경제적 자립이 이루어진 것으로 보고 신탁계좌의 저축액을 모두 사용할 수 있다. 이 프로그램 운영방법에서 효과적이었던 것은 신탁계좌인 것으로 평가되었으며, 프로그램 실시 후 저소득가구의 소득이 상승하고 경제적 자립을 이룬 것으로 나타났다.

호프 식스는 1993년에 노후화한 공공임대주택을 소득 혼합이 이루어지는 단지로 재개발하고, 공공지원을 받는 거주자에게 경제적 자립성을 강화할 수 있도록 커뮤니티 개발 및 사례관리, 취업관련 정보제공, 보육, 고등교육, 컴퓨터수업, 방과후 수업 등을 지원하는 것이다. 지역 공공주택공사의 호프 식스 프로그램은 저소득가구의 고용과 소득증진, 커뮤니티시설 개발로 지역주민의 커뮤니티의식에 긍정적인 효과가 있는 것으로 평가되었다.

2011년부터는 호프식스를 대체할 제도로 공공임대주택의 물리적 재개발에
중점을 둔 초이스 네이버후드 이니셔티브(Choice Neighborhood Initiatives)를
실시하였다. 이 제도는 도심지역의 빈곤율을 줄이기 위해 도심재개발, 저소
득가구를 위한 지불가능주택 공급, 교육환경개선, 직장에 대한 접근성 증대,
고용지원 등의 서비스를 연계하는 프로그램이다. 주택, 사람, 근린이라는
세 가지 핵심 목표를 해결하기 위해 자원을 할당하는 데 중점을 둔 포괄적
인 근린활성화 계획에 대한 지원이다. 핵심 목표를 달성하기 위해 공공지원
주택의 활성화, 근린 변화와 가족에 대한 긍정적인 결과에 대해 포괄적인
지역 활성화 전략을 수립해야 한다[6].

공공임대주택에 거주하기를 원하거나 주택바우처로 민간주택에 거주
하기를 원하는 저소득가구는 각 지역 공공주택공사에 신청서를 제출하여
대기자 명단에 이름을 올려 순서를 기다려야 한다. 주택바우처를 허용하는
임대인을 찾는 일은 저소득가구가 스스로 해야 한다. 이런 상황의 저소득
가구를 위해 각 도시의 공공주택공사는 주택바우처 가구들이 적정한 민간
임대주택을 선택하고, 안정적으로 생활할 수 있도록 지원센터를 운영하여,
공공임대주택과 주택바우처에 관한 정보 및 상담 서비스를 제공한다. 서비
스 내용은 지역의 공공주택공사에 따라 차이가 있다. 서비스 내용은 공공임
대주택 목록과 주택바우처를 발부받을 수 있는 정보 제공, 주택바우처를 주
택구입에 사용할 수 있도록 하는 자가주택 보유프로그램 운영, 주택관리와
임차인의 권리에 대한 교육프로그램 제공, 임대주택 거주 시 기본적으로 지
켜야 할 규칙을 정리한 핸드북 배부, 임대주택 거주 가구들이 가정폭력, 정
신적 위기, 아동 및 노인학대가 발생하면 다른 주택으로 이주 시키는 일, 중
고가구 제공, 이웃·가족갈등 상담 및 정보제공, 임차자간 교류모임, 잡 플
러스·가족자활·호프 식스 등 다양한 사회복지 프로그램과 연계하여 저소
득가구의 경제적 자립 확립, 재정관리 교육, 건강증진 서비스, 비영리기관과
협력하여 구직활동에 필요한 서류작성과 인터뷰 방법 교육 등이다. 서비스
내용에 주거서비스의 핵심서비스와 보조서비스가 다양하게 구성되어 있다.

각 도시의 지역 공공주택공사들은 '섹션(Section) 202' 프로그램에 의해

---

6) CHOICE NEIGHBORHOODS https://www.hud.gov/cn(검색일 2019. 8. 22.)

노인과 장애인 등의 사회적 취약계층을 위해 임대주택을 공급하고 주거서비스도 제공한다. 국가부담가능주택법(National Affordable Housing Act of 1990)에 의해 섹션 202 공동주택에 노인 및 장애인 가구를 위해 서비스를 제공하는 관리자를 고용하는 비용이 지원된다. 관리자는 거주자가 필요로 하는 서비스를 파악하여 이러한 서비스를 제공하는 지역사회 복지서비스 제공기관을 연계한다. 1990년 섹션 202와 분리하여 저소득 장애인가구를 지원하기 위한 '섹션 811' 프로그램을 운영하였으며 사례 관리, 독립적인 생활을 위한 기술교육, 구직을 위한 정보제공 및 취업알선 등의 서비스를 지원한다. 섹션 202와 섹션 811의 효과는 노인과 장애인이 전문시설에 거주하는 것보다 주택에 거주하도록 하여 사회적 비용을 줄였으며, 노인과 장애인이 지역사회 커뮤니티에서 거주할 수 있게 하여 삶의 질을 높였다는 것이다.

그밖에 정부부처인 에너지부(U.S. Department of Energy)는 주거취약계층에게 주택에너지 효율성을 높이기 위한 주택수리 프로그램인 내기후(耐氣候) 지원 프로그램 WAP(Weatherization Assistance Program)를 시행하고 있다. 주거취약계층은 일반 주거계층보다 노후화하고 단열성이 낮은 주택에 거주하는데 이러한 주택 중에서 열손실이 적은 주택에 대해 균열 보수, 이중창 교체, 단열재 보완 등을 지원한다. 수혜 대상은 60세 이상 노인, 장애인, 아동이 있는 저소득층 가구이며 자가나 임차 가구 모두 해당된다. 그밖에 보건복지부(U.S. Department of Health and Human Services)는 저소득가정 에너지 지원 프로그램 LIHEAP(Low Income Home Energy Assistance Program)을 시행하고 있다. 저소득가구의 냉난방 비용이나 겨울 난방 단절 시 보건복지부가 해당 프로그램을 적용하여 긴급비용을 냉난방에너지회사에 납부해주는 것이다(권현주, 2016).

2) 익스텐션 서비스(Extension Service)

일반계층을 위한 주거서비스로는 익스텐션 서비스(Extension Service)가 있다(<그림 7-4> 참조). 연방정부의 농림부 USDA(U.S. Department of Agriculture)와 주(State) 대학이 연계하여 일반주민을 대상으로 생활에 대한 정보제공, 교육, 상담 등을 하는 코퍼러티브 익스텐션 서비스(Cooperative Extension Service)

에 주거분야가 포함되어 있다(<그림 7-5> 참조). 정부로부터 무상으로 토지를 받은 대학이 익스텐션 서비스센터를 두고 중앙 및 지방정부의 재정지원을 받아 연구논문, 정부문헌 등을 일반인이 실생활에 적용가능한 행동지향적 정보로 변환하여 문서와 교육 프로그램을 통하여 생활에 관련된 정보를 무상 또는 저가로 보급한다. 센터에 소속된 교수가 해당 주 전문가(state specialist)가 되고, 하위 행정지역의 익스텐션 사무실에 전문인력이 근무하면서 주민들에게 프로그램을 시행한다. 프로그램은 온라인의 홈페이지에서도 정보를 얻거나 구매할 수 있다(이현정, 2015).

그림 7-4 미국 익스텐션 서비스 로고

출처: https://commons.wikimedia.org/
wiki/File:US-CSREES-Logo.svg

농림부의 농림식품연구소(NIFA: National Institute of Food and Agriculture)가 담당부서이며, 2019년 현재 동물, 사업과 경제, 교육, 환경, 농업과 목장경영, 식품, 건강, 인간과학(human sciences), 국제, 자연자원, 식물의 12개 분야로 구분되었고 이중 인간과학에 가족복지가 있고 하위분야에 '주거와 환경적 건강'이 있다[7].

3) 비영리단체

미국의 주거서비스는 공공임대주택이나 주택바우처 수혜계층뿐만 아니라, 주거안정에 위협을 느끼는 중산층 이하의 계층까지도 서비스 혜택을 받을 수 있다. 연방정부의 지원대상에 해당하지 않지만 주거안정에 위험을 가진 가구들은 정부부처인 주택도시개발부가 인증한 비영리단체의 지원서비스를 제공받을 수 있다. 주택도시개발부는 1968년 주택 및 도시개발법(Housing and Urban Development Act of 1968)에 의해 주거상담프로그램

---

7) U.S. Department of Agriculture Co-op Research and Extension Services
   https://www.usda.gov/topics/rural/cooperative-research-and-extension-services

그림 7-5 미국 서버지니아대학(WVU)의 익스텐션 서비스 홈페이지의 주거분야 목록

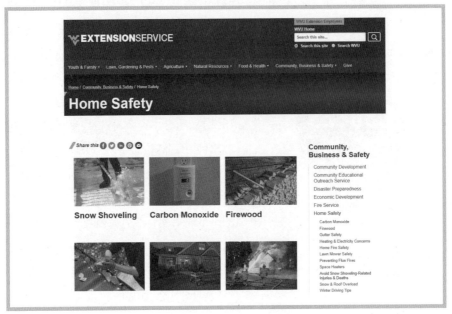

출처: https://extension.wvu.edu/community-business-safety/home-safety(검색일 2019. 8. 20.)

(Housing counseling program)을 운영하고 있다. 주거상담프로그램은 주택도시개발부 내의 주택카운슬링국(Office of Housing Counselling)이 운영하며, 중간기관이나 주(State)·도시 내에 있는 주택관련 민간 및 비영리단체들이 주거상담을 할 수 있도록 교육과 상담 프로그램 및 정책 개발과 시행, 재정지원 프로그램 등의 전반적인 사항을 담당하고 있다.

이 프로그램은 임대주택의 탐색지원, 자가주택 탐색 및 보유지원, 주택차압 방지를 위한 지원, 임차인의 강제퇴거를 방지하기 위한 지원, 주택시장 내에서 차별 등의 불만사항 접수 등의 상담에 대한 교육내용으로 구성되어 있다. 주택상담을 하는 기관들은 일정 요건을 충족하면 주택도시개발부가 보증하는 센터를 운영할 수 있고, 주택도시개발부가 제공하는 교부금을 신청할 수 있다. 중앙정부 프로그램 외에 다양한 단체가 각종 재단, 은행, 기업 등으로부터 기부를 받아 주거서비스를 제공하고, 서비스를 조직적으로 지원하는 중간기관도 많이 설립되어 있는 편이다.

(1) 주택도시개발부의 중간기관

대표적인 중간기관으로 네이버후드 웍스 아메리카(Neighborhood Works America), 하우징 파트너십 네트워크(Housing Partnership Network: HPN)는 전국 각 지역의 커뮤니티개발을 위한 비영리단체에게 보조금을 제공하고, 저소득층을 위한 자가주택 보유증진을 위한 프로그램과 주택차압방지 프로그램을 제공할 수 있도록 상담사를 교육한다. 또한 지역의 비영리 커뮤니티 개발기관과 협력하여 이러한 프로그램들을 저소득층에게 제공한다. 시카고의 지역 비영리 커뮤니티 개발기관으로는 시카고 네이버후드 하우징서비스(Neighborhood Housing Services of Chicago, Inc.)가 있고, 지역별 홈포트(Homeport) 등이 있다. 네이버후드 웍스 아메리카는 연방정부로부터 지원을 받고, 공공·민간기관으로부터 기부를 받아 운영한다. 지역의 커뮤니티 비영리기관은 자가주택 보유를 위해 저소득가구에게 가장 알맞은 주택융자 상품을 선택하도록 하기 위해 비영리 주택융자 제공기관과 협력하여 교육프로그램을 수강하도록 한 후 주택융자 상품에 대한 정보를 제공한다. 주택차압방지 프로그램은 지역의 비영리 커뮤니티 개발기관이 저소득층과 직접 상담하여 운영한다.

홈포트는 지불가능주택 공급과 주택융자 등의 지원이외에 주택도시개발부가 지원하는 상담센터를 운영한다. 상담센터는 홈페이지에 지불가능 임대주택 목록을 제공하고, 임차인 가구 자녀를 위한 학교 정보제공과 기부받은 학교생활에 필요한 물품을 학생들에게 제공한다. 저소득가구의 자가보유를 증진하고 유지하도록 가구의 신용수준을 높이기 위한 계획수립과 주택구입자금 확보를 위한 재정계획 수립을 돕고, 주택구입에 관한 교육을 실시한다. 자가 보유가구를 위한 주택수리 및 관리 교육, 자가 보유가구가 주택차압 위기를 극복하기 위해 은행에서 재정마련을 하고자 할 때 중간자 역할을 한다. 주거유지 및 자립생활을 지원하는 서비스로 장애인가구와 노인가구를 위한 일상적 쇼핑하기 지원, 의료·양육·구직활동을 위한 사회서비스 연계, 저소득가구들의 모임기회 제공, 학생들을 위한 방과후 수업프로그램 및 방학기간의 급식·간식 제공, 구직서류를 작성하기 위한 컴퓨터실 등을 제공하고 있다.

미국은 1980년대 이후 연방정부 재정 지원이 줄어들면서 주정부와 지방정부는 지역 기반의 비영리 민간조직과의 연대하여 지역의 주거문제 해결을 위한 제도화된 틀을 갖추었다. 민관협력 체계 구축은 관련법과 주거복지 프로그램 속에서 성장했는데, 대표적인 것이 커뮤니티 개발 보조금(CDBG: Community Development and Block Grant), 주거투자 파트너십(HOME Investment Partnership)프로그램, 저소득층용 임대주택 세액 공제 제도(LIHTC: Low Income Housing Tax Credits) 등이다. 커뮤니티 개발 보조금 CDBG는 지역사회 전반을 발전시키려는 목적으로 보조금을 비영리기관 및 지역주거복지 관련기관에 지원한다. 지역사회의 여러 비영리기관 및 주거복지단체 들은 파트너십을 구축하여 보조금을 지원받을 수 있는 지역으로 선정되도록 하여야 하며, 재정지원을 받을 수 있는 사업은 공공주택의 개조 및 재건축, 공공 서비스지역의 재정비, 에너지 보존을 위한 지역재건 및 재정비, 지역사회 고용창출 및 고용유지 등이다(김혜승 외, 2004: 167).

(2) 주택도시개발부 인증 주거 상담기관

주택도시개발부는 주거상담사 활동 증진을 위해 관련 기관을 설립하고 운영·관리하는 것을 재정지원한다. 주택도시개발부가 인증한 비영리단체는 각 지역단위로 주택상담기관(Housing Counseling Agency)을 설립하고, 주택도시개발부 공인 주거상담사(housing counselor)가 주민을 대상으로 정부의 정책을 수행하는 역할을 한다(<그림 7-6> 참조). 주거상담사는 1968년 주거도시개발법(Housing and Urban Development Act) 섹션(Section) 235에 근거하여 주택담보대출(mortgage) 관련하여 모기지 관련 업무 상담을 위해 출발하였고, 1988년 주택바우처 프로그램을 통해 확대 발전하였다. 주거상담사들은 주택바우처 대상자에게 집 찾아주기, 저소득층 가구가 이용할 수 있는 주거지원 프로그램을 설명할 뿐 아니라 일반가구를 대상으로 이사 상담 및 주택대출 관련 상담, 주택구입, 임차, 상환불능 대응, 압류 회피, 신용 문제 등의 상담을 한다(진미윤·김주진, 2014). 자격은 일정기간마다 재인증을 받아야 하고 사분기마다 온라인 주택도시개발부 카운슬링 시스템에 실적 및 사례 보고를 하고 지속적인 교육을 받아야 한다.

비영리 조직들은 직·간접적인 주택공급 뿐 아니라 다양한 주거서비스와 사회서비스를 제공하고 있는데, 이들의 역할은 정부와 민간시장을 중재하는 가교 역할, 노숙자 지원 등 정책 사각지대 지원, 지역 거주민의 고용, 의료, 주거 등 커뮤니티 발전을 위한 장기적 자원으로서 기능하고 있다. 이들 조직 중 현재 가장 큰 조직은 미국 전역에 4,000여개가 활동하고 있는 커뮤니티 개발공사(CDC: Community Development Corporation)이다. 이들은 지역에 분산된 저소득층 주거지원의 네트워크를 구축하는 주된 역할을 수행하고 있으며, 연방정부와 주정부(혹은 지방정부) 사이에서 중재자 역할을 하고 있다. 주택 파트너십 네트워크(HPN: Housing Partnership Network), 커뮤니티 토지신탁(Community Land Trust) 조직이 있으며, 이 조직들은 200만 호 이상의 주택을 보유하고 있다(진미윤·김주진, 2014).

그림 7-6 HUD 승인 주택상담기관(Housing Counseling Agency)의 로고

출처: http://www.coalitionforhousing.org, https://www.hudexchange.info

4 독일의 주거서비스

독일은 민간임대주택 중심의 주택정책을 실행한 국가이므로 공공임대주택의 비율이 낮고 자가소유율도 2014년 기준 46.0%대로 낮은 편이다. 공공임대주택에 거주하는 가구는 2014년 기준 4.2%이며 그밖의 가구는 민간임대주택에서 안정된 주거생활을 한다. 민간임대주택에 대해 임차인을 위한 임차권보호제도와 임대료 규제가 있으며, 임대인도 안정적인 임대사업을 할 수 있는 조세와 금융 혜택이 있다(진미윤·김수현, 2018).

독일의 공공 주거서비스는 노숙자 등 취약계층 뿐 아니라 중산층까지 그 대상으로 하고 있다. 독일은 연방정부가 주거지원 관련법 제정 및 재정을 조달하고, 그 아래의 주정부는 연방정부 제정법을 실행하며 주정부 자체 법령을 제정하여 주거관련 서비스의 각종 프로그램을 운영하고 재정을 조달한다. 주정부 아래의 지역자치구(Gemeinde)는 연방정부와 주정부의 재정 지원을 받아서 주거관련 서비스를 직접 제공하는 주체이다. 민간의 비영리 복지단체는 사회복지서비스 제공에 주도적 역할을 하고 있다.

1) 지역자치구의 주거서비스

지역자치구 주거지원프로그램 담당부서가 주거서비스를 제공한다. 지역자치구의 사회국(Sozialamt)은 사회적 약자와 저소득층을 대상으로 하는데, 노숙자를 대상으로 노숙을 예방하기 위한 개입조치로 주거지에서 내몰리지 않도록 상담 소송비용 지원 및 주거지원, 새로운 주거환경에서 지속적으로 거주하기 위해 상담 및 주거시설 개선지원을 하는 동행지원서비스, 빈민이나 노숙인 집중 거주지역이 형성되지 않도록 주거환경개선사업 등의 서비스를 제공한다. 또한 사회법에 근거하여 사회부조 수급자 대상에게 이사 및 도배, 바닥재 교체 비용 등 주거유지에 필요한 서비스를 지원한다. 건설국(Bauordnungsamt) 또는 건설·주택관리국(Bau-und wohnungsaufsichtsämter)은 중산층을 대상으로 자가주택을 건축하거나 매입하는 데 도움을 줄 수 있는 상담이나 정보 제공 등의 서비스를 제공한다.

2) 민간 비영리단체

민간부문에서는 정부의 파트너로서 사회복지서비스 제공에 주도적인 6대 비영리 민간복지단체가 주거서비스를 제공하고 있다. 노동자복지회, 독일 카리타스 연합회, 기독교 봉사회, 독일복지단체연합회, 독일적십자사, 유대인 중앙복지회는 연방 비영리복지단체 연합회를 조직하여 사회복지서비스 관련 정책수립 파트너 역할을 한다. 비영리 민간단체의 예산은 대부분 정부부처를 통해 조달되는데, 그 근거는 사회복지서비스 관련법이나 연방

예산규정에 의한다. 사회부조법에 의해 중앙정부나 지방정부 등 공적 사회
복지서비스 전달체계는 비영리 민간복지단체와 업무협조를 하는 것을 기본
의무로 정하고 있고, 공적 사회복지서비스 전달체계가 비영리 전달주체에
게 재정원조나 자문 등 적절한 도움을 줄 의무를 규정하고 있다. 비영리 민
간복지단체가 정부로부터 재정지원을 받지만 국가간섭으로부터는 상대적으
로 자유롭다. 또한 현금, 현물기부, 회원 회비, 로토(Lotto) 기금, 복지우표
발행수익 등 재원 조달하는 방법들을 사용하여 운영기반을 마련한다.

5 일본의 주거서비스

일본은 1980년대에 선진 자본주의 국가에 진입하였다. 공공 주거서비
스는 주택공급 중심이었으며 주택곤궁층에게 공영주택을, 대도시지역의 중
간노동자를 위한 공단(현재는 도시재생기구UR)·공사주택을 공급하였다. 1987
~1991년 거품경제기의 지가앙등과 재개발 붐으로 도시민의 거주곤란이 심
각해졌으며, 이후 급속한 거품경제 붕괴로 생활보호 수급자가 증가하였다.
공영주택으로 주거안전망을 확보할 수 없으므로 민간주택시장에서 주택확
보가 곤란한 자에게 공영주택을 보완하는 공적임대주택(지역우량임대주택[8])
등)을 구축하여 공급하고 있다. 일본은 자가를 유도하는 주택정책을 시행해
왔으며, 자가점유율은 1973~2018년까지 59~61% 내외로 시대변화에 따른
변동폭이 적었으며, 2018년 기준 61.2%이다. 전체 주택수에 대한 공공임대
주택 비율(공영주택 3.6%, 공단·공사주택 1.4%)은 5.0%로 낮은 편이어서 민간
이 차지하는 임대주택의 비율이 높다(日本 総務省統計局, 2019.9.30.).

국토교통성(国土交通省)은 경성적 주거서비스인 공적 주택공급을 하였
으며, 후생노동성(厚生労働省)은 생활곤란자를 대상으로 한 무료 숙박시설
제공, 홈리스 긴급일시적 숙박사업, 생활곤란자의 생활비·주거비 지급, 주
택확보교부금 지급 등의 연성적 주거서비스를 시행해 왔다(하세가와 히로시,

---

8) 지역우량임대주택은 고령자, 장애인, 육아 세대 등 거주 안정에 특히 배려가 필요한 세대
에게 거주 및 거주 환경이 양호한 임대주택의 공급을 촉진하기 위해, 임대주택의 정비 등
에 필요로 하는 비용 조성이나 임대료의 감액을 실시하는 제도이다.

2015.6.24). 현재는 정부 부처별로 분리된 주거서비스를 통합하여, 주거확보를 배려해야 하는 계층을 대상으로 하는 '새로운 주택 세이프티넷 제도(新たな住宅セーフティネット制度)'가 시행되고 있다[9]. 그 외에 일반가구와 시민은 시에서 운영하는 주거정보센터를 통해 주거정보를 얻을 수 있다.

1) 새로운 주택 세이프티넷 제도

국토교통성과 후생노동성이 주택행정과 복지를 연계하여 주거확보지원과 입주 후 생활지원을 일원화하여 실시하고 있다. '새로운 주택 세이프티넷 제도'는 주거서비스의 연성적 측면인 고령자를 위한 안심주거사업, 자립생활원조, 생활곤궁자 지역거주지원사업, 사회적 양호 자립지원사업의 4개 사업과, 경성적인 측면의 임대주택 확보를 결합하여 포괄적인 제도로 운영하는 것이다. 국토교통성의 주택국 안심거주추진과(安心居住推進科)와 후생노동성의 사회원호국(社會援護局) 자립지원실 노건국(老健局) 고령자지원과, 국토교통성과 후생노동성의 각 지방정비국이 연합하여 운영한다.

이 제도를 시행한 사회적 배경으로는 고령자, 장애자 등 주택확보를 배려해야 하는 가구는 증가하는데 공영주택 확보 가능성이 줄어드는 반면, 민간에 늘어나는 공가·공실을 활용하기 위한 목적도 있다. 주거취약계층이 임대료 체납 등의 이유로 민간 임대주택에 입주거부가 일어나지 않도록 하기 위하여 '주택확보 요배려자에 대한 임대주택공급 촉진에 관한 법률'(주택 세이프티넷법 개정 2017.4.26. 공포)을 2017년 10월부터 시행하고 있다. 주거를 확보하기 어려운 계층을 '주택확보 요배려자'라 하여 고령 1인 가구, 육아세대, 장애인, 생활보호수급자, 소득분위 25% 이하의 저소득세대, 그밖에 국토교통성이 인정하는 자(외국인, 대규모 재해 피해자 등)로 하였다. 일본은 연성적인 측면의 주거서비스를 '거주지원서비스'라는 용어를 사용한다.

---

9) 日本 国土交通省住宅局(2018.9.25.). 国土交通省説明資料(新たな住宅セーフティネット制度の施行状況等) http://www.mlit.go.jp/common/001255408.pdf, 日本 国土交通省 新たな住宅セーフティネット制度について
www.mlit.go.jp/jutakukentiku/house/jutakukentiku_house_tk3_000055.html (검색일 2019.8.20.)

새로운 주택 세이프티넷 제도는 3개의 핵심적인 틀로 성립된다. 첫째 주택확보 요배려자의 입주를 거부하지 않는 임대주택등록제도, 둘째 등록 주택의 개조·수리 및 입주자의 경제적 지원, 셋째 주택확보 요배려자를 위한 거주지원조직으로 거주지원협의회, 거주지원법인, 임대료 채무보증업자 등록제도를 설치하는 것이다. 지자체에 임대인이 주택확보 요배려자의 입주를 거부하지 않는 주택으로 등록(등록주택)하면, 국가와 지방공공단체가 임대인에게 개조·수리비, 임대료 저렴화를 위한 보조를 지원하고, 임대료 채무보증업회사에게 임대료 채무보증료를 보조한다. 지방공공단체, 거주지원단체, 부동산관련단체로 조직된 '거주지원협의회'나 '거주지원법인'은 주거취약계층의 입주를 지원하게 된다(<그림 7-7> 참조).

2010년대 초반부터 지자체 별로 지자체 담당부서, '주거취약계층을 거부하지 않는 주택'으로 등록한 부동산관련 단체, 복지관련단체가 거주지원협의회를 결성하고 회의를 통해 공실, 공가 중 주거취약가구에 부합하는 주택을 결정하여 개조하고 입주 후에는 사회복지법인이 생활유지의 안심서비스를 지원하는 방식을 시작하였던 것이 제도화되었다.

그림 7-7 주택 세이프티넷 제도의 운영시스템

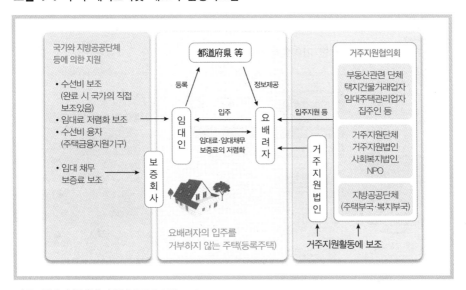

자료: 国土交通省住宅局(2018.9.25.). p.2.

임대주택 등록제도

임대주택의 등록기준은 1호부터 가능하며, 단위세대가 25㎡ 이상(공용공간을 공동으로 이용하고 부엌설비를 갖춘 경우는 18㎡ 이상)이고, 내진성, 일정의 설비(부엌, 화장실, 욕실)를 갖추어야 한다. 공동거주형은 셰어하우스 유형이므로 별도의 기준이 있다. 주택등록을 위하여 국토교통성 홈페이지에 가이드북을 제공하고 있다(<그림 7-8> 참조).

임대료는 인근 동종의 주택과 균형을 이루어야 한다. 주택 등록, 입주자가 입주, 공실의 이동 등의 주택정보는 민간 포털사이트와 연동하여 시행하고 있다. 지방공공단체가 정할 수 있는 임대주택공급촉진계획으로 지역실정에 맞게 주택등록기준 중 면적에 대한 기준은 적절히 조절할 수 있도록 하였다. 2018년 9월 기준으로 등록주택은 3,680호, 거주지원법인은 142개, 거주지원협의회 72개, 임대료 채무 등록보증업자 56명, 지방자치단체의 공급촉진계획의 수립이 16개 지자체 1시이다.

거주지원조직

거주지원협의회의 구성과 활동: 거주지원협의회는 지자체 담당부서, '주거취약계층을 거부하지 않는 주택'으로 등록한 부동산관련 단체, 거주지원단

그림 7-8 주택등록을 위한 가이드북

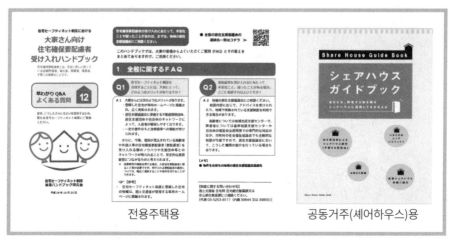

전용주택용 　　　　　　　　　　　공동거주(셰어하우스)용

그림 7-9 거주지원협의회 구성

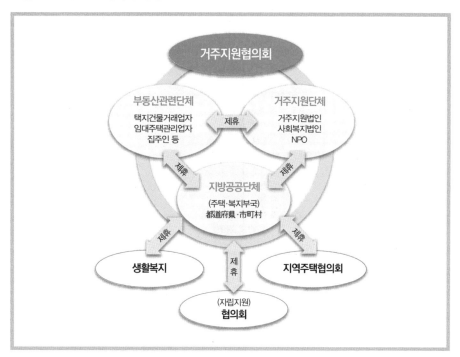

자료: 国土交通省住宅局(2018.9.25.). p.11.

체로 구성하고, 지역의 생활복지, 취로지원, 자립지원, 주택 등의 협의회와
연계하여 활동한다(<그림 7-9> 참조). 조직 간의 의견·정보교환을 하면서,
주택상담서비스의 실시, 주택상담회의 개최, 주택확보 요배려자 지향적인
민간임대주택의 정보 제공, 소개, 알선, 임대료 채무보증, 보증인 대행서비
스, 임대인과 주택확보 요배려자를 대상으로 한 강연회 개최와 같은 주된
서비스 이외에 안부확인서비스 등의 소개, 긴급대응 및 긴급연락처 대응,
생활지원(가사, 장보기, 배식 등), 이사 지원, 금전·재산관리, 사후 사무위탁,
가재정리·유품정리 등의 활동도 한다. 활동내용의 비중은 <그림 7-10>
과 같다. 거주지원협의회가 하는 활동에 대해서 국가가 1,000만 엔(약 1억 천
만 원)의 한도 내에서 지원한다.

그림 7-10 거주협의회의 활동내용

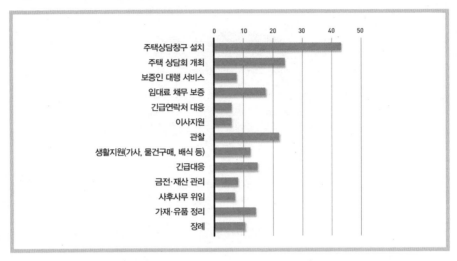

자료: 国土交通省住宅局(2018.9.25.). p.12.

거주지원법인의 지정과 활동: 거주지원법인은 주택 세이프티넷법에 근거하여 지방자치단체(都·道·府·県)가 거주지원을 담당할 주체로 사회복지법인(주식회사도 가능)을 지정한다. 지방자치단체(都·道·府·県)에 대해 복지부국이 그 아래 행정단위에 있는 시·정·촌(市·町·村)과 연계하여 거주지원활동을 하는 사회법인이나 NPO법인을 적극적으로 찾아 거주지원법인으로 지정받도록 하고 있다(<그림 7-11> 참조). 활동은 등록주택 입주전 지원과 입주후 지원으로 구분된다. 입주전 지원 내용은 상설상담 창구나 방문상담, 상담회를 통해 임대주택에 원활하게 입주할 수 있도록 정보제공, 주택 동행 지원, 계약수속 지원, 등록주택의 입주자에게 임대료 채무보증, 전대(轉貸) 등을 한다. 입주후 지원으로는 거주자 동향을 주시하고, 전화나 방문을 하여 안부확인, 모임장소 운영·교류이벤트, 일상생활 및 긴급문제의 상담대응 등을 한다. 기타활동으로 주택 세이프티넷법을 알리는 일도 한다(<그림 7-12> 참조). 거주지원법인이 하는 활동에 대해서 국가가 1,000만 엔(약 1억 천만 원)의 한도 내에서 지원한다.

그림 7-11 거주지원법인의 지정

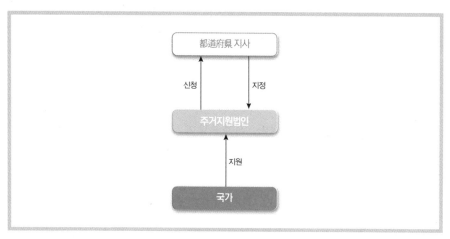

자료: 国土交通省住宅局(2018.9.25.). p.13.

그림 7-12 거주지원법인의 사업내용

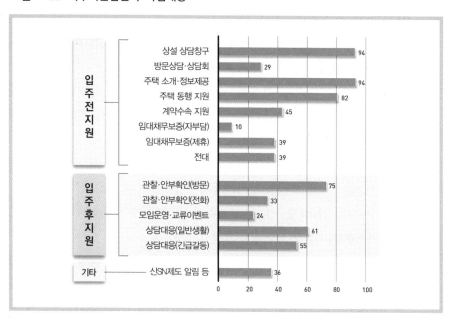

자료: 国土交通省住宅局(2018.9.25.). p.17.

임대료 채무보증업자 등록제도: 적정한 임대료 채무보증 업무를 할 수 있는 요건을 갖추어 국토교통성의 지방정비국에 임대료 채무보증업자로 등록하는 제도이며 5년마다 갱신한다. 임대료 채무보증업자로 등록하지 않아도 해당업무를 할 수 있는 임의등록제도이지만, 등록하게 되면 업자에게는 국가가 정보를 제공하고, 등록주택에 입주하는 주택확보 요배려자에 임대료 채무보증을 하는 경우에는 주택금융지원기구에 의한 임대료 채무보증보험을 인수할 수 있는 대상이 되며, 전용주택에 저소득자가 입주하면 실시 가능한 임대료 채무보증료의 저렴화보조의 대상이 된다.

일본의 공공 주거서비스는 <표 7-1> 핵심서비스 중 탐색, 정착의 지원에 중점을 두고 있다. 보조서비스는 후생국의 사업들과 연계하여 진행하고 있다. 지역별로 거주지원법인이 있고, 거주지원협의체가 관련조직과 협의하여 지원하는 구조이다.

2) 주거정보센터

정책적으로 주거배려대상이 아닌 일반가구가 주거에 대한 정보를 얻을 수 있는 조직으로 간사이(関西) 지역의 오사카(大阪)시, 고베(神戶)시, 교토(京都)시가 시에서 설립한 주거정보센터를 운영하고 있다(<그림 7-13> 참조). 주거정보센터는 주택을 선택하고 주생활을 영위하는 현명한 소비자를 육성하는 관점에서 소비자가 원하는 정보를 얻기 위한 상담, 세미나 개최, 시민 및 NPO 활동지원을 하고 있다.

오사카시립주정보센터(大阪市立住まい情報センター: 1996년 개관)는 오사카시 주택공급공사가, 고베시 주거안심지원센터(神戶市すまいの安心支援センター: 2000년 개관)는 일반재단법인 고베주거마을만들기공사(神戶市すまいまちづくり公社)가, 교토시 미야코안심주거센터(京安心すまいセンター: 2013년 개관)는 교토시 주택공급공사가 운영하고 있다. 교토시는 1999년에 주거체험관을 개설하여 운영하였는데 운영주체가 해산되어 2013년에 재개관하였다.

3개 센터의 주된 사업은 상담사업, 주거정보제공사업, 보급·계몽 활동을 하는 것이다. 상담은 상담원에 의한 일반상담뿐만 아니라 변호사, 재무상담사, 건축사, 공동주택관리사에 의한 법률, 건축, 리모델링, 재정계획 등

의 전문상담을 진행한다. 주거정보제공사업은 소비자가 공공임대주택 정보를 얻을 수 있도록 하는 것 이외에, 택지건물거래협회 담당 자리를 두어 민간임대주택에 대한 정보도 얻을 수 있도록 하는 것이다(<그림 7-13> 참조). 보급·계몽활동으로는 연 60~70회 이상의 세미나, 이벤트, 출장강좌를 한다. 주제는 주택취득, 유지, 관리, 주거문화, 내진, 고령자주택 등 다양하며, 학교에 강사를 파견하여 초·중·고교생의 주거교육도 하고 있다. 각 센터들은 지역적인 특색을 살려 오사카시의 주거센터는 주거문화의 계승, 고베시의 주거센터는 대지진 이후 내진과 시민에 대한 주거정보 종합지원을 주택정책의 주요과제로 삼고 있으며 마을만들기인 마치즈쿠리(まちづくり) 사업을 통합·흡수하고 있다. 교토시의 주거센터는 시의 사업중심의 공적 성격을 강화하여 내진화와 리모델링에 대한 정보를 제공하고 거주지원을 실시하며 교토의 마을만들기와 연계하여 전통적인 마치야(まちや)의 재생과 기술지원에 중점을 두고 있다(조현주, 2015).

그림 7-13 주거정보센터 홈페이지

오사카시립주정보센터 홈페이지 중 상담부문
자료: http://www.osaka-angenet.jp/sumai/

고베시 주거넷 홈페이지 중 상담부문
자료: https://www.smilenet.kobe-sumai-machi.or.jp/

6 국외 공공 주거서비스의 시사점

영국, 미국, 독일, 일본에서는 취약계층에 대한 주거급여가 국내보다 최소 20여년 이상 앞서 실시되었으며, 주거급여가 실시되면서 공공 주거서비스는 임대주택공급 중심에서 연성적 주거서비스가 강화되는 방향으로 전환되었다. 연성적 주거서비스는 취약계층을 주요 대상으로 하면서도 점차 공식적인 사회서비스에서 제외되었던 계층도 포함하는 방향으로 확대되었다. 서비스의 실행은 중앙정부가 자치단체에 재정을 지원하고, 자치단체는 직접 서비스를 지원하거나, 지역의 비영리기관과 공동 또는 위탁하는 방식으로 진행되고 있다. 민간에서 장기간 역량이 축적된 연성적 주거서비스를 제공할 수 있는 다수의 비영리기관이 있으므로 자치단체의 주거관련부서와 협력·연계하여 공공의 주거서비스를 제공할 수 있는 기반이 형성되어 있다.

서비스 내용으로는 취약계층이 지역사회 내에서 안정적인 주거생활을 할 수 있도록 주거의 탐색, 정착, 유지 및 지역사회 거주를 지원하는 핵심적인 서비스를 우선적으로 제공하고, 취약계층의 연령별, 청년·고령자·장애자·노숙자 등의 특수상황, 경제조건, 자가소유 여부 등의 특성에 따라 요구되는 일상생활을 할 수 있는 기술 습득, 가계 재무관리, 정서적 안정과 정신건강 등의 독립적 생활을 할 수 있는 측면, 의료·고용·공공부조 등 각종지원을 연계하는 보조적인 서비스를 다양하게 제공하여 주거취약계층이 자립적이고 자신감을 가지고 생활할 수 있도록 하는데 초점을 맞추었다. 일본의 경우, 연성적 주거서비스 프로그램은 중앙정부의 주택관련부서가 사회서비스를 지원하는 복지부서와 협의하여 정책을 시행함으로써, 지역에서 자치단체가 주거서비스 프로그램 시행 시 역할분담이 명확하고 일관성있게 수행할 수 있는 체제를 갖추었다. 지역에서는 지방정부, 비영리단체, 민간부문의 관련업체들이 협의회를 두어 협력관계를 이루며 프로그램을 실행한 것이 특징이었다. 국외에서 주거서비스의 연성적 측면을 강화한 정책들은 취약계층이 지역사회 안에서 자립적으로 생활하고 소득을 포함한 생활수준을 향상시킨 것으로 평가되었으며, 임대주택 및 시설주거 공급보다 총비용을 줄이는 효과가 있었다. 공공 주거서비스의 적용은 점차 일반가구가 지역에서 공공, 민간 창구를 이용하여 온라인으로 주거에 대한 정보를 얻고 상담 및 실질적인 서비스를 받을 수 있는 방향으로 확대되어가고 있다.

우리 정부는 「주거기본법」에 의해 공공 주거서비스를 제공할 수 있는 주거복지센터를 설치하기 위해 2019년 시범사업을 실시한 후 전국적으로 확대할 것을 예고하였다. 중앙정부는 주거복지센터의 확대 운영을 위하여 제도를 정비하고 안정적인 재원과 인력양성에 대한 방안을 마련해야 한다. 임대주택 정보제공 및 주거복지·주거관련 상담을 하는 공공기관으로 국토교통부의 마이홈 콜센터, 한국토지주택공사의 주거복지센터, 서울시 주택종합상담실, SH공사의 주거복지센터 등이 설치되어 운영되고 있다. 정부 차원에서 이러한 기관들을 「주거기본법」에 의한 주거복지센터로 운영하기 위한 체계적인 업무범위의 설정과 프로그램개발이 필요하다. 국외의 사례를 참고로 국토교통부와 휴먼서비스를 지원하는 보건복지부, 여성가족부, 고용노동부 간에 연계하여 자치단체가 주거서비스 프로그램 실행 시 서비스 내용 중복이나 실행영역의 혼선이 생기지 않도록 사전 협의를 하는 것이 필요하다.

주거서비스에 관련된 민간부분, 비영리기관은 공공의 파트너로서 자체 역량을 키울 수 있는 기반을 마련하여야 한다. 비영리기관도 최대영리추구가 아닌 선에서 외국의 사례와 같이 카페, 레스토랑, 디자인서비스, 물품판매 등 사업적 비즈니스를 하여 자체 운영자금을 마련하는 것이 필요하다. 또한 주거서비스를 지원할 수 있는 전문인력 양성도 체계적으로 이루어져야 한다. 국토교통부 국가공인 민간자격인 주거복지사 이외에도 주거복지적 관점으로 접근할 수 있는 법률, 재정, 정신건강, 고용분야의 전문가의 양성 및 재교육 시스템의 구축이 필요하다.

참고문헌

01 권현주(2016). 주거취약계층을 위한 미국의 주거정책과 서비스. 주거, 한국주거학회지, 11(2), 19-23.

02 김혜승·송하승·윤주현 외(2004). 주거복지 지원 및 전달체계 구축방안 연구. 국토연구원.

03 김혜승·박미선·천현숙·차미숙·김태환(2012). 서민 주거복지 향상을 위한 주거지원서비스 체계 구축방안연구. 국토연구원.

04 서종균(2018). 청년 홈리스 주거지원을 위한 포이어(Foyer) 모델: 영국사례를 중심으로. 권성문 외 7인. 주거복지 해외탐방. 한국주거복지포럼, 씨아이알, pp.29-55.

05 이현정(2015). 주거복지 전문인력 해외사례 및 시사점. 주거, 한국주거학회지, 10(2), 9-13.

06 조현주(2015). 일본 간사이지방의 주정보센터의 현황과 역할. 주거, 한국주거학회지, 10(1), 24-30.

07 진미윤·김주진(2014). 민관 협력 주거복지 지원 체계 구축 방안 연구. 한국토지주택공사 토지주택연구원.

08 진미윤·김수현(2018). 꿈의 주택정책을 찾아서. 오월의 봄.

09 하세가와 히로시(2015.6.24). 버블경제기 이후 일본주택정책의 전개. 버블붕괴 25년, 일본 주택정책의 교훈, 한일국제워크숍자료집. 서울연구원·토지주택연구원. pp.9-35.

10 한국주거학회(2018). 국가직무능력표준-NCS 및 활용패키지 주거서비스지원. 고용노동부, 한국산업인력공단, 한국주거학회.

11 日本 国土交通省住宅局(2018. 9. 25). 国土交通省説明資料(新たな住宅セーフティネット制度の施行状況等) http://www.mlit.go.jp/common/001255408.pdf

12 日本 国土交通省. 新たな住宅セーフティネット制度について. 검색일 2019. 8. 20. www.mlit.go.jp/jutakukentiku/house/jutakukentiku_house_tk3_000055.html

13 日本 厚生労働省(2018. 9. 25). 厚生労働省説明資料 http://www.mlit.go.jp/common/001255407.pdf

14 日本　総務省統計局(2019.9.30).　平成30年(2018)住宅・土地統計調査　調査の結果
https://www.stat.go.jp/data/jyutaku/2018/pdf/kihon_gaiyou.pdf

15 U.S. Department of Agriculture Co-op Research and Extension Services
https://www.usda.gov/topics/rural/cooperative-research-and-extension-services

16 UK Home Improvement Agencies https://www.findmyhia.org.uk/abouthias

17 U.S. Department of Housing and Urban Development http://portal.hud.gov/
hudportal/HUD?src=/program_offices/public_indian_housing

18 U.S. Census Bureau, Housing Vacancies and Homeownership Table 14.
Homeownership Rates for the US and Regions: 1964 to Present 검색일 2019. 10.
9. https://www.census.gov/housing/hvs/data/histtabs.html

제3부

민간의 주거서비스

제8장

주택시장의 변화와 주거서비스 산업

| 김덕례 |
한국주거서비스소사이어티 이사
주택산업연구원 주택정책연구실장

　　우리나라는 빠른 속도로 사회구조 변화를 경험하고 있다. 우리 사회에 익숙한 가족중심의 주거문화는 1인 가구가 급격히 증가하면서 혼자서 생활하는 주거문화로 변화하고 있으며, 맞벌이 가구가 증가하면서 엄마의 역할을 대체할 수 있는 다양한 서비스 욕구가 증가하고 있다. 이러한 변화는 가족관계 속에서 제공해왔던 다양한 서비스를 더 이상 가족에게서 받기 어려워졌다는 의미이기도 하다. 또한 필요로 하는 서비스도 매우 다양해지고 있다는 의미이기도 하다. 아이를 돌보고 장을 보고 세탁을 하고 청소를 하는 일은 과거에 집안에서 모두 해결할 수 있었기 때문에 제도를 마련하거나 별도로 서비스를 공급하기 위한 고민을 하지 않았다. 그러나 가족구조가 달라지면서 점차 이러한 일을 해줄 수 있는 사람이나 기관이 필요해 졌다. 보육, 안전, 헬스, 커뮤니티 등 다양한 소비자 욕구가 증가하고 있고, 이러한 욕구를 반영할 수 있는 제도적 니즈도 증가하고 있다. 이에 본 장에서는 금융위기 이후 주택시장의 구조적 변화를 살펴보면서 주거서비스에 대한 요구가 늘어나는 배경과 향후 주거서비스를 민간차원의 새로운 산업으로 육성하기 위한 과제에 대해 살펴보고자 한다.

1 금융위기와 주택시장의 구조적 변화

우리나라 주택시장은 2008년 금융위기를 겪으면서 다양한 변화를 맞이하고 있다. 저출산, 고령화, 1~2인 가구의 증가와 같은 인구·가구측면의 변화는 금융위기 이전부터 논의가 진행되어 왔다. 금융위기 이후 가장 큰 변화는 주택이 양적으로 충분해지고 젊은 세대를 중심으로 주거에 대한 인식이 소유보다는 거주중심으로 바뀌면서 집에 대한 사회적 인식도 달라지고 있다는 점이다. 이러한 주택에 대한 인식의 변화와 더불어 사회적으로 공유경제, 4차산업혁명 등의 새로운 경제개념 및 기술이 결합하면서 주택시장에서 소비자들이 요구하는 니즈가 달라지고 있다.

금융위기로 매매가격과 전세가격에 큰 변화가 나타났다. 일반적으로 주택시장에서 매매가격과 전세가격은 같은 방향으로 움직이는 동조화 특성이 있다. <그림 8-1>은 서울 아파트 매매가격과 전세가격의 연간상승률 추이다.

그림 8-1 서울아파트 매매가격 및 전세가격 연간상승률 추이

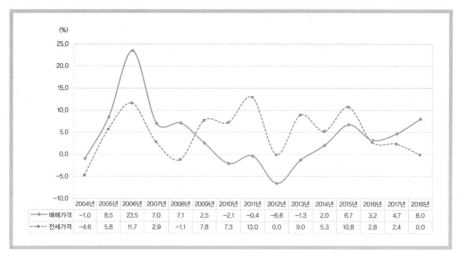

	2004년	2005년	2006년	2007년	2008년	2009년	2010년	2011년	2012년	2013년	2014년	2015년	2016년	2017년	2018년
매매가격	-1.0	8.5	23.5	7.0	7.1	2.5	-2.1	-0.4	-6.6	-1.3	2.0	6.7	3.2	4.7	8.0
전세가격	-4.6	5.8	11.7	2.9	-1.1	7.8	7.3	13.0	0.0	9.0	5.3	10.8	2.8	2.4	0.0

자료: 한국감정원 자료 재작성.

2004년부터 2008년까지 매매가격이 오르면 전세가격도 오르고 매매가격 상승폭이 둔화되면 전세가격 상승폭도 둔화되는 흐름을 보인다. 그러나 2008년을 기점으로 2009년부터 매매가격과 전세가격의 흐름이 반대로 움직이는 것을 확인할 수 있다. 매매가격은 떨어지는데 전세가격은 상승하기 시작했다. 2009년에 매매가격은 2.5% 상승했지만, 전세가격은 7.8% 상승하면서 전세가격이 매매가격 보다 약 3배 이상 상승했다. 2010년에는 매매가격이 2.1%(↓) 하락했음에도 불구하고 전세가격은 오히려 7.3%가 올랐다. 이러한 현상은 2013년까지 이어졌다. 서울 아파트시장에서 좀처럼 나타나지 않았던 가격흐름이었다. 이로 인해 주택시장에 대한 다양한 진단들이 쏟아졌다.

인구가 감소하고 주택이 양적으로 충분하기 때문에 주택가격은 더 이상 오르기 어렵겠지만 주택가격은 이미 높아져 있어 사람들이 주택을 마련하기에는 여전히 부담스러운 상황이라고 판단했다. 특히 금융위기 이후 주택가격 상승에 대한 기대감이 크게 줄어들면서 사회적으로 주택을 구입할 필요가 없다는 생각이 확산되고 있었다. 이에 주택을 소유하는 것보다 안정적으로 거주할 수 있는 임대주택에 대한 선호가 증가했다. 이러한 주택에 대한 인식변화는 1~2인 가구 증가와 더불어 청년세대의 주거비 부담문제가 커지면서 빠른 속도로 확산되었다. 소유보다는 집 걱정 없이 안정적으로 편안하게 거주할 수 있는 임차주택에 대한 사회적 요구 증가로 주거정책 방향도 달라지기 시작했다. 이러한 변화는 주택보유에 대한 의식수준으로 살펴볼 수 있다.

집이 있어야 한다고 생각하는 사람은 2008년에 전체 국민의 83.7%였다. 10명 중 8.3명은 집을 보유해야 한다는 생각을 가지고 있었다는 것이다. 이러한 수치는 조금씩 줄어서 2018년에는 82.5%가 되었다. 10년 사이에 약 1.2%포인트가 줄어든 것이다. 물론 여전히 집이 있어야 한다고 생각하는 사람들이 훨씬 많지만, 그 비중이 조금씩 줄어들고 있는 흐름을 볼 때 향후 주택구매계층으로 주택시장에 본격적으로 진입할 청년세대들이 증가하게 되면, 주택보유 의식이 더 낮아질 수도 있어 보인다.

그동안 주택공급정책과 주택소유지원 정책으로 2018년 기준으로 우리나라 자가보유율은 61.1%에 이르렀다. 10가구 중에서 6가구는 내 집을 가지고 있는 사회가 된 것이다. 지역적으로 보면 서울은 여전히 자가보유율이 50%에도 못 미치고, 지방은 70%에 이르는 등 지역격차는 존재하지만, 전국 적으로 보면 우리나라 자가보유율은 안정적인 수준이라고 볼 수 있다.

자가보유율은 61.1%이지만, 자가점유율은 57.7%다. 자기 집이 있음에 도 불구하고 다른 사람 집에 살고 있는 가구가 꽤 있다는 이야기다. 1000가 구를 기준으로 환산해 보면, 611가구는 자기 집이 있고 이 중에서 자기 집 에서 살고 있는 가구는 577가구다. 34가구는 집이 있지만 교육, 직장 등 다 양한 이유로 다른 사람 집에 살고 있다. 즉 자기 집을 가지고 있는 가구 중 에서 약 5.6%는 다른 사람 집에 살고 있다.

청년세대와 신혼부부의 자가보유율과 자가점유율은 전국 평균보다 낮 다. 주택 자체가 고가라서 젊은 세대가 단기간에 구입할 수 없기 때문에 낮 을 수 밖에 없다. 결국 청년세대와 신혼부부는 내 집보다는 다른 사람 집에 서 임차형태로 거주하는 가구 비중이 높기 때문에 주거비 부담에 노출된 가 구가 많을 수밖에 없다. 특히 청년세대의 자가점유율은 18.9%, 자가보유율 은 20.4%에 불과하다. 전국 평균의 3분의 1수준이다. 신혼부부의 자가점유 율은 50.7%, 자가보유율은 53.9%로 절반정도가 임차가구다.

우리나라 임차형태는 전세와 월세가 있다. 전세는 전통적인 우리나라 임차방식이다. 전세는 목돈을 마련해야 하는 초기 부담이 있지만 매달 지불 하는 월세가 없기 때문에 주거비 부담이 월세 보다 적어 임차인이 선호한 다. 반면에 월세는 보증금을 마련해야 하는 부담은 적지만, 매달 월세를 임 대인에게 고정적으로 지불해야 하기 때문에 주거비 부담이 높다. 그래서 임 차인은 대체적으로 월세를 선호하지 않는다.

월세가구 비중은 2008년 전체 임차가구 중에서 45%였다. 그러나 금융 위기를 거치면서 매매가격 상승 기대감 저하와 저금리 영향으로 월세가 크 게 증가하면서 2018년 월세가구 비중이 60.4%로 크게 증가했다. 임차가구 중에서 월세비중을 살펴보면, 청년가구가 제일 높다. 68%가 월세로 살고 있 다. 월세로 살고 있는 신혼부부는 31.4%로 청년가구의 절반정도 수준이다.

집을 가지고 있는 비중이 제일 낮은 청년세대의 대다수가 주거비 부담 이 높은 월세에 많이 살고 있다. 이들 가구는 주거이동률(최근 2년내 현재주택 거주가구 비율)도 다른 계층에 비해서 매우 높다. 평균거주기간도 1.2년으로 매우 짧다. 이러한 주거불안정과 주거비 부담 증가 현상이 가속화되면서 젊은 세대를 중심으로 주거에 대한 새로운 인식도 서서히 바뀌고 있다. 장기적으로 집 걱정 없이 안정적으로 살 수 있는 거주공간에 대한 필요성이 증가하고 있다.

표 8-1 주거상황에 대한 인식수준 변화

지표명		'08년	'16년	'17년	'18년	2018 청년	2018 신혼부부 (7년)	2018 고령
주거 안정성	자가 점유율(%)	56.4	56.8	57.7	57.7	18.9	50.7	75.7
	자가 보유율(%)	60.9	59.9	61.1	61.1	20.4	53.9	77.5
	임차가구 중 전세(월세) 비율(%) 전국	55.0 (45.0)	39.5 (60.5)	39.6 (60.4)	39.6 (60.4)	32.0 (68.0)	68.8 (31.4)	36.7 (63.3)
	임차가구 중 전세(월세) 비율(%) 수도권	62.7 (37.3)	46.7 (53.3)	46.4 (53.6)	46.3 (53.7)	37.7 (62.3)	71.7 (28.3)	46.2 (53.8)
주거비 부담	자가가구의 PIR(배)	4.3	5.6	5.6	5.5	5.1	5.1	9.6
	임차가구의 RIR(%)	17.5	18.1	17.0	15.5	20.1	19.2	31.9
주거 이동성	평균 거주 기간(년) 전체가구	7.7	7.7	8.0	7.7	1.4	2.2	15.0
	평균 거주 기간(년) 자가가구	10.8	10.6	11.1	10.7	2.2	2.5	17.4
	평균 거주 기간(년) 임차가구	3.3	3.6	3.4	3.4	1.2	1.7	6.8
	주거이동률 (최근 2년내 현재주택 거주가구 비율, %)	35.2	36.9	35.9	36.4	80.9	65.0	15.2
주거수준	최저주거기준 미달가구 비율(%)	12.7	5.4	5.9	5.7	9.4	4.0	4.1
	1인당 주거면적(㎡)	27.8	33.2	31.2	31.7	27.3	23.5	44.0
주거의식과 가치관	주택 보유에 대한 의식(%)	83.7	82.0	82.8	82.5	71.0	83.8	89.8

자료: 국토교통부, 2019.5, 2018년도 주거실태조사 결과 발표 보도자료 재정리.

1~2인 가구의 증가 및 가구분화와 같은 사회적 변화와 더불어 소득증가율보다 높은 주택가격 상승률, 높은 내 집 마련 비용, 매달 지불해야 하는 월세 부담 및 임대료 급등과 같은 경제적 요인이 맞물리면서 오랜 기간 안정적으로 살 수 있는 임대주택에 대한 필요성이 증가하게 된 것이다. 금융위기 이후 전세값이 급등하면서 주거안정에 불안을 느낀 사람들은 2년 단위로 재계약을 해야 하는 일반 전셋집보다 좀 더 오랜 기간 동안 안정적으로 거주할 수 있는 임대주택을 필요로 했고, 이러한 사람들의 욕구를 반영하여 정부는 임차인이 8년 동안 편안히 거주할 수 있는 기업형 민간임대주택 뉴스테이(현, 공공지원 민간임대주택)제도를 도입하였다.

❷ 새로운 주거유형의 등장과 주거서비스 요구 증대

1) 민간임대주택 확산과 공공지원 민간임대주택의 등장

금융위기 이후 저금리가 지속되면서 전세가 월세로 빠르게 전환되었고, 이로 인해 임차가구의 주거비 부담이 늘어나자 정부는 분양주택과 유사한 품질의 주택에서 8년 이상 장기간 거주가능하고 임대료 상승도 연 5%로 제한되는 기업형 민간임대주택(구, 뉴스테이)[1] 제도를 도입하여 중산층에게 새로운 주거기회를 제공하고자 했다. 당시 정부는 건설업체 입장에서도 기업형 민간임대주택사업은 새로운 기회가 될 것으로 보았다. 그동안 건설업체가 단기적 분양사업에 집중해왔다면 뉴스테이 사업을 기점으로 적어도 8년간 장기적인 관점에서 계획과 시공뿐만 아니라 임대관리까지 담당하는 사업방식으로 전환할 수 있는 기회가 되었다.

기업형 민간임대주택은 중산층에게 안정적인 임대료 기반의 민간임대주택 재고를 확충할 수 있는 새로운 도전이었다. 기존의 공공중심형 모델과 차별화된 민관협력모델이었던 것이다. 공공에서 공급하던 임대주택은 주거취약계층을 대상으로 하면서 주거안정이 주요 관심사였다. 반면에 시장에

---

1) 도입 당시 소득 8분위까지 들어갈 수 있는 주택이었으나, 끊임없이 공공성 논란과 기업에 대한 특혜비판을 받게 되자, 초기임대료와 입주자격을 제한하면서 공공성을 강화하여 현재는 공공지원 민간임대주택으로 변경되었다.

서 공급되던 임대주택은 임대인의 수익성을 제고하는 것이 주요 관심사였기 때문에 임차인의 주거비 부담을 완화하거나 주거안정을 지원하기에는 부족하였다. 이에 주거안정이 필요한 시장 임대수요에 대응할 수 있는 임대주택을 공급하기 위해 기업형 민간임대주택이 도입된 것이다. 기업형 민간임대주택은 택지·세제·기금지원 등 공공 지원과 민간기업의 품질과 서비스를 통해 시장 임대수요 가구의 주거안정 실현을 목표로 하고 있었다(<그림 8-2> 참조).

그림 8-2 기업형 민간임대주택의 지원개념과 계층

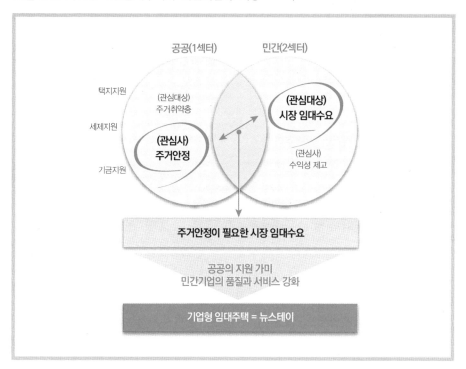

정부는 기업형 민간임대주택 공급을 지원하기 위해 2015년 8월 28일에 기존에 있던 「임대주택법」을 전부 개정하여 「민간임대주택에 관한 특별법(이하 '민간임대주택법'이라고 함)」을 제정하였다. 임대주택법을 전면 개정하여 민간임대주택법을 시행한 이유[2]는 당시에 집에 대한 인식이 '소유'에서 '거주'로 변화하면서 자가점유율이 지속적으로 하락하고, 임대차 방식이 전세

에서 월세로 빠르게 전환됨에 따라, 전·월세시장에서 수급불균형 현상이
발생하고 임차인들의 주거비 부담이 증가하는 등 전·월세시장의 불안이 지
속되고 있었기 때문이다. 이러한 문제를 완화하기 위해서는 공공부문에 의
한 공공임대주택 공급뿐만 아니라 민간부문에 의한 민간임대주택 공급도
확충되어야 하나 민간부문에서 임대주택을 건설하는 경우에도 주택도시기
금에서 건설자금을 융자받거나 공공택지를 공급받게 되면 공공임대주택으
로 간주되어 임차인자격·초기임대료 제한, 분양전환 의무 등 규제가 과도
한 반면, 이에 상응하는 금융·세제지원 등 인센티브는 충분하지 않은 실정
이었다. 이에, 규제 중심의 「임대주택법」을 지원 중심의 「민간임대주택에
관한 특별법」으로 전부 개정하여 도시·건축 규제 완화 등 민간임대주택에
대한 지원을 강화하되, 공공부문의 자원을 활용하여 발생하는 민간의 개발
이익을 적정하게 환수하기 위한 근거를 마련하는 등 관련 제도를 보완하려
는 것이었다.

그림 8-3 임대주택 관련법 변경추이

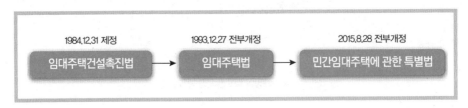

그러나 민간임대주택법은 정부가 바뀌면서 2018년 1월 18일에 일부 개
정을 통해 그동안 새로운 방식의 민간임대주택으로 공급해오던 기업형 민
간임대주택을 공공지원 민간임대주택으로 개편하였다. 당시 민간임대주택
법의 개정이유[3]는 민간임대주택의 공공성 강화를 위해 주택도시기금 출자
지원, 용적률 완화 등의 공공지원을 받아 건설 또는 매입하는 주택은 공공
지원 민간임대주택으로 분류하고, 공공지원에 상응하는 청년·신혼부부 등
주거지원계층 배려, 초기임대료 제한 등 공공성을 확보하도록 하며, 역세권

---

2) 법제처(http://www.law.go.kr), 임대주택법 전부 개정 이유.

3) 법제처(http://www.law.go.kr), 민간임대주택에 관한 특별법 일부 개정 이유.

등에서 소규모 촉진지구를 지정할 수 있도록 최소면적기준을 조례로 완화할 수 있도록 하는 등 제도개선을 추진하는 한편, 임대료 신고제도의 절차상 문제점을 개선하고 지자체의 통제기능이 실효성 있게 작동될 수 있도록 사후신고 제도를 사전신고 제도로 변경하며, 지자체의 조정권고 권한을 신설하여 임차인의 권리를 보호하기 위한 조치였다.

2) 청년주거문제의 확산과 공유주택

저렴하면서도 양질의 주거서비스가 구비된 주택에 대한 청년세대의 선호는 공유경제 개념과 맞물리면서 공유주택에 대한 관심으로 이어지고 있다. 공유경제는 물품을 소유의 개념이 아닌 서로 대여해주고 차용해 쓰는 개념으로 인식하여 경제활동을 하는 것으로 최근 들어 크게 확산되고 있다. 주거부문 공유경제란 주거개념을 '소유'에서 '공유'로 바꾸는 새로운 주거소비 형태다. 청년세대의 주거비 부담이 큰 상황에서 공유주택에 대한 관심은 지속될 것으로 보인다. 공유주택의 형태도 다변화될 것으로 보인다. 단순히 집의 일부 공간을 공유하는 것에서 나아가 업무, 주거, 판매상점, 문화적 공간이 한 건물에 집적되어 공유되는 복합건물의 등장도 가능해질 수 있다. 이러한 접근과 시도는 청년세대의 새로운 주거 대안으로 확산될 것이다.

청년가구의 주거상황이 나빠지는 이유는 최근 청년실업률 증가와 소득 증가의 정체, 월세화 진행에 따른 주거비 부담 증가에 기인한 것으로 판단된다. 이러한 문제는 장기적으로 청년가구의 주택자금 마련을 어렵게 하여 혼인시기가 늦어져 기혼 청년가구가 감소하는 사회문제로 연결될 수 있다. 따라서 청년가구에 대한 주거지원 정책은 단기적으로는 청년가구의 주거비 부담을 완화시켜줄 수 있는 정책이 필요하다. 행복주택, 사회적 임대주택, 역세권 2030 등의 다양한 공적프로그램을 통해 지불가능한 수준의 청년주택을 공급해야 한다. 그러나 공공이 모든 청년주택을 공급할 수 없다. 공적프로그램의 빈틈을 메꿀 수 있는 대안은 민간의 자발적 움직임으로 성장하고 있는 공유주택이 될 수 있다.

그림 8-4 마을기업 소행주가 공급한 공유주택 유형

자료: https://cafe.naver.com/cooperativehousing/2896

국내에서는 구름정원사람들, 소행주, 일오집, 우주, 통의동집, 민달팽이 등의 회사에서 다양한 공유주택을 건설공급하거나 매입하여 리모델링해서 공급하기도 한다. 규모면에서도 15세대 미만부터 50세대 이상에 이르기 까지 다양하게 공급하고 있다. 공공에서도 사회적 경제조직과 함께 저렴한 주거비 부담이 가능한 공유주택 공급을 늘려가고 있다. 이들은 2000년대 등장하여 성장하고 있으며, 공적영역에서 부족한 부분을 민간부분의 주거공동체를 통해 청년주거문제를 해결하기 위해 노력하고 있다. 이처럼 청년에게 다양한 주거공간을 제공할 수 있는 움직임이 점차 확산될 필요가 있다.

중장기적으로는 청년가구의 주거상향 이동을 지원할 수 있는 자산형성과 주택마련을 위한 금융지원 확대 정책을 복합적으로 설계하여 기혼 청년가구가 늘어날 수 있는 사회적 여건 조성도 필요하다. 청년가구의 주거안정과 자산형성을 동시에 지원할 수 있도록 청약통장과 재형저축 기능을 연계한 하이브리드형 저축상품 개발에 대한 고민이 필요하다. 이러한 고민으로

정부는 최근 청년 우대형 청약통장상품[4]을 출시했다. 이 상품은 기존 주택청약종합저축의 청약기능과 소득공제 혜택은 그대로 유지하면서 재형기능을 강화한 우대형 통장이다.

공유주택은 셰어하우스, 코하우징, 공유형 주택, 공동체 주택 등 다양한 형태로 공급 확산되고 있다. 셰어하우스는 비혈연적인 관계의 개인이나 가구들이 하나의 단위주택 공간을 사용하는데 있어서 개인침실은 개인이 각각 독립적으로 사용하고 부엌, 식당, 거실, 화장실 등의 공용공간은 개인이 원하는 바에 따라 공유하는 주거형태를 이른다. 즉 주택 요소 중 침실을 제외한 요소를 비혈연 타인과 공유하는 주택이다. 이러한 공유주택의 가장 큰 장점은 저렴한 주거비 외에도 함께 거주하고 공동으로 사용함으로써 사회적 상호작용을 증대시킨다는데 있다. 코하우징은 개별적인 가정생활을 독립적으로 유지할 수 있으면서 이와는 별도로 모든 거주자들이 함께 사용하는 공간과 시설이 갖추어진 주거형태이다.

공유주택은 도시화와 가구분화로 인한 소외 현상이 심화되고 커뮤니티에 대한 향수가 고조되면서 등장했다. 특히 여성의 사회참여 증가로 가정내 육아 및 가사노동의 분담 욕구가 커지면서 공유주택의 필요성이 커졌다. 또한 1인 가구가 급격히 증가하면서 불필요한 주거공간에 대한 공유를 통해 주거관련 비용을 절감하고자 하는 욕구가 높아지면서 공유주택이 나타났다. 공유주택은 경제·사회·문화적 혜택이 있다. 우선 경제적으로 공동취사, 공동구매, 자원공유 등으로 주거생활비를 절감할 수 있어 청년층에게 관심이 높다. 또한 함께 생활하기 때문에 취사, 양육, 주택관리 등에 시간절감 효과도 기대할 수 있으며, 입주민들이 건물을 자치관리할 경우 관리비도 절감할 수 있게 된다. 이외에도 공유주택은 사회적 상호교류 기회를 확대해 줄 수 있으며, 범죄로부터 안전하게 보호될 수도 있다. 다만 공유공간을 함께 사용하기 때문에 개인 프라이버시 보호에 취약하며, 조직내부의 분열과 갈등이 일어날 수도 있다. 그러나 공유주택은 공동체에 대한 향수와 저렴한 주거비에 대한 기대로 사회적 관심이 커지고 있다.

---

4) 가입기간은 2018년 7월 31일부터 2021는 12월 31일까지 이며, 원금 5천만 원까지 연 최대 3.3%이자를 지급한다. 가입대상 나이는 만 19세 이상~만 34세 이하이며 연소득 3천만 원 이하를 대상으로 한다.

청년세대 뿐만 아니라 다양한 계층의 주거문제를 해결하기 위한 사회적 실험은 곳곳에서 시도되고 있다. 그 중 하나가 서울, 시흥, 전주 등 일부 지자체에서 시도하고 있는 사회주택이다.

그림 8-5 다양한 사회주택 유형

자료: http://warmfund.net/p/index.php?mid=info_03

3) 임대주택에 대한 인식의 변화와 주거서비스의 욕구 증대

지금은 공공지원 민간임대주택으로 한 유형으로 변경된 기업형 민간임대주택(뉴스테이, New Stay)은 임대주택에 대한 고정 인식을 바꾸어 놓았다. 기존의 부정적 이미지의 임대주택과 차별된 주거서비스를 제공할 수 있는 제도적 기반을 마련하면서 안심하고 오래 거주할 수 있는 선진화된 임대주택 이미지를 만들어 냈다. '사(buy)는' 주택이 아니라 '사(live)는' 주택으로 사람들의 주거불안을 해소하고 주거혁신을 꿈꾸는 임대주택이였던 것이다. 거주하는 임차인은 임대료 상승률이 연 5%로 제한되는 주택에서 8년간 안정적으로 거주할 수 있어 2년 단위의 계약으로 인한 주거불안을 해소할 수 있고 과도한 임대료 상승으로 인한 고민없이 주거안정을 기대할 수 있다. 무엇보다도 이사·육아·청소·세탁서비스 등 수준 높은 차별화된 주거서비스를 제공받을 수 있고 집주인과 갈등 없이 시설물 하자보수 등이 가능한 임대주택이다. 주택품질도 분양주택 수준으로 높고, 마을공동체 개념 도입으로 주거 및 커뮤니티의 질도 높다.

이처럼 지난 정부에서 최초로 도입한 기업형 민간임대주택(뉴스테이)은 지금까지와 다른 차별화된 임대주택으로 자가마련은 금융부담으로 어렵고 정부의 주거지원을 받을 만큼 저소득층도 아니어서 주기적으로 주거불안에 노출되었던 중산층에게 실질적인 주거안정을 가져다 주는 새로운 주거모델이었다. 최초 공급은 인천 도화도시개발지구에서 진행되었다. 임대주택이라는 부정적 이미지로 인해 불안하게 시작되었던 프로젝트였지만, 결과는 성공적이였다. 청약접수 마감 결과, 2,105가구를 공급하는데 1만 1,258명이 청약을 신청해 평균 5.5대 1의 경쟁률을 기록했다. 분양주택 수준의 고급 주거서비스를 받으면서 8년 동안 이사할 필요 없이 안정적으로 살 수 있고, 임대료 폭등을 걱정할 필요 없이 보증금과 월세 수준도 내 상황에 맞춰 맘대로 정할 수 있는 모습으로 선보이면서 당시 전세난에 지친 사람들의 마음을 사로잡았던 것이다.

당시 뉴스테이는 말 그대로 새로운 방식으로 머무르는 공간을 의미하는 임대주택이었다. 그동안 임대주택은 공공이 공급했다면 뉴스테이는 민간기업이 사업주체다. 그러다 보니 특혜논란도 끊이지 않았지만, 주택품질은 일반 분양주택 못지 않을 것이라는 기대를 갖게 했다. 'e편한세상 도화 뉴스테이'는 에너지매니지먼트시스템(EMS), LED등기구, 홈네트워크시스템, 무인경비시스템 등 절약·안전·편리·건강과 관련된 다양한 시스템을 분양주택에서 공급하던 그대로 도입했다. 이사나 육아, 청소·세탁과 같이 현 시대의 주부들이 원하는 토탈 주거서비스를 단지 안에서 제공받을 수도 있는 편리함도 갖추었다. 커뮤니티를 기반으로 하는 마을공동체 개념을 도입한 단지도 등장했다. 당시의 기업형 민간임대주택(뉴스테이)은 그동안 공급되었던 임대주택과 전혀 다른 주거모델이었다.

이처럼 기업형 민간임대주택은 사업적 관점에서 다양한 주거서비스 모델이 개발되면서 단지에 접목되었다. 게다가 임차인 입장에서 보면 8년 동안 살면서도 집주인과 갈등 없이 시설물 하자보수 등이 가능하고 기업 이미지가 있어 사는 동안 주택관리가 나빠지지 않을 것이라는 생각도 갖게 했다. 이러한 차별성이 사람들의 마음을 움직였고, 뉴스테이를 임대주택이지만 살고 싶은 주택으로 만들고 있다. 또한 내 집을 마련하는 것은 금융부담으로 어렵고 정부의 주거지원을 받을 만큼 저소득층도 아니어서 주기적으로 주거불안에 노출되었던 중산층에게 실질적인 주거안정을 주는 새로운 주거모델로 자리잡아 가고 있다.

단순히 민간임대주택을 지어서 공급하는 관점에서 벗어나 임차인의 더 나은 주거생활을 제공하고 주거가치를 실현하는 융복합 주거서비스를 제공하는 주거단지로 만들기 위한 노력이 진행되고 있다. 이를 위해서는 주거단지 안에 임차인을 위해 공급되는 다양한 주거서비스를 지속가능한 산업으로 육성하고 더 나아가서는 민간임대주택산업으로 발전시켜야 한다.

주택을 건설하기 위한 부지선정과 분양에 그치던 기존 주택사업 방식을 벗어나서 <그림 8-6>에서 보는 바와 같이 임대, 임대관리, 유통, 생활서비스, 리모델링 등 후방산업까지 연계된 융복합산업으로 재인식하여 복합적인 주택산업체인을 형성할 수 있는 여건을 마련해야 한다.

그림 8-6 기업형 민간임대주택(뉴스테이) 도입으로 인한 주택산업의 영역 확장

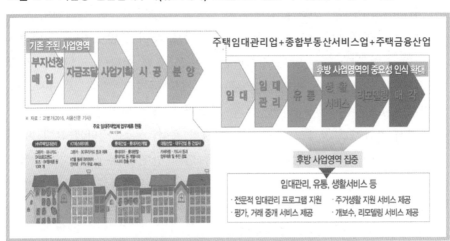

자료: 심교언, 2017, 뉴스테이 추진동향과 전망 보완.

그동안 임대주택은 정부가 못 사는 사람들을 위해 공급해주는 품질이 낮은 주택이라는 인식이 컸고, 우리 동네에 들어오면 집값이 떨어지는 혐오시설 이미지가 강했다. 그러나 기업형 민임대주택이 도입되고 청약에 성공하면서 기존 임대주택이 가지고 있던 부정적인 이미지가 조금씩 개선되고 있으며, 임대주택도 살기 좋은 새로운 주거공간 이미지를 만들어 가고 있다. 기업형 민간임대주택(뉴스테이)은 공공성을 더욱 강화하여 공공지원 민간임대주택으로 변경되었으나, 공공임대주택과는 차별화된 민간임대주택으로 성장하면서 다양한 방식으로 진화하고 있다. 또한, 기존 임대주택에서 부족했던 커뮤니티와 공동체를 활성화할 수 있는 다양한 주거서비스 프로그램을 접목하고자 하는 노력도 하고 있다.

주거서비스에 대한 욕구는 가족 간에 해결했던 다양한 활동이 어려워지면서 1~2인 가구를 중심으로 필요성이 확산되고 있다. 가족과 함께 했던 육아, 이사, 청소, 돌봄 등의 일을 이제는 혼자 해야 한다. 혼자하기 어렵기 때문에 다양한 관련 서비스들이 생겨나고 있다. 특히 주거비 부담이 커진 청년세대를 중심으로 주거비를 줄일 수 있는 대안으로 공유경제 개념이 주거문화와 접목되고 스마트기술이 고도화되면서 다양한 방식과 형태의 주거서비스가 만들어 지고 있으며, 수요층이 형성되고 있다. 이러한 사회적 변화로 주거서비스에 대한 다양한 욕구가 생기면서 「부동산서비스산업 진흥법(이하 '부동산서비스법')」이 2017년 12월 19일에 제정되었다. 당시 부동산서비스법은 제조업 중심의 경제성장이 한계를 보이고 있는 가운데, 일자리 창출과 성장잠재력 제고 효과가 높은 서비스산업이 신성장 동력으로 등장하고 있었다. 특히, 부동산서비스산업은 우리나라 국민경제에서 큰 비중을 차지하여 성장 가능성이 높으나, 사업체 규모가 영세하고, 개별 서비스로 분절되어 있어 종합서비스 제공이나 부가가치 창출의 측면에서 주요 선진국의 부동산서비스산업 수준에 미치지 못하고 있는 실정이었다. 이에 체계적인 부동산서비스산업을 지원·육성하고 그 발전기반을 조성함으로써 부동산서비스 관련 산업의 고도화 및 융합화를 통해 글로벌 부동산 시장에서의 산업의 경쟁력을 제고하고, 국민경제의 활성화에 이바지하기 위하여 부동산서비스산업의 진흥에 관한 법적 기반을 마련하기 위해 제정되었다[5]. 법 제정으로 민간임대주택사업은 '주택임대관리업'과 '부동산서비스업'등 연관산업이 함께 발전할 수 있는 기반이 구축되었다. 이를 시작으로 부동산서비스업에 대한 인증제도가 도입되었다. 뿐만 아니라 "부동산개발－임대 및 관리－거래－생활서비스"에 이르는 부동산 서비스 수요가 증대되면서 전문성과 경쟁력을 갖춘 시장 형성을 위해 2016년 11월 네트워크형 부동산 종합서비스 인증제 시범사업 공모를 통해 5개 업체가 선정되었다(<표 8-2> 참조).

당시 푸르지오서비스는 임대관리형 모델로 시공에서 생활서비스를 연계한 원스톱서비스모델로 인증을 받았으며, 대우건설과 코오롱글로벌은 개발관리형으로 인증을 받았다. 대우건설은 마을공동체 특화 프로그램, 그린카, 모두투어 등과 연계한 주거서비스 프로그램을 기획했으며, 코오롱글로벌은 원스톱 자산관리브랜드를 개발했다. 메이트플러스와 신영에셋은 임대관리형으로 인증을 받았고, 특히 신영에셋은 시공, 중개, 개발서비스를 종합적으로 연계한 서비스를 기획했다. 이처럼 민간임대주택 시장의 변화는 새로운 주거서비스 프로그램을 기획하고 기존 주택에 접목하면서 새로운 산업영역으로 확장되어 가고 있다. 하드웨어적인 주택과 이를 운영하는 소프트웨어적인 프로그램의 융합이 진행되고 있는 것이다.

표 8-2 예비인증 종합서비스를 받은 5개 업체

푸르지오서비스	대우건설	코오롱글로벌	메이트플러스	신영에셋
임대관리형 시공~생활서비스 연계한 원스톱	개발관리형 마을공동체 특화 프로그램 추진	개발관리형 원스톱 자산관리 브랜드 개발	임대관리형 브랜드 단일화를 통해 가치 제고	임대관리형 그룹 계열사를 통한 종합서비스

---

5) 법제처(http://www.law.go.kr), 부동산서비스산업 진흥법 제정이유.

③ 4차 산업혁명시대의 도래와 주거서비스 산업

1) 4차 산업혁명과 주택·도시의 혁신

주택과 주거서비스의 결합으로 인한 변화는 4차 산업혁명이 만들어내고 있는 스마트기술과 만나면서 또 다른 속도를 내고 있다. 2016년 이후 전 세계적으로 급속도로 확산되고 있는 4차 산업혁명은 주택과 도시분야에 있어 주요 어젠다로 채택되면서 새로운 혁신을 주도하고 있다. 자율주행차 선도국가로 만들고 인공지능 스마트 고속도로 건설 및 전기자동차 산업 강대국화 등 새로운 도전을 위해 총력을 기울이고 있으며, 전국의 주요 도로와 주차장에 급속충전기를 설치하고 산업의 발전을 위해 공공기관이 전기차를 대폭 구매하면서 산업을 지원하고, 전기차 보급에 적극적인 지자체와 협력하여 전기차를 지역경제의 신성장동력으로 발전시키면서 신재생에너지 시대를 열어나가고 있다.

4차 산업혁명의 도래와 스마트기술의 진보는 주택·도시 분야에 적용되면서 지금까지와는 다른 주택과 주거서비스의 모습으로 전개될 것으로 기대된다. 스마트도시, 에너지자립도시, 스마트홈, 제로에너지주택, 조립·변신주택, 자율주행차 등 그동안 우리가 겪지 보지 못했던 새로운 세상으로 이어질 것이며, 주거서비스도 4차 산업혁명 기술과 연계되면서 혁신적인 변화가 예견되고 있다.

자동화와 연결성이 극대화되면서 맞이하게 되는 4차 산업혁명 시대에는 공유경제 개념도 중요해진다. 주거생활에 필요한 서비스를 개인 또는 가구단위로 소비하는 것이 아니라 서로 빌려주고 나눠 쓰면서 효율성을 극대화할 수 있는 방향으로 발전하고, 이는 정보통신기술(IoT) 발달로 온라인 기반의 개방형 비즈니스 모델로 성장해 나아가면서 국제적이면서도 즉각적인 연결을 통하여 새로운 사업 모델을 창출해갈 것이다.

그림 8-7 산업혁명의 발전 과정과 주요 특징

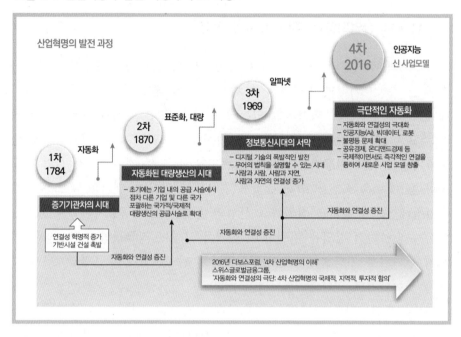

2) 부동산서비스법과 주거서비스

2018년에 시행된 부동산서비스법은 부동산서비스산업 기반을 조성하고 지원·육성에 필요한 사항을 정하고 있다. 부동산서비스는 부동산에 대한 기획, 개발, 임대, 관리, 중개, 평가, 자금조달, 자문, 정보제공 등의 행위를 모두 포괄하며, 부동산서비스산업이란 부동산서비스를 통해 경제적 또는 사회적 부가가치를 창출하는 산업이다.

부동산서비스산업 진흥을 위해 국가 및 지방자치단체는 필요한 정책을 수립·시행해야 하고, 부동산서비스산업의 투명성 향상 및 부동산거래의 안전과 소비자보호를 위해 노력해야 하는 책무를 가지게 된다. 뿐만 아니라 부동산서비스사업자는 건전하고 투명한 부동산시장의 조성과 소비자의 신뢰 형성을 위하여 노력해야 한다.

정부는 부동산서비스산업 실태조사, 금융 및 행정지원, 전문인력 육성 및 통계시스템 구축 등의 기반을 조성하고 부동산서비스산업진흥기본계획도 수립한다. 또한, 부동산서비스산업 활성화를 위해 「우수 부동산서비스사업자 인증제도」도 도입한다. 기획, 개발, 임대, 관리, 중개, 평가 등 부동산 또는 관련 서비스를 묶어서 제공하는 사업자는 정부의 우수인증을 받을 수 있다. 우수인증을 받은 사업자는 정부로부터 각종 인센티브를 제공받게 된다.

우수부동산서비스사업자 인증은 모든 유형의 부동산서비스사업자를 대상으로 한다. 운영전략, 서비스안정성, 법규 준수도 등의 인증기준으로, 인증심사대행기관을 통해 평가 및 인증을 받는다. 인증 후에 소비자 피해예방 등 서비스 개선을 위한 준수·권고사항을 마련하여 2년마다 인증유지 여부에 관한 정기점검도 실시할 예정이다. 특히 개인사업자 등 소상공인도 신청할 수 있도록 자본금, 매출액 등 사업규모에 대한 평가를 배제하고, 소상공인 인증기준을 완화하여 적용한다.

우수부동산서비스사업자 인증을 받은 사업자에게 정부는 우수인증 마크 제공과 더불어 정부·공공기관 홈페이지에 게재하여 홍보를 도와주고, 정부가 보유하고 있는 부동산 정보를 맞춤형으로 제공한다. 이처럼 부동산서비스 관련법이 제정되고, 다양한 시책들이 추진되면서 단편적으로 제공되던 부동산서비스가 종합서비스 체제로 빠르게 개편되고 있다.

한국부동산자산관리협회는 '스마트하우스'로 부동산종합서비스 예비인증을 받았다. 스마트하우스는 주택임대관리업을 메인으로 운영하고, 중개서비스, 이사·청소서비스, 인테리어, 시설보수서비스, 법률·세무서비스, 보험서비스, 감정평가서비스, IoT, 주거생활편의서비스까지 부동산 임대와 임차 관련 종합서비스를 제공하고 있다. 스마트하우스 브랜드에 참여한 회원사들은 본사로부터 공신력 있는 브랜드 제공, 주택임대관리 및 부동산종합서비스 모바일 솔루션 제공, 임대관리 고객 수주 연결, 임대주택 인테리어·리모델링 사업 참여 기회, 라이프스타일 주택개발 참여, 공동분양·중개 등 다양한 지원을 받아 차별화한 경쟁력을 갖추게 된다.

개발·분양시대에서 임대·관리시대로 달라지고 있는 것이다. 시대적 변화요구는 4차 산업혁명시대 기술과 결합하면서 공급자 중심으로 제공하던 단편적이고 일회적인 부동산서비스가 다양해진 소비자 눈높이에 맞춰 체계적이고 종합적인 시스템으로 변화하고 있다.

3) 민간임대주택 주거서비스 현황과 주거서비스 트렌드

가구구조의 변화, 주거서비스에 대한 욕구 증대, 주택소유인식의 변화, 주거비 절감 필요성 증가 등으로 인해 주거관련 서비스 요구가 다양해지면서 사업자도 과거의 건설과 분양판매를 중심으로 하던 개발사업에서 탈피하여 주거생활의 가치를 제고하고 다양해진 수요자의 서비스 욕구에 대응할 수 있는 주거서비스 개발이 필요하게 되었다.

주택사업자가 공급하는 주거서비스는 가사생활지원서비스, 건강·여가생활지원, 생활편의지원서비스, 육아지원·교육서비스, 공동체활동지원서비스, 업무·창업지원서비스가 있으며, 세부사항은 <표 8-3>과 같다. 세부적인 주거서비스는 정해진 것이 아니다. 주택사업자의 계획에 따라 향후에 얼마든지 다양화될 수 있다. 기존에 공급된 주거서비스를 토대로 살펴보면, 공급된 주거서비스는 단지에 따라서 일부 차이가 있지만 대부분 단지가 유사하다. 피트니스센터는 모든 단지에서 공급한 주거서비스이며, 그 외에 카셰어링, 물품보관서비스, 보육시설 운영 및 공부방 등이 제일 많이 공급한 주거서비스다. 단지에 따라서는 텃밭, 생활용품 대여 등 차별화된 주거서비스 기능을 공급하고 있지만 이러한 단지는 많지 않다. 즉 단지특성에 따라 차별화된 주거서비스 보다는 대부분 단지에서 공급하는 유사한 주거서비스를 공급하고 있다. 보편적 주거서비스 외에도 입주민과 단지의 특성을 고려한 차별화된 주거서비스의 발굴 및 공급전략을 마련할 필요가 있다.

표 8-3 주택사업자의 주거서비스 적용항목 현황

유형 구분	세부 항목	A	B	C	D	E	F	G	H	I	J
가사생활 지원서비스	세탁서비스	-	○	○	○	○	-	○	○	○	○
	하우스클리닝	○	○	○	○	○	○	○	○	○	○
	조식 등 식사제공서비스	-	○	○	○	○	○	-	○	-	○
건강·여가생활 지원서비스	피트니스센터 운영	○	○	○	○	○	○	○	○	○	○
	의료·건강관리지원	○	○	-	-	○	○	○	○	-	-
	텃밭	-	-	-	-	-	-	-	-	-	-
	카셰어링	○	○	○	○	-	○	○	○	○	○
생활편의 지원서비스	생활용품 대여·렌탈	-	-	-	-	○	○	○	-	-	-
	이사지원서비스	○	-	○	○	○	-	○	○	○	○
	물품보관서비스	○	○	○	○	○	○	○	○	○	○
육아 지원·교육서비스	보육 시설 운영	○	○	○	○	-	○	○	○	○	-
	보육 돌봄서비스 연계지원	○	-	-	-	-	-	-	-	-	-
	공부방, 도서관 등	○	○	○	○	○	○	○	○	○	○
공동체활동 지원서비스	공동체활동 공간, 재능기부 등	○	○	○	○	○	○	○	○	○	○
	열린 장터, 공동구매 등	○	-	-	-	-	-	-	-	-	-
업무·창업 지원서비스	공동 사무실, 회의 공간 등	○	○	○	○	○	○	-	○	○	○
	프린트, 컴퓨터 등 사무기구 이용	-	○	○	○	○	-	○	○	-	○

주: 1) A 용인삼가, B 서울역삼, C 서울남부교정, D 대구국가산단 A2-2, E 인천부평, F 서울문래, G 광주효천 A-2, H 서울장현 B-6, I 인천청천, J 서울대림, K 김해율하2 A-2, L 서울양원 C-3, M 파주운정3 A-15, N 한강signal2가, O 태러스우레 A-14, P 화성봉담2 B-3, Q 서울독산, R 화성동탄2 A-92, S 화성동탄2 A-14. 각 단지별 입주자 모집공고 및 홈페이지 내용 등을 참조하여 재작성(2017년 12월 기준).

2) 마이홈포털(https://www.myhome.go.kr),

자료: 박홍철, 2018, 민간임대주택과 주거서비스, 주택산업연구원.

표 8-3 주택사업자의 주거서비스 적용항목 현황(계속)

유형 구분	세부 항목	K	L	M	N	O	P	Q	R	S	주거서비스 계획 단지 수	적용률(%)
가사생활 지원서비스	세탁서비스	-	○	-	○	-	-	-	-	○	11	57.9
	하우스클리닝	○	○	○	-	-	-	-	-	○	15	78.9
	조식 등 식사제공서비스	-	○	○	-	-	-	-	-	○	10	52.6
건강·여가생활 지원서비스	피트니스센터 운영	○	○	○	○	○	○	○	○	○	19	100.0
	의료·건강관리지원	○	○	○	-	-	○	○	-	○	10	52.6
	텃밭	○	-	○	-	-	-	-	○	○	4	21.1
생활편의 지원서비스	가세어링	○	-	○	○	-	-	-	○	○	18	94.7
	생활용품 대여·렌탈	○	-	-	-	-	○	○	○	-	7	36.8
	이사지원서비스	○	○	○	-	-	○	-	-	○	15	78.9
	물품보관서비스	○	○	○	○	○	○	○	-	○	17	89.5
육아 지원·교육서비스	보육 시설 운영	○	○	○	○	-	○	○	○	○	17	89.5
	보육 돌봄서비스 연계지원	○	○	-	-	-	○	-	-	○	14	73.7
	공부방, 도서관 등	○	○	○	-	-	○	○	-	○	16	84.2
공동체활동 지원서비스	공동체활동 공간, 재능기부 등	○	-	○	○	○	○	○	-	○	14	73.7
	열린 장터, 공동구매 등	○	○	-	-	-	-	-	-	-	8	42.1
업무·창업 지원서비스	공동 사무실, 회의 공간 등	○	○	-	-	-	○	○	-	○	13	68.4
	프린트, 컴퓨터 등 사무기구 이용	-	-	-	-	-	○	○	-	-	6	31.6

주: 1) A 용인신기, B 서울개봉, C 서울남부교정, D 대구국가산단 A2-2, E 인천부평, F 서울문래, G 광주효천 A-2, H 서울장연 B-6, I 인천청천, J 서울매립, K 김해율하2, L 서울양원 C-3, M 파주운정3 A-15, N 한강로2가, O 테라스위례 A-14, P 화성봉담2 B-3, Q 서울독산, R 화성동탄2 A-92, S 화성동탄2 A-14.

2) 마이홈포털(https://www.myhome.go.kr), 각 단지별 입주자 모집공고 및 홈페이지 내용 등을 참조하여 재작성(2017년 12월 기준).

자료: 박홍철, 2018, 민간임대주택과 주거서비스, 주택산업연구원.

4 주거서비스 산업육성을 위한 전략과제

삶의 질이 향상되면서 주거서비스 품질에 대한 요구 수준도 향상되고 있다. 주거서비스를 특화된 산업으로 육성 발전시키기 위해서는 주거서비스를 새로운 신성장동력으로 활성화시킬 필요가 있다. 이를 위해서는 거주 개념의 주거문화 정착 유도, 임대주택 이미지 전환, 민간임대주택의 차별성 확보, 주거서비스산업의 저변 확대가 중요하며, 향후 민간임대주택의 공급을 확대하고 주택산업의 신성장동력을 마련해야 한다.

우선, 소비자가 원하는 주택가격과 주거가치를 파악해야 한다. 경제가 급격히 성장하면서 소비자의 요구수준이 높아졌다. 그 결과 낮은 가격에 높은 품질의 상품을 원하는 이율 배반적인 요구가 나타나고 있다. 이를 해결할 수 있는 전략이 필요하다. 고가의 새로운 제품을 생산하는 것이 아니라 소비자가 꼭 원하는 니즈와 가치를 선정해 최소한의 가격으로 상품을 생산해야 한다. 이를 위해서는 하드웨어에 소프트한 프로그램을 결합하는 새로운 창조적 주택모델을 개발해야 한다. <그림 8-8>에서 보는 바와 같이 구매 가능한 수준의 가격을 가진 제품을 생산할 수 있는 합리적 가격대의 고품격 주택을 위한 가치창조 노력이 필요하다.

소비자는 소득이 줄어들더라도 높아져버린 눈높이로 인해 높은 품질의 주거서비스를 원한다. 저렴한 비용으로 고품격의 서비스를 제공하는 것은 이율배반적이고 모순이다. 이러한 문제를 해결하기 위한 방법으로 러시아 학자인 겐리히 알트슐러는 트리즈 기법을 제안했다. 트리즈 기법은 현재의 문제를 정의하고, 현실 문제를 표준화하며 표준 해결책을 제시한 후에 시행착오와 시간을 최소화한 결과물을 도출하는 과정속에서 혁신적인 아이디어를 발견하게 됨으로써 모순적인 문제를 해결한다. 양질의 주거서비스를 제공하기 위해서는 수요자가 중요하게 생각하는 핵심포인트를 발견하고 이에 대응할 수 있는 서비스를 지불가능한 비용으로 공급할 수 있도록 원가절감, 생산공정개선 등 끊임없는 노력이 필요하다.

그림 8-8 주거서비스 가치창조를 통한 주거혁신

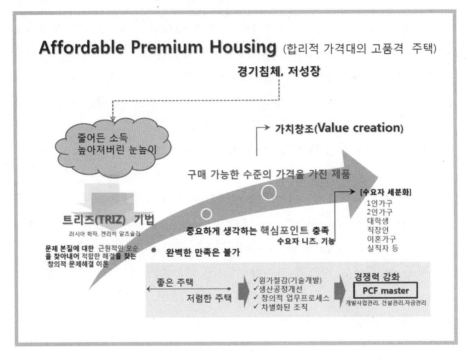

둘째, 주택소비자의 다양한 라이프스타일과 주거욕구를 반영한 주거서 비스 계획 및 상품화 방안을 수립해야 한다. 이런 측면에서 지역별·단지별 ·입주대상별 특성에 부합하는 맞춤형 주거서비스를 제공해야 한다. 소비자 의 특성에 적합한 주거서비스와 이용요금 및 운영방식 등을 결합하여 보다 효과적인 주거서비스 상품화 방안을 모색할 필요가 있다. 특히 획일적 주거 서비스에서 탈피하여 다양한 주거서비스를 공급하되, 차별성을 확보할 필 요가 있다. 더욱이 민간임대주택은 분양아파트나 공공임대주택과 비교해 경쟁력을 높이는 측면에서도 임차인 전용 주거서비스, 연령계층별 주거서 비스 등을 통한 차별화가 필요하다.

셋째, 민간의 창의력을 통해 다양한 주거서비스가 공급될 수 있도록 유 연한 인증제도를 운영해야 한다. 주거서비스 인증제도는 국내 민간임대주 택에 주거서비스를 도입하고 주거서비스의 격차를 줄이기 위해 표준화에 기여했으나, 본래 취지와는 다르게 인증제도에서 좋은 평가를 받기 위해 배

점기준에 따른 주거서비스 계획을 하면서 입주민의 특성을 고려하지 않고, 획일화되는 경향이 나타나고 있다. 또한 인증제도 평가기준이 제도 도입 이후의 주거트렌드 변화는 담아내지 못하고 있으며, 특화서비스에 대한 배점이 상대적으로 낮고, 지역·단지·입주대상 등에 대한 구분이 없이 동일한 평가기준을 적용해 차별성이 부족하다는 한계가 있다.

넷째, 사회적 변화에 대응할 수 있는 '주거서비스 플랫폼'6)을 통해 유연한 주거서비스 공급체계를 구축한다. 최근 LH(한국토지주택공사)와 일부 기업에서 추진하기 시작했으며, 입주예정자의 참여를 기반으로 주거서비스를 설계 단계부터 적용해 니즈에 부합하는 공간과 지원서비스 등의 제공을 도모하고 있다. 이러한 사전 대응은 일방적으로 커뮤니티 시설 또는 지원서비스를 공급할 경우 많은 비용을 들이고도 제대로 운영되지 않거나 방치되는 경우가 많으나, 플랫폼을 통해 이와 같은 문제를 방지할 수 있으며, 주거서비스 트렌드 변화에도 쉽게 대응할 수 있다.

다섯째, 산업화를 위한 수익모델 창출 노력이 필요하다. 주거서비스가 도입 초기인 점을 고려할 때 당분간 시장형성을 위한 기간이 필요하나, 주거서비스 공급의 지속가능성을 확보하기 위해서는 장기적으로 수익구조를 만들어야 한다. 아직까지 주거서비스가 건설사의 상품 차별화 전략의 일환으로 도입되어 CS(Customer Service) 개념으로 인식하는 경향이 남아 있으나, 향후 주거서비스는 단기적으로는 입주예정자들의 부담능력을 고려한 서비스 제공 및 상품화, 중장기적으로는 입주자들의 지불의사를 높이기 위한 양질의 주거서비스 프로그램 개발 및 운영전략이 필요하다.

여섯째, 플랫폼을 기반으로 한 사업구조 다각화 및 안정성을 제고한다. 주거서비스의 사업화를 위해서는 B2C, B2B2C 등의 플랫폼을 통해 사업구조를 다각화하고 안정성을 제고할 필요가 있다. 직방, 다방, 카닥, 풀러스 등 B2C 또는 B2B2C(기업-소비자 중개형)7)로 불리는 국내 플랫폼뿐만 아니

---

6) 주거서비스 플랫폼은 주택 내 시설을 이용해 임차인의 참여를 중심으로 보육, 창업 등의 기능을 수행할 수 있는 환경을 의미한다. 주거서비스 플랫폼 기업인 '쏘시오리빙'은 주거서비스 운영 및 컨설팅을 제공하면서 건설사, 리츠, PM사, 스마트홈 및 금융서비스업체, 가전렌탈 서비스업체, 청소/정리/조식/식사/교육서비스업체, 카셰어링/주차업체 등과 파트너십을 구축하여 다양한 업역으로 사업을 확장하고 있다.

7) B2C가 쇼핑몰과 같이 판매자와 소비자가 거래하는 구조라면, 플랫폼은 기업과 소비자의

라 주거서비스를 기반으로 O2O(Online‒to‒Offline)사업과 연계해 물류, 쇼핑, 배달대행, 크라우드펀딩 등의 새로운 사업 기회를 창출할 필요가 있다. 특히 프롭테크(prop‒tech)[8] 분야에서 다양하게 사업화가 가능할 것으로 전망되며, 특정계층을 대상으로 한 타깃형 주거서비스의 발굴이 필요하다. 이를 위해서는 스타트업 기업과 중소기업 등에 대한 정부의 적극적인 지원이 필요하다. 초기 정부지원을 매개로 하여 다양한 프롭테크 기업들이 성장하여 주택관리, 중개, 입주자 서비스 등 주거서비스 부문의 연관산업으로 발전할 수 있도록 해야 한다.

거래를 중개하는 역할을 하는 구조를 의미한다.

8) 부동산(property)과 기술(technology)을 결합한 용어로, 정보 기술을 결합한 부동산 서비스 산업을 말한다. 프롭테크 비즈니스 영역은 크게 중개 및 임대, 부동산 관리, 프로젝트 개발, 투자 및 자금 조달 분야로 분류할 수 있다.

참고문헌

01 김덕례, 2017, 공유형 주택 공급과 사회적 금융 활용 방안, LH · (사)한국주거학회 세미나, 신개념 공유형 주택의 주거서비스 모델 세미나.

02 김미경, 2016, 청년가구의 주거소비 특성, 주택산업연구원.

03 김찬호 · 강민욱, 2016, 주거서비스산업 발전전략 연구, 주택산업연구원.

04 대림코퍼레이션, 2017.3.20, 주거서비스 소비자 조사, ㈜대림코퍼레이션.

05 대우건설, 2017.12.20, 지속 가능한 주거서비스 연구, ㈜대우건설.

06 박홍철, 2018, 민간임대주택과 주거서비스, 주택산업연구원.

07 심교언, 2017, 뉴스테이 추진동향과 전망.

08 진미윤 외, 2015, 기업형 임대주택사업 육성 활성화를 위한 수요조사 및 연구.

09 http://warmfund.net/p/index.php?mid=info_03

10 https://cafe.naver.com/cooperativehousing/2896

제9장

민간 주거서비스 산업 사례 및 전망

| 장용동 |
한국주거서비스소사이어티 사무총장
아시아투데이 대기자

　　민간 공동주택 단지 내 영육아 보육 및 교육 서비스를 비롯해 조식, 세탁, 이사 등의 생활지원 서비스가 날로 확산되고 있다. 단순 물리적인 피트니스 센터나 사우나, 수영장, 헬스센터 등의 하드시설 위주에서 다양한 소프트 서비스로 확대 도입되는 추세이다. 시설 및 운영주체 역시 브랜드 마케팅을 위한 일방적인 도입에서 벗어나 거주자의 생활편익 중심으로 바뀌고 있다. 임대 관리나 부동산 중개서비스도 전문화 내지는 종합 서비스로 고도화되고 4차 산업을 기반으로 한 플랫폼 비즈니스가 활발해지면서 부동산 유통 혁명이 가속화되고 있다. 바야흐로 민간 주거서비스 산업이 꽃피울 출발선상에 서 있는 것이다.

　　본 장에서는 민간 주거서비스 산업의 유형과 사례를 집중적으로 분석해보고 향후 산업발전을 위한 전제와 과제 등을 고찰해보고자 한다. 특히 민간 아파트단지를 중심으로 도입되기 시작한 주거서비스를 도입 사례를 유형별로 구분해 보고 운용 현황 등을 점검, 공동주택, 더 나아가 주거생활 전반으로 확대 도입하기 위한 과제를 도출하는데 역점을 두고자 한다. 주거 트랜드가 생활편익 중심으로 바뀌고 있는데 대한 대응이다. 주택의 가치가 물리적 요인인 입지, 시공 품질 등에 의해서 결정되기보다 지원되는 원 스톱(one-stop) 주거서비스에 의해 좌우되는 패러다임 변화에 초점을 맞추고자 한 것이다.

산업의 전제조건은 수익이다. 이익을 기반으로 서비스가 전제되고 확대되는 것은 당연하다. 주거서비스 역시 신산업으로 자리 잡기위해서는 다양한 수익 플랫폼 마련이 우선이다. 민간부분에서의 의지가 중요한 이유가 여기에 있다. 더구나 현재의 주거서비스는 민간 임대주택이 그 시발점 역할을 하고 있다. 이를 일반 분양주택으로 확대 도입하고 신산업으로 육성해 나가기위해서는 민간기업의 역량 강화는 물론 다양한 편익제공 서비스의 개발이 절대 필요하다.

1 민간 주거서비스 산업 현황

1) 민간업계의 주거서비스 도입 현황

주거서비스의 개념을 둘러싼 이슈가 단순 주거 생활이라는 물리적, 경제적 범위를 벗어나 사람이 주체가 되는 전반적인 주거서비스로 확대 해석되는 추세이다. 인간이 주거 생활을 안전하고 쾌적하며 편리하게 생활하기 위한 주택 공급 등의 하드웨어 외에 주거생활과 연관된 다양한 범위의 소프트웨어까지 확대되고 있다.

이에 따라 민간 주거서비스 산업이 기본 영역인 각종 생활지원 서비스 사업군(群)을 비롯해 부동산 산업의 영역인 매물 중개 및 임대, 컨설팅, 건설영역인 개발, 건설, 관리 부문 등 전반적인 분야에서 새로운 주거 니즈(need)를 수용하는 범위로 넓어지고 있다.

더구나 저출산 고령화에 따른 소가구화 현상을 비롯해 산업의 융복합화, 4차 산업 혁명의 진행 등으로 민간 주거서비스 산업의 발전 가능성이 높아지고 있는데다 마케팅의 주요한 요소로 인식되면서 민간업체의 주거서비스 도입이 경쟁적으로 이뤄지는 상황이다.

도입된 서비스를 세부적으로 보면 가사생활지원서비스를 비롯해 건강여가생활, 생활편의, 육아지원교육, 공동체 활동 지원서비스 등 통상 5개 부문이다. 특히 육아지원 교육 서비스로 국공립 어린이집, 아이돌봄 서비스, 공동체 활동 지원서비스로 재능기부, 입주민 동아리, 단체 활동 서비스 등이 본격 주거 서비스로 시행되면서 입주민의 호응이 높은 것으로 평가되고 있다. 이 같은 서비스가 임대주택에서 호응을 얻자 분양주택에까지 도입하는 도화선이 되고 있다. 광교신도시 등 새로운 단지에서 조식 서비스 등 각종 생활지원 서비스 도입이 활발하게 이뤄지고 있으며 잠실 롯데 타워 등지에서는 최고급 지원 서비스를 확대하는 등 바야흐로 생활지원 서비스가 대폭 확대되는 추세다.

아울러 광의의 주거생활 서비스 도입 역시 활발하다. 대표적인 사례로 부동산 서비스, 부동산산업 서비스분야가 꼽힌다. 여기에는 온라인 매물 중개서비스, 투자컨설팅서비스, 임대차관리 서비스 등으로 전문화 내지는 고급화되는 추세이다.

건설관련 서비스로는 분양 서비스, 입주지원 서비스, 건물관련 서비스, 재건축, 재개발관련 서비스, 성능 및 유지 관리 서비스 등이 도입되고 금융관련 서비스로는 자가 및 전월세 대출관련 서비스, 펀드 및 리츠 관련 서비스, 보험관련 서비스 등이 도입되는 등 다양한 서비스가 선뵈고 있다.

이는 2000년대 들어 정부가 주거기본법 제정과 함께 주거 복지 정책을 본격화하고 주거비 지원을 비롯해 각종 복지지원 시책을 펼쳐온데 기인한 것으로 분석된다. 특히 정부가 민간임대주택(구, 뉴스테이) 도입과 함께 주거서비스의 예비인증제를 도입함에 따라 제한적이지만 서비스 체제를 서둘러 도입한 측면이 강하다. 성공적인 뉴스테이 사업을 위해서는 한국감정원과 한국토지주택공사(LH)의 예비인증을 받아야하고 이를 통해 금융지원, 분양지원 등의 정부지원을 이끌어 낼 수 있었기 때문이다.

다만 이 같은 민간 부문의 주거서비스 확대 도입이 일부 대기업, 상위권 업체 중심으로 이뤄지고 있는데다 비용 문제가 정립되지 않은 채 무차별적으로 도입되어 주민과 업체와의 마찰이 잦아지는 등 전반적인 확산에 걸림돌이 되고 있다.

표 9-1 주요 기업별 생활서비스 도입현황

구분	항목	GS	현대	대우	현대산업개발	SK	롯데	서희	우미	계룡	중흥
생활	무인택배 시스템	●	●	●					●	●	●
	세대창고/물품보관						●				
	원패스 시스템	●									
	전기차 충전 스테이션	●									
	단지 내 이동, 단지 간 이동						●				
	이사 지원(알선)		●					●	●	●	
	입주 도움 서비스										●
육아·교육	어린이 안전 승하차 공간/맘스스테이션		●						●	●	
	아이키움 (돌봄) 서비스		●	●			●		●	●	●
	전자책 도서관	●				●					
	해외 유학상담							●			
공유	카셰어링/자전거셰어링		●	●	●	●	●	●	●	●	●
	생활용품/공구 대여		●	●	●	●					
	가전렌탈		●		●		●	●			
제휴	계열사/그룹 연계서비스		●		●	●	●			●	
	인근 업체 연계서비스		●						●	●	
	멤버십 서비스		●			●	●				
	문화센터 할인		●								

가사	**세대 내 청소 (크리닝)**		●	●	●			●	
	잡일 대행 (전구교체 등)		●						
	가사도우미 (알선) 서비스	●						●	●
	조식서비스				●				
	코인세탁소						●		
여가	휴가/숙박 지원		●			●		●	
건강	**종합검진 (건강관리)**	●	●					●	●
	실버케어		●						●
관리	방문세차, 차량점검		●	●					●
	생활가전, 시설수리 지원		●					●	

출처: 한국주거서비스소사이어티(2017), 신규주거서비스 개발연구

* 굵은 글씨는 일반화되는 서비스임.

2) 민간 주거서비스 산업의 운영 및 속성 변화

주거서비스 산업의 운영 및 속성에도 다양한 변화가 감지되고 있다. 우선 시행 및 운영주체가 다양화되고 있다는 점이다. 과거 헬스센터 등 물리적 주거서비스는 운영주체가 시행이나 시공, 주민협의체로 국한 되어 있던 게 사실이다. 때문에 운영을 둘러싼 비용문제가 제기되면 반짝 운영 후 중단되는 등 마찰을 빚기가 일쑤다. 단지 내 도서관 역시 경비문제 등으로 폐쇄되는 경우가 빈번하다. 하지만 이같은 시설에 지방자치단체나 시민단체가 공동운영형태로 등장하면서 새로운 전기를 맞고 있다. 전통문화체험실을 비롯해 음악실, 공동육아공간, 열린부엌, 과외방 등의 운영에 지방자치단체와 결합, 공동으로 대응해 나감으로써 시설, 인력, 재원 등의 역할 분담이 이뤄지고 있는 것이다. 동탄2신도시 일부 단지 내에서 이뤄지고 있는 영육아 어린이집 운영이 대표적이다. 시설은 뉴스테이 공급업체가, 운영인력

은 주민, 재원은 화성시가 분담해 유기적으로 운영하는 형태가 새롭게 자리
를 잡고 있다.

표 9-2 민간 주거서비스 운영 및 속성변화

변화 키워드	세부 내용
시행 및 운영주체의 다변화	건설업체, 주민공동체 운영 중심에서 탈피, 지방자치단체, 시민단체, 전문가그룹 등의 지역자원 활용으로 다변화
주변의 관련기업 연계형 등장	이사, 청소, 세탁 등 주변 업체와 공동으로 연계, 지역업체와 마찰을 피하면서 상호 경제적 보완관계 유지
자체 지원형 서비스 증가	작은 도서관, 나눔센터, 캠핑장 등 주민 자체 운영 서비스 확충, 주민 참여 유도, 단지 소속감 유지
재능기부형 인력 풀 제도 도입	재능기부형 인력 활용, 전문화 및 입주자 참여형으로 진행, 관심유도, 비용 절감 효과

주변의 기존 산업계와 융합하는 관련기업 연계형 주거서비스 운영형태
도 등장하고 있다. 예컨대 단지 주변의 세탁을 비롯해 이사, 청소, 세대보
안, 해충방제, 카셰어링 등의 업체와 연대, 운영하는 형태이다. 또 입주민
참여를 전제로 한 자체 지원형도 넓어지는 추세다. 피트니스를 비롯해 작은
도서관, 무인택배보관, 독서실, 나눔센터, 캠핑장은 주택운영관리주체가 입
주민을 위하여 지원하는 서비스 유형이다.

운영인력의 전문화 역시 새로운 현상이다. 전문 인력을 외부에서 수혈
하다보면 인건비가 비싸지는 등 운영에 무리가 생기기 일쑤다. 단지 내 입
주민의 호응이 떨어지다 보니 부실 운영되는 경우도 허다하다. 이를 개선하
기 위해 단지 입주 전부터 재능기부형태로 전문인력을 선발하고 이를 사전
에 교육시켜 입주 후 운영과 함께 투입하는 패턴이 등장한 것이다. 재능기
부자에게 임대분양시 우선 혜택을 줌으로써 책임감을 가지고 임할 수 있도
록 하고 안정적인 인력 풀을 확보할 수 있는 장점이 있다. 운영비에서 인건
비가 차지하는 비율도 낮춤으로써 저비용, 고효율을 달성할 수 있는 기반이
되고 있다.

이외에도 주거서비스를 중심으로 지역 연대가 강화되는 경향이 나타나고 있다. 이는 업체 간 연대와 지역 주민 연대의 두 가지 패턴으로 구분된다. 아파트 건설업체의 경우 아직 법적, 제도적으로 미성숙 단계인 만큼 공간 및 인력, 운영방법 등을 공동대응차원에서 연대하는 사례가 등장하고 있다. 또 인터넷 등을 통한 정보네트워크가 발달하고 정보전파력이 빨라지면서 지역적으로 연대하는 성향이 번지고 있다. 지역 맘카페 등이 연대의 커다란 축이 되고 있으며 주민 참여도가 높은 것도 같은 맥락이다. 아울러 지역 자원을 충분히 활용하는 긍정적인 효과 역시 크다. 반면 신규단지를 중심으로 제한적으로 주거서비스가 도입되다보니 기존단지와 차별화되면서 일부 갈등요인으로 등장하고 있으며 소셜 믹스(social-mix)의 부작용도 부분적으로 발생하고 있는 것도 사실이다.

2 주거서비스 시범 사례와 시사점

주택시장을 둘러싼 거주환경이 1~2인 가구의 폭발적 증가 등으로 급변하면서 주택에 대한 개념이 소유에서 거주우선으로 변화하는 추세다. 따라서 거주민의 배후 생활지원문제는 단순히 주택시장 마케팅 차원을 넘어 기업의 브랜드 파워를 좌우하는 요인이 되고 있다. 주택관련 기업들이 앞다퉈 생활지원 주거서비스 도입과 전문인력 확보에 나서는 것도 같은 이유이다. 또 산발적으로 지원서비스를 도입하던 기존의 패턴에서 벗어나 전면적으로 생활지원서비스에 나서면서 새로운 주거 트랜드로 자리 잡아가고 있다.

또 주택의 가치 역시 입지 등 하드웨어적인 물리적 가치에서 벗어나 커뮤니티, 공동체 활성화, 지원 서비스 정도에 따라 가치가 결정되는 이른바 소프트웨어적 가치의 중요성이 점차 크게 부상할 전망이다. 주거서비스 시범 사례를 유형별로 정리해보고 시사점을 분석해본다.

1) 마을 공동체 특화 주거서비스(화성 동탄 D행복마을)

(1) 단지 개요

동탄2 신도시 공공택지(A-14블럭) 63,036㎡(19,101평)에 용적률 165%를 적용해 지하 2층, 지상 20층 규모의 아파트 11개동 1,135가구와 부대복리시설을 신축한 대규모 단지이다. 민간임대주택인 뉴스테이 사업으로 추진, 2018년 2월 말 완공되었으며 세대는 59A, 59B 타입 658가구, 72, 84 타입 477가구의 중소형 평형단지다.

한백고등학교 등 초등학교를 비롯해 중학교, 고등학교가 입지해 교육환경이 양호한 편이며 단지가 끝자락에 위치, 산으로 위요되어 조용한 반면 교통 등 주변 생활편의시설은 다소 불리한 편이다.

(2) 특화된 주거서비스

입주자 모집 단계에서부터 마을 공동체 개념을 단지에 도입하고 재능기부자를 중심으로 한 다양한 주거서비스 제공을 목표로 세웠다. 특히 아파트 완공 전에 입주자와 건설회사, 경기도와 화성시 등이 합동으로 마을공동체 관계망을 구축, 지자체는 설립지원, 교육, 컨설팅 등을 맡고 건설사측은 인력, 예산, 프로그램, 공간 등을 지원하는 방식의 특화된 주거서비스계획을 수립했다. 입주민들이 능동적으로 호응하며 서로의 자원을 활용하고 지속 가능한 활동을 도모하고자 했으며 이웃과의 소통을 통한 관계회복, 주민자치 실현, 일자리 창출, 지역 활성화, 사회안전망 구축 등의 다목적 효과를 거두는데 최우선 목표를 두었다.

그림 9-1 동탄2 신도시 D 아파트 단지 주거서비스 개념도

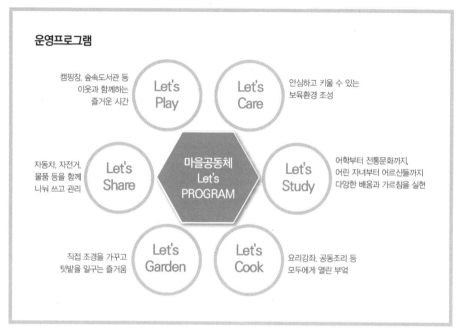

자료: 대우건설이 생각하는 주거서비스, 2018, p.9 참조.

(3) 주거서비스 운용

특별공급을 통한 운영인력(재능기부자) 확보와 지자체 협력을 통한 예산 확보, 운영프로그램 Let's개발 및 운용공간 확보 등이 사전에 이뤄지고 마을 공동체를 중심으로 레츠 플레이(캠핑장, 숲속도서관), 레츠 셰어(자동차 자전거 물품 나눠쓰기), 레츠 가든(텃밭,조경), 레츠 쿡(요리강좌,공동조리), 레츠 스터디 (전통문화, 어학), 레츠 케어(보육원) 등 6가지의 특화된 프로그램을 계획, 운용 중이다. 아울러 임대업무와 주거서비스를 연계한 플랫폼을 구축하여 게스트 룸 등 사전 공간예약, 강좌접수 및 재능기부 신청, 물품 나눔 공유, 세탁 등 전문 업체 연계 등을 시도함으로써 주민 편의를 제공하고 있다.

그림 9-2 동탄2 신도시 D 아파트 운영체계도

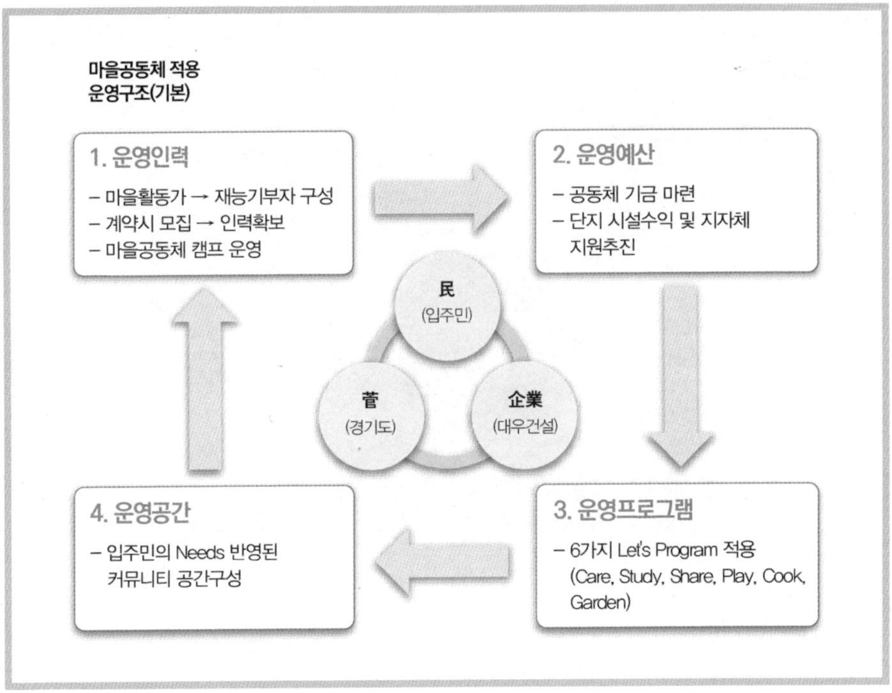

자료: 대우건설이 생각하는 주거서비스, 2018, p.9 참조.

(4) 특화 주거서비스 제공 성과

입주민을 위한 특화 주거서비스를 적용하여 마을 공동체를 활성화를 시키는데 긍정적인 효과를 거둔 것으로 평가된다. 특히 입주민과 지자체, 기업이 합동으로 공동체 거버넌스를 구축한 시범 단지로 입주율을 높이고 젊은 계층의 호응도를 이끌어내는데 성과를 거뒀다.

입주민이 사용하기 편리한 원스톱 플랫폼 구축과 이사 등 전문 업체 연계 서비스 제공 등도 큰 호응을 얻고 있다. 살기 좋은 단지라는 인식을 넘어 살고 싶은 아파트라는 목표로 주거서비스를 공여했으나 프로그램에 따라 주민 참여도가 크게 차이가 나고 빈번한 이사, 지역 주택시장의 상황 변화 등이 제한적 요소로 작용하고 있는 것으로 평가된다.

그림 9-3 동탄2 신도시 D 아파트 주거서비스 상세 내용

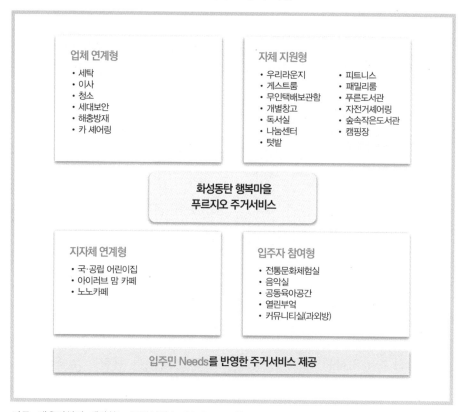

자료: 대우건설이 생각하는 주거서비스, 2018, p.4 참조.

2) 임대관리 특화 주거서비스(U관리(주))

(1) 주거관리 서비스의 개념

주거관리 서비스는 크게 시설관리(FM)와 주택임대관리(PM)로 나누며 통칭 커뮤니티 관리를 포함하는 개념이다. 시설관리는 장기수선계획관리를 비롯해 유지관리(건축, 전기, 기계, 조경 등), 법무, 노무, 회계 관리, 경비, 청소 업무, 안전관리 등으로 구분된다.

그림 9-4 임대관리 주거서비스 개념도

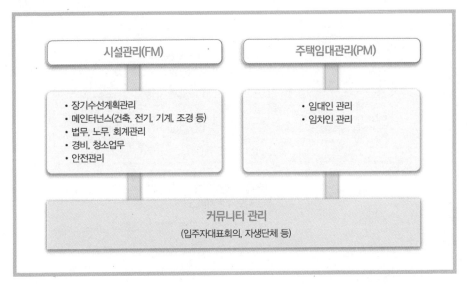

시설관리(FM)	주택임대관리(PM)
• 장기수선계획관리 • 메인터넌스(건축, 전기, 기계, 조경 등) • 법무, 노무, 회계관리 • 경비, 청소업무 • 안전관리	• 임대인 관리 • 임차인 관리

커뮤니티 관리
(입주자대표회의, 자생단체 등)

자료: 노병용(2018), 주거관리서비스 현황과 전망

주택임대관리는 임대인 관리와 임차인 관리로 나뉘는데 이들의 임대차를 원활하게 유지하는 게 우선 목표이다. 또 커뮤니티 관리는 입주자 대표회의와 자생단체 등 관리서비스를 수행하는데 지원과 통제를 받는 주민들의 단체와 소통하는 게 중요하다.

(2) 주거관리 서비스 시장 현황

시설관리 서비스의 경우 우리관리(주)가 992개 관리단지, 총 63만여 가구를 관리, 1위에 랭크되어 있으며 400개 단지 이상을 관리하는 업체가 5개사에 달하고 있다.

위탁관리 비중이 80%에 이를 정도로 상승하고 있으며 모바일을 통한 SAS로 관리업무에 대한 주민 관심과 참여가 급증하는 추세이다. 관리회사에 대한 브랜드 인식이 거의 없으며 값싼 수수료가 선택기준이어서 불량한 서비스가 만연하고 있는 실정이다. 예컨대 20년 전 평균 위탁수수료가 10원/㎡였는데 현재는 더욱 낮아져 5~6원/㎡ (세대당 500-600원)수준이다. 수수료만 주고받는 한국식 위탁관리가 고착화되어 있는 점이 문제다.

임대관리 서비스의 경우 서울 106개사 등 전국에서 204개사(2017년 말 기준)가 서비스 중이다. 대형업체로는 건설디벨로퍼 회사가 아이서비스 등 6개사, 상업시설위주 기업이 젠스타 등 2개사, 기타 우리레오PMC 등 3개사 등 모두 11개사가 영업 중이다.

정부의 임대주택 등록 활성화로 임대사업자등록이 크게 늘어나는 추세이다. 특히 현대산업개발, 대림산업, SK D&D 등 대형 건설회사의 주택임대사업 진출이 눈에 띄게 늘어나면서 대형단지는 대형 건설회사, 소규모는 독립형 임대관리회사가 사업을 수주, 시장 양분화가 뚜렷한 게 특징이다.

(3) 임대 관리 운영 및 관리 서비스 계획

입주민 임대료 및 관리비 부담을 고려하여 적정 인력운영 계획과 임대 및 시설 관리의 전문성 확보를 위한 전문위탁관리 업체선정에 초점이 맞추어져 있다. 또 임대주택 운영 및 관리계획은 자산관리(AMC), 임대관리(PMC), 시설관리(FMC), 시공 및 하자관리 등 4개 부분으로 구분하고 적정 업무량을 산정, 각기 상주인력을 두고 대응하는 방식이 일반적이다.

임대관리비용 절감방안으로는 자연 채광, 환기, 단열, 설비 등 에너지 절약 시스템 도입과 스마트 제어 및 시설 보안 분야 협업에 따른 운영관리의 효율성제고 방안, 생활서비스, 가사 청소 할인 서비스 등을 주요 내용으로한 세대 시설관리 지원 서비스 등이 주로 시행된다. 아울러 위탁관리업체 선정을 위한 심사 및 평가기준을 엄격하게 마련, 철저한 검증에 의해 업체가 선정될 수 있도록 하는데 이는 입주자 주거서비스 향상과 만족도 제고를 위해 필수적이다. 매뉴얼에 따라 긴급대응에 나설 수 있는 긴급 대응 서비스 계획과 비상사고 발생 시 대처할 수 있는 행동 및 대응계획 등도 주거서비스 차원에서 일반적으로 적용되고 있다.

(4) 주거관리 서비스의 전망과 과제

가구 구성원의 감소와 고령세대 증가, 사회주택 등 다양한 주거생활형태의 등장으로 주거관리 서비스의 질적 수준을 확대할 필요가 있다. 기존의 시설 및 임대관리 서비스 방식에서 벗어나 생활편의 등 부가 서비스, 세대내 서비스, 공유경제 실현 등을 위한 역할이 점차 커지고 있다. 관리사무소 인력과 경로당 등 주민공동시설 등의 활용을 통한 서비스 개발이 절대 필요하다. 이를 통해 안전하고 쾌적하며 상생의 이웃관계를 형성하는 게 과제다.

이를 위해서는 획일적 규제보다는 다양성과 자율성을 존중하고 주택관리업의 역할 확대와 입주민 신뢰를 확대하는 것이 요구된다. 물론 입주자의 관리 인식제고와 주거관리업무 수행에 대한 이해가 전제되어야 한다.

그림 9-5 최적 주거관리 서비스를 위한 주체들의 역할

3) 모바일형 특화 주거서비스(K 리마크빌)

(1) 리마크빌의 주거서비스 개념

기존 임대주택은 인터넷, TV 신청이 복잡하고 보일러 고장 서비스 등이 제대로 안 되는 단점이 존재한다. 보증금 반환이 느리고 월세 소득공제 받기도 어렵고 안심 거주에도 문제가 많다는데 착안, 이를 적극 개선한 주거 서비스를 도입한 사례로 인식된다.

예컨대 KT에서 제공하는 서비스를 활용해 안전과 안심, 생활편의, 에너지 절감 서비스를 주거서비스에 활용하고 있다. 현재 797가구 규모의 리

마크빌' 동대문을 비롯해 영등포, 관악, 부산 대연 등 4곳에서 2,231가구 규모의 임대주택 주거서비스를 적용 중이다.

(2) 주거서비스 운용

모바일을 적극 활용한 케이스이다. 아침이면 음악 감상, 비상콜, 전화 알림으로 하루를 시작하고 모바일로 주차 위치 확인 및 주차 등록 서비스를 받도록 주거서비스를 운용한 것이다. 또 외출 시 도어락, 창문 원격제어 및 감시시스템을 채택하고 지능형 무인 택배와 관리비, 공지사항을 한눈에 파악하며 CCTV와 LED 가로등 융합으로 안전한 귀가가 이뤄지는 서비스를 제공했다. 스마트 피트니스로 신체 건강을 체크하고 운용 가이드라인을 제공하며 비상 상황발생시 긴급출동 및 경비실 알림 서비스를 활용하고 있다.

이외에도 호텔풍 프리미엄 컨시어지 서비스로 세탁대행, 룸 클리닝, 물품 대여, 방문객응대 등이 이뤄지도록 시스템화하고 여성전용 존(ZONE), 공용라운지, 물품보관 트렁크 룸, 카셰어링, 헬스시설 서비스 제공이 특징이다. 아울러 층과 향, 조망에 따른 다양한 임대료를 적용한 점도 이색적이다.

그림 9-6 모바일 주거서비스 개념도

(3) 주거서비스 적용 성과 및 시사점

KT 임대주택 주거서비스는 자산의 조기안정화는 물론 리마크빌 브랜드의 런칭에 절대적인 영향을 미친 것으로 평가되고 있다. 입주율과 계약률을 크게 높여 조기 완판 성과와 함께 고객만족율 역시 높아 사업 잠재력을 확인시켜주는 등 관련업계는 고무적으로 보고 있다.

특히 모바일 주거서비스를 적극 적용함으로써 신세대 젊은 층을 대상으로 한 역세권 2030프로젝트와 도시재생사업 등에 적용할 경우 매력이 큰 것으로 예상되며 향후 개인지주 임대주택운영사업시장에 확대적용 가능성을 높여준 것으로 이해된다.

4) 계층별 맞춤 주거서비스(인천 C 단지)

(1) 단지 개요

인천 청천동 정비사업지구 16만 7,306㎡(5만 609평)규모의 사업부지에 31개동 5,190가구가 신축되는 대단지 기업형 임대주택단지로 5개 타입, 37~107형으로 구성되어 있다.

초등학교가 인접해 있고 경인고속도로 등 광역적 도로망이 양호하다. 지하철 7호선 석남 연장선 개발로 지하철 이용이 수월해질 전망이다. 또 장수산 등이 인접해 단지 주거 쾌적성과 조망권이 좋다. 다만 배후에 공장이 밀집되어 있고 노후 불량주택이 많아 주거환경이 다소 열악한 편이다.

(2) 맞춤형 주거서비스 특화전략

입지분석과 주변 주택시장 동향, 유효수요 타깃설정, 계층특성분석 등을 통해 맞춤형 특화전략계획을 수립했다. 주근로연령인 30~50대 비율이 높고 연소득 3,000만 원 이상, 전세가 1억 원 이상 세대를 유효수요로 추정, 계층별 선호 주거서비스 계획을 마련했다. 30대의 경우 맞벌이 부부를 위한 돌봄 서비스와 보육시설 전문위탁운영을 우선 서비스로 선정했으며 40대는 피트니스 센터 전문위탁운영, 코인 세탁실을 제공하는데 초점을 맞추었다. 50대는 편의와 힐링을 맞춤형 테마로 선정해 단지 내 텃밭제공, 생활편의서비스를 특화했다. 결국 30대는 전월세 수요, 사회초년생, 맞벌이에 걸맞은 보육특화, 40대는 노후주거에서 신규주택이전 수요, 고소득층 맞벌이를 고려해 건강특화, 50대는 자산분배로 다운사이징 수요, 예비은퇴자가 주수요층임을 감안해 나눔특화전략을 수립한 것이다.

(3) 맞춤형 특화 주거서비스 운영계획

보육특화 주거서비스는 어린이 집과 아이 돌봄 서비스를 통합해 30~40대 주타깃층의 자녀 풀타임 서비스 운영계획을 수립했다. 아이 키움 어린이집의 경우 국회 어린이집 등의 운영실적을 가진 한솔교육희망재단을 운영주체로 지정, 별도의 예산 지원 없이 위탁운영하고 아이 돌봄 센터는 보육전문업체인 예지학을 통해 보모가 유료로 취약시간대 아이를 돌볼 수 있게 했다. 건강특화 주거지원 서비스는 지역업체 연계위탁방식을 통해 골프 등 피트니스센타를 운영하되 전문적인 건강관리지원 서비스를 제공하고 경로당은 지역 노인 복지관과 노인 적합형 일자리 사업, 지역 병원과 전문 건강관리 프로그램을 진행하는 방식을 택했다. 나눔 특화 주거지원서비스로는 단지공부교실 등 스터디 센터 운영과 스타트업체 카페 등 창업지원 서비스, 취미 여가를 지원하는 라운지 카페 운영을 택해 예비은퇴자 등이 새로운 실버영역을 익히도록 했다.

(4) 맞춤형 특화 주거서비스의 시사점

단지 입주자의 특성을 사전에 파악하고 여기에 걸맞은 주거서비스 지원 프로그램을 사전에 특화해 적용한다는 점이 돋보인다. 특히 아파트 신축 공간계획수립시 이 같은 주거지원 서비스가 이뤄지는 공간을 사전에 합리적으로 배치하고 준공시까지 시뮬레이션을 통해 이를 조정한다는 계획이다. 또 이 같은 계획을 사업승인, 입주자 모집, 준공, 입주단계에 각각 적용해 사전 점검하고 입주자들과 소통하며 다듬어가는 과정 등은 고무적이다.

주거서비스는 입주자 소통이 무엇보다 중요하다.

주거서비스 코디네이터를 활용해 입주민과 임차인 주민의견 수렴을 비롯해 주거서비스 프로그램 공동화 방지, 지역 유관기관 네트워크 구축, 주민지원사업 유치 및 알선, 사용자 만족도 조사와 조치계획 수립 등을 수행함으로써 커뮤니티 활성화는 물론 주거서비스 전문성 강화, 이용자 만족도를 제고한다는 총괄 운영계획은 시사하는 바가 크다.

그림 9-7 주거서비스 코디네이터의 업무와 기능

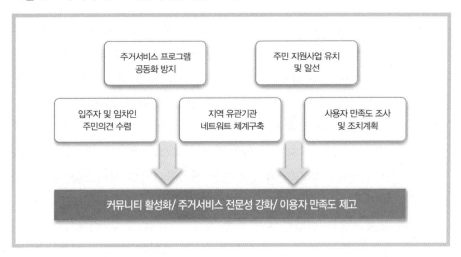

5) 주택성능 제고를 위한 특화 주거서비스(인천 송림 주거환경단지)

(1) 단지 개요

인천 송림동 불량주택단지를 정비, 주거환경개선사업으로 2,562가구를 신축하는 단지로 18㎡ 96세대를 비롯해 21㎡ 48세대, 36㎡ 48세대, 39㎡ 71세대, 41㎡ 47세대, 59 ㎡ 1,875 세대, 70㎡ 171세대, 84㎡ 315세대 등 총 9개 타입의 다양한 평형으로 구성된 단지다. 주변의 제2외곽순환도로와 전철, 유동송림간 도로 개설 등으로 교통여건이 양호한데다 소형평형이 주류를 이루고 있어 젊은 가구의 유입이 집중될 것으로 예상되는 지역이다. 또

그림 9-8 주택성능향상 서비스 사례(에너지 절감 사례)

2,562가구에 이르는 대단지로 가구 수가 많아 다양한 주거지원 서비스의 니즈가 생겨날 것으로 예측되는 단지다. 따라서 교육과 보육, 소셜 믹스 등 다양한 주거서비스 지원계획을 수립, 지원해 나간다는 계획이다.

(2) 주택성능향상 서비스 지원 계획

친환경 명품 주거단지를 조성한다는 계획아래 우선 녹색건축인증 우수등급을 목표로 하고 있다. 또 방법과 보안에 주안점을 둔 주택성능향상시설 계획을 수립, 추진 중이다.

범죄예방환경설계(CPTED)를 적용해 단지 입구에서부터 단지 내부, 엘리베이터, 세대 현관, 세대 내부까지 5개 구역으로 구분하고 첨단 장비를 이용하여 범죄, 사고를 예방하는 체계적이고 차별화된 안전보완시스템을 채택했다. 무인 경비와 무인 택배시스템을 도입해 외부인의 출입차단과 무인 경비로 관리비 절감효과를 기하고 부재 시 택배수령에 대한 안전 및 편의를 도모토록 했다.

홈네트워크 시스템을 비롯해 초고속 정보통신 1등급 시공, 스마트폰 어플리케이션에 의한 전등 난방 환기 등의 시스템을 제어할 수 있도록 함으로써 스마트 단지를 구현토록 하고 에너지 절감을 위해 홈에너지 모니터링, 태양광 발전, 대기전력 차단, 조명 일괄제어 등의 시스템 계획을 수립했다.

이와 함께 전력회생형 승강기 가스, 빗물이용 시스템, 고효율 센서형 에너지 절감형 LED조명 등을 도입, 주택성능을 최대한 향상시킨다는 계획을 담고 있다.

③ 부동산 플랫폼 비즈니스와 주거서비스

정보화(IT) 기술의 진전과 온라인 이용의 급격한 증가, 국제 개방화 등의 외적 요인과 부동산 거래의 투명성 제고와 원활한 유통기반 구축 등의 내적 요인이 맞물리면서 플랫폼을 기반으로 한 비즈니스 사업이 주거서비스의 새로운 영역으로 등장하고 있다.

특히 부동산 유통에서 가격에 대한 투명성과 평가방법의 검토 등의 소비자 니즈에 대응한 새로운 주택의 유통 및 유효한 활용 방안이 제기됨에 따라 이에 대응한 주거서비스 차원의 신모델이 속속 출현하고 있는 것이다. 더구나 부동산 산업이 정보화 외에도 금융 산업, 공간정보산업 등과 융합하여 기존의 낮은 테크산업(Low-Tech)에서 고도의 핀테크(Prop Fin-Tech)산업으로 발전하면서 빅 데이터를 활용한 거래와 관리, 컨설팅 등 유관 산업으로 확대되는 추세다.

이는 온라인 플랫폼 비즈니스의 확장과 디지털 혁신에 따른 프롭테크(Prop Tech, Property + Technology) 서비스의 활성화를 의미한다. 실제로 민간 부분의 거래와 투자에 이 같은 서비스가 실용화되는 추세이며 새로운 비즈니스를 토대로 한 스타트 기업이 붐을 이루고 있다. 이는 부동산 서비스 산업 진흥법의 제정을 계기로 새롭게 변화되고 있는 주거서비스의 또 다른 확장이자 가능성을 보여주는 것으로 이해된다.

1) 부동산 플랫폼 유통 서비스

부동산 플랫폼은 부동산 수요자와 공급자, 중개인 등이 부동산 정보를 원활하게 주고받을 수 있는 정보 포털이자 부동산 거래의 마켓 플레이스이다. 특히 부동산 수요자의 정보 비대칭성 문제를 해소하여 공급자 중심의

그림 9-9 기술의 발전과 부동산산업의 영향

01
경험을
확신하는 기술

02
빅 데이터와
인공지능

03
블록체인

• 신기술 등장(드론, AR VR 등)으로 실시간 동기화, 인지 범위와 방식 확정
• 건설, SOC관리, 광고, 의료, 제조, 교육, 게임 등 다양한 산업에서 활용
• 전세계 시장 성장률: 연평균 77.8%(VR), 연평균 53%(드론)

• ICT발달, 모바일 기기 사용 확산 → 빅 데이터의 생산, 관리 활발 → 빅 데이터를 이용한 AI 발달
• 인공지능 탑재 스마트폰, 가전 및 자동차와 AI 결합, AI 활용 마케팅, 고객 상담 자동화 등장
• 전세계 AI 시장 규모: 80억 달러('16) → 470달러('20), 연평균 55.1% 성장 예상

• 블록체인을 활용한 데이터 공유로 금융, 에너지, 제조·물류유통, 공공서비스 제공 방식 변화
• 블록체인은 거래의 신뢰를 향상시켜 중개 및 보증 의존도를 낮추고 거래 시간 및 비용 절감
• '25년에 전 세계 총생산의 10%가 블록체인 기술로 저장될 것('16, WEF)

플랫폼 기반 O2O 등 융복합 신규수요 발생

기술 대체로 중개 및 단순 업무 수요 감소

출처: 제3회 부동산산업의 날 컨퍼런스(2018) 부동산산업 과거에 묻고 미래에 답하다, p.102 그림 재구성

부동산 산업을 소비자 중심으로 변화시키는데 결정적인 기여를 하고 있는 것으로 인식되고 있다.

최근 모바일 앱 기반의 부동산 플랫폼이 발전하면서 편의성 증대는 물론 크라우드 펀딩, 부동산 관리 등 프롭테크의 기타 비즈니스 영역에서도 부동산 플랫폼 적용이 확대되는 추세이다.

표 9-3 부동산 플랫폼 운영업체 유형 및 기업별 주요 컨텐츠

구분	주요 특징	사례

프랜차이즈업체	• 중개업브랜드 공유
	• 일선 중개업소의 매물정보게시
	  ① 자체사이트 게시
	  ② 네이버 등 포털 업체에 제공
	• 시장보고서/DB, 교육기회 제공
	• 중개업소 가맹비, 연회비 수수
		부동산114
		부동산뱅크
		부동산써브
		닥터아파트
		스피드뱅크

통신판매업체	• 네이버 유사한 오픈플랫폼 구조 • 중개업소, 매물 등록수수료 수수 • 허위매물 등 매물관리 자체수행	직방 다방

기타	• 시장 정보서비스로써 기능 특화
	  (공공기관 공개데이터를 주로 활용)
	• 매물등록보다 부가수익으로 운영
	  (대출중개, 분양광고 등)
		호갱노노
		아파트실거래가

직방	• 자체 팀 구성해 직접 답사한 정보제공 • 가격 추이 정보(빅 데이터랩) 제공 • 학군범위/진학정보, 실내외 VR서비스	
다방	• 전·월세 중심 • 테마 중심 검색 기능 • 가구/생활용품 판매 등 사업다각화 추진	
호갱노노	• 아파트/오피스텔 매매 중심 • 매물등록 무료화, 매물검색조건 다변화 • 최근 실거래가와 호가 동시 게시 • KEB하나은행과 제휴(금리할인 등)	
아파트실거래가	• 아파트/오피스텔 매매중심 • 학군, 단지간 비교 등 부가정보 감정	
한방	• 모든 부동산 유형 망라 • 중개협회 등록DB와 연동	

우선적으로 등장하고 있는 서비스는 편리하고 투명한 거래를 위한 주거서비스이다. 플랫폼과 앱을 기반으로 한 비즈니스 주체가 자체팀을 구성해 직접 답사한 정보를 소비자에게 투명하게 제공하는 방식이다. 여기에는 거래 가격과 추이를 비롯해 학군 범위나 진학정보, 실내외 VR서비스 등을

종합적으로 제공함으로써 집을 구하는 소비자에게 종합적인 정보를 제공하는 것으로 만족도가 높다. 관련 비즈니스 어플의 경우 20,000명이 사용, 국민 어플로 칭할 정도다.

이 같은 상업적인 정보는 당초 원룸, 오피스텔 중심으로 런칭이 이뤄졌으나 현재는 아파트와 분양에 관한 영역까지 확장되어 어플리케이션이 유용하게 활용되고 있다. 특히 내집 마련을 위한 아파트 청약 일정, 당첨자 발표, 계약 등의 전체적인 스케줄을 관리해주는데 발전, 유용한 주거서비스로 급부상하는 추세이다.

전·월세 중심의 거래 알선과 테마 중심의 검색이 가능한 플랫폼 주거서비스도 좋은 반응을 얻고 있다. 여기에서는 가구와 생활용품 판매 등까지 부가사업을 진행, 소비자들이 편리하게 원스톱 서비스를 받기도 한다. 아예 아파트와 오피스텔 매매 중심 플랫폼도 최근 생겨났다. 매물 등록 무료화, 매물 검색조건 다변화를 실행하고 있으며 최근 실거래가와 호가를 동시 게시하는 게 서비스의 핵심이다. 플랫폼 운영업체 역시 프랜차이즈업체에서 통신판매, 기타 등으로 확대되면서 매물 거래의 투명성을 높이는 게 주력, 향후 거래 주거서비스는 발전해나갈 것으로 기대된다.

2) 임대 개발 및 관리형 주거서비스

정부의 부동산서비스산업진흥법 제정 이후 우수 부동산 서비스 인증제 도입과 이에 따른 인센티브가 확대 도입되면서 임대관련 주거서비스가 확대 도입되는 추세이다.

우수 부동산서비스 인증을 받게 되면 SH, LH, 주택도시보증공사, 한국감정원 등 공기업에서 이들 기업목록을 제공하게 되고 중개와 분양 등 일부 영역에 문호를 열어주어 소비자들이 관련 서비스를 받게 되는 방식이다. 특히 이 같은 정부의 정책에 힘입어 대기업 자회사 형태의 네트워크형 기업이 관련 주거서비스를 제공함으로써 신뢰성 제고와 함께 차원 높은 부동산 서비스를 제공받게 된 것이다.

이들 기업의 주거서비스는 단순 물건 중개보다 플랫폼 등을 활용한 임대사업 관리 및 임대투자자에 초점이 맞추어져 있다. 개발관리형인 대우건

그림 9-10 네트워크형 부동산 종합서비스 인증모델

출처: 제3회 부동산산업의 날 컨퍼런스(2018) 부동산산업 과거에 묻고 미래에 답하다, p.119 그림 재구성

설의 경우 임대사업을 원하는 분양고객에게 입주관리, 유지보수 등의 서비스를 제공하고 임차인에게 각종 편익서비스 제공을 목표로 하고 있으며 코오롱글로벌은 생애주기별 임대주택개발과 플랫폼을 통한 금융 임대관리, 생활편의 등의 원스톱 서비스를 제공한다.

임대관리형인 신영에셋은 확정 임대료 지급보증을 비롯해 주택 임대관리 프로그램을 지원하며 주거 코디네이터, 원스톱 민원센터를 운영 중이다. 푸르지오서비스는 일본 임대주택 서비스 사례를 통한 종합서비스 모델을 제시하고 메이트플러스는 비주거용 부동산의 컨설팅, 임대마케팅 등의 관리와 24시간 콜센터 운영, 해외투자 금융기관에게 서비스를 실시하는 것을 목표로 운영 중이다.

알비, 에이플러스 등 거래관리형 중개업소도 속속 등장, 고도화된 종합적이고 체계적인 중개서비스를 본격 실시하는 등 중개, 투자관련 주거서비스의 질적 수준이 제고되어가는 추세이다.

3) 인터넷 기반 활용 주거생활서비스

청소를 비롯해 육아, 요리, 세탁 등 주거생활 서비스 산업이 급속히 성
장하는 추세이다. 특히 인터넷 앱을 기반으로 하는 이들 대행산업이 활성화
되고 있다. 현대카드가 지난 2017년 1월부터 2019년 10월까지 가사 서비스
를 제공하는 대표적 가맹점 20곳에서 현대카드로 결제된 데이터를 집계한
결과, 2017년(1~10월) 5만 6,690건에 불과하던 가사관련 서비스 결제 건수
가 2019년 같은 기간에는 무려 19만 42건으로 3배 이상 늘어난 것으로 집
계됐다. 금액 역시 19억 8,000만 원에서 62억 1,000만 원으로 급증, 생활 주
거서비스 수요가 폭발적으로 늘어나고 있는 것으로 나타났다.

생활지원 주거서비스를 종류별로 보면 요리와 육아 분야의 증가율이

그림 9-11 인터넷 생활지원 서비스 급증 추이

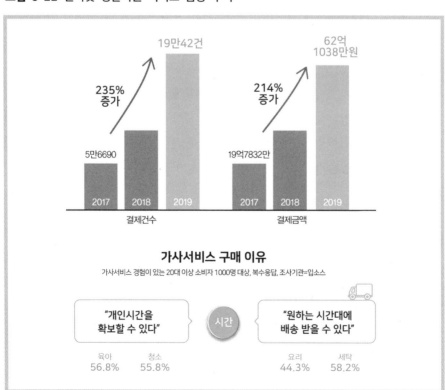

자료: 현대카드, 현대캐피털뉴스룸 연도별 현대카드 결제 데이터 기준(1~10월)

두드러진다. 실제로 더 반찬, 도시락몰, 집반찬연구소 같은 반찬, 간편식 사이트를 이용하는 사람이 3년 사이에 무려 10배 정도 신장세를 보이고 있다.

째깍악어 같은 시간제 놀이나 육아 서비스 업체의 이용도 2년 사이에 무려 27배가 늘어나고 있다. 가정 간편식과 각종 노력 대행 주거 서비스가 성장하는 것은 시간을 절약하고 편리하게 생활하려는 성향, 이른바 '편리미엄'의 확산에 따른 것으로 분석된다.

인터넷을 기반으로 한 생활지원 서비스의 이용계층을 보면 30대가 주계층이나 40대, 50대층으로 나타나고 있으며 50대와 60대는 비슷한 비율이다. 하지만 50대 계층의 성장세가 두드러지고 있는데 이는 요리분야의 외주가 늘고 있는데 따른 것으로 판단된다. 반찬 등의 외주화 경향이 뚜렷한 점이 이를 입증해준다. 고용노동부가 2020년 시장 규모를 현재 7,000억 원에서 1조 1,000억 원대로 추정한 것 역시 이같은 주거생활 지원 서비스의 외주성향에 따른 것으로 이해된다.

더구나 생활지원 주거서비스가 늘어나는 배경에는 사회적 인식변화도 한몫을 하고 있다. 육아와 가사는 노동이다라는 인식이 확산되면서 이를 외주로 대행하고자하는 성향이 확산되는 추세이다. 집안 일이 신체적, 정신적 에너지를 요구하는 일인데다 맞벌이로 시간에 쫓기는 이유 등으로 외주화가 가속화되고 있는데 이는 비용을 내고 시간을 아끼며 수고를 덜기 위한 자연스런 일이다. 이같은 인식이 확산될수록 인터넷을 기반으로 한 가사 생활지원서비스산업은 더욱 활성화될 것으로 예상된다.

4 민간 주거서비스 사업의 전망과 과제

1) 주거서비스 사업 고도화를 위한 전제조건

주택 소비 패러다임이 소유에서 거주로 변화하고 주택이 공급문제에서 주거복지 등 거주를 위한 질적 수준 제고방향으로 전환됨에 따라 민간 주거서비스의 니즈가 급팽창하는 상황이다. 또 주거서비스의 공급적인 대안도 정보통신기술의 발전과 주거를 매개로 한 융복합산업의 급진전 등으로 다양한 채널을 통해 이뤄지고 있으며 이 같은 발전은 인간의 편리성 추구와 이에 걸맞는 시스템 개발로 향후 더욱 가속화될 전망이다.

정부 역시 이 같은 주거 서비스 수급의 패턴 변화에 대응, 부동산서비스산업진흥법 제정 등 법적, 제도적 기반 마련에 적극 나서는 추세이다. 특히 공유경제 실현과 일자리 창출, 창업지원 등이 현안으로 부상한 만큼 이를 충족하는 차원에서의 주거서비스의 개발과 지원은 필수적이라 할 수 있다.

다만 거주자의 속성과 특성이 제대로 파악되지 않은 채 백화점식 주거서비스가 제공되고 정보화기술의 효용성보다 내보이기식 겉치레 주거서비스 역시 만연하고 있는 것도 사실이다. 초기단계를 지나 성숙기에 접어들면 남발된 주거 서비스가 제자리를 잡아갈 것으로 기대되지만 조기 정착과 체계적인 발전, 산업으로서의 주거서비스가 이뤄지기 위해서는 다음과 같은 부분이 전제되어야 할 것으로 지적된다.

우선 민간의 창의를 존중하고 적극 지원하는 시스템 구축이 마련되어야 한다. 다양한 니즈가 쏟아지고 정보통신, 빅 데이터 등 주거를 둘러싼 내외부 산업의 융복합화가 급속히 이뤄지다보니 주거서비스 아이디어와 공급이 풍성한 게 사실이다. 이를 실행 가능한 사업으로 전환하기 위해서는 민간의 아이디어를 적극 수렴하되 기존 법과 제도적인 틀과의 마찰 등을 해소하는 게 중요하다.

예컨대 아파트 단지 내 작은 도서관이나 영유아 보육 및 교육시설 등은 개별 관련법과의 상충이 불가피하다. 시대적인 흐름과 보다 효율적인 서비스 운용을 위해서는 실천을 위한 법적 요건 개선 등이 필수적이다.

지역자원과 연계한 주거서비스 개발과 일자리 창출형 서비스 도입 역시 중요하다. 현재 주거서비스는 무료로 운영되는 기본형 서비스와 비용을 전제로 한 유료 선택형 서비스로 단순 구분되어 있다. 지역 자원 등을 효과적으로 활용해 비용을 낮추면서 지속가능한 서비스를 내실 있게 제공할 수 있는 대안이 적극 개발되어야 할 것이다. 예컨대 일본의 경우 아파트 단지와 인근 대학과 병원 등이 연계, 단지 내 유치원, 피트니스 등 각종 주거서비스 프로그램이 내실있게 운용되고 있는데 지역 일자리 창출과 효율적인 서비스 제공차원에서 좋은 선례가 되고 있다. 이는 지역 업체와의 마찰을 줄이기 위해서도 지역자원과의 연계는 필수다.

민간 서비스 시장은 공공과 달리 수익성이 담보되어야 발전한다. 산업화를 염두에 두고 성장, 발전시켜나가는 것이 중요하며 산업화되어야 지속가능한 서비스가 될 수 있다. 예를 들면 부동산 산업에서의 중개업 및 감정평가업체는 8만 3,977개소로 전체의 64.7%에 달할 정도로 비중이 높다. 하지만 1~4인 이하인 경우가 98.1%에 달할 정도로 영세하다. 세계 100개 국가 중 31위를 차지할 정도로 신뢰도와 투명성이 낮은 것도 같은 맥락에 기인한다고 볼 수 있다. 전체적인 민사소송 건수는 감소추세인데 부동산 관련 소유권, 명도, 철거 등의 분쟁만 되레 증가하는 것도 서비스가 고도화되지 못하고 난립된 탓이다. 따라서 부동산 시장 관련 다양한 플랫폼 지원 서비스가 제자리를 잡을 수 있도록 정책적 지원이 필요하며 검증과 평가체제를 구축하는 게 필요하다.

2) 주거서비스 사업 발전을 위한 산업계의 과제

소비자의 다양한 라이프스타일과 주거 니즈에 대응하여 주거와 삶의 가치 향상을 위한 상품개발과 서비스 제공은 필연적이다. 또 물리적 성능 노후화, 라이프스타일 변화에 대응한 주택의 재설계 및 성능개선 서비스를 비롯해 주거환경 개선, 지역 개발 및 공동체 활성화를 위한 서비스 역시 갈수록 확대될 것이다.

더구나 전체 국민의 60%가 아파트 등 공동주택 거주하고 있는데다 저금리 기조와 주택가격 상승 기대감소, 중산층의 감소로 전세주택이 빠르게 월세로 전환되고 있다.

또 수익형 부동산 시장의 수요 증가로 상가와 오피스텔 등 지속적인 임대수익을 기반으로 하는 임대시장이 확대되면서 블록체인을 기반으로 투자가 지속될 가능성이 크다. 주거서비스의 폭발적인 증가를 예상할 수 있는 부분이다.

주거서비스가 주택공급과 판매 이후의 후방산업인 임대 운영, 관리 생활지원, 중개, 개보수 리모델링 서비스로 확장되어가는 것도 같은 맥락이다. 주택보급률이 110%를 넘어설 정도로 성숙된 시장으로 변화되고 대량공급 체계가 축소되어가는 상황에서 공급을 주타깃으로 한 경영전략이 쉽지 않

그림 9-12 부동산업 산업환경의 구조 변화

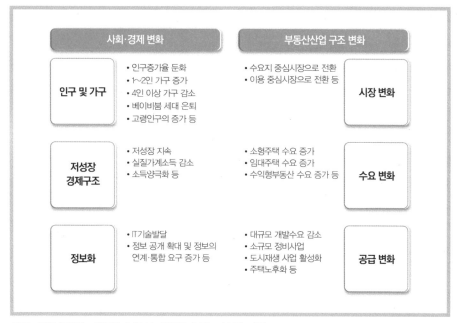

사회·경제 변화		부동산산업 구조 변화	
인구 및 가구	• 인구증가율 둔화 • 1~2인 가구 증가 • 4인 이상 가구 감소 • 베이비붐 세대 은퇴 • 고령인구의 증가 등	• 수요지 중심시장으로 전환 • 이용 중심시장으로 전환 등	**시장 변화**
저성장 경제구조	• 저성장 지속 • 실질가계소득 감소 • 소득양극화 등	• 소형주택 수요 증가 • 임대주택 수요 증가 • 수익형부동산 수요 증가 등	**수요 변화**
정보화	• IT기술발달 • 정보 공개 확대 및 정보의 연계·통합 요구 증가 등	• 대규모 개발수요 감소 • 소규모 정비사업 • 도시재생 사업 활성화 • 주택노후화 등	**공급 변화**

자료: 이진(2018), 새로운 부동산 산업통계 및 시스템 제언.

다. 레드 오션에서 블루 오션으로의 전환이 불가피한 시점이다.

주거서비스는 바로 이 같은 환경 변화와 맞물려 협의의 주거지원 서비스에서 벗어나 광의의 서비스 시장인 주거 토털 서비스시장으로 발전할 가능성이 높다. 주택관련 기업 경영의 새로운 돌파구가 될 수 있다. 관리 분야의 경우 일부 커뮤니티 지원 외에 건물 및 자산관리 서비스는 여전히 비활성화되어 있으며 생활지원 서비스도 멤버십을 통한 고급 주거관리는 시장이 성숙되지 않은 미지의 부분이다. 잠재력이 큰 1~2가구의 전문 특화 서비스도 아직 초보단계에 머물고 있다.

따라서 건설을 비롯해 금융, 자재, IT, 유통, 의료, 교육산업 등의 타업종과 융복합화를 통해 새로운 주거서비스의 실현 모델 개발이 절대 필요하다. 기존의 서비스 외에 금융, 유통, 인공지능 등 타 산업부문의 계열화를 통한 전문화, 고도화와 인재 확보 역시 서비스 산업의 발전과 시장 점유를 위해 중요한 전략이 될 수 있다.

참고문헌

01 대우건설(2016), 지속 가능한 주거서비스 연구.

02 드림스테이(2018), 광주 학동 공공지원 민간임대주택 주거서비스 예비인증 신청서.

03 젠스타(2018), 인천 송림초교주변 공공지원 민간임대주택 주거서비스 계획서.

04 한국부동산분석학회(2018), 부동산산업, 과거에 묻고 미래에 답하다.

05 한국주거서비스소사이어티(2016), 미래 주거산업의 신동력.

06 한국주거서비스소사이어티(2016), 주거정책과 주거서비스 유형.

07 한국주거서비스소사이어티(2017), 신규 주거서비스 개발연구.

08 한국주거서비스소사이어티(2018), 민간섹터의 주거서비스 현황과 전망.

09 한국토지신탁(2017), 인천 청천2구역 기업형임대주택 주거서비스 계획서.

10 해피투게더하우스(2018), 대림 뉴스테이 주거서비스 인증 신청서.

제10장

일본의 주거서비스 산업
사례 및 시사점

Ⅰ 김찬호 Ⅰ
지역미래연구소 소장

앞에서 국내 주택시장의 패러다임 변화와 주거서비스의 중요성에 대해 다양한 시각에서 논의가 이루어져 왔다. 빠르게 진행되는 저출산·고령화의 추세 속에 인구와 가구구조가 변화하고 이와 맞물려 사회경제적 여건도 저성장 국면으로 바뀌어가고 있다.

즉 저출산·고령화와 저성장기조라는 메가트렌드에서 주택가격의 안정화와 함께, 주택소비는 보유 중심에서 거주 중심으로 바뀌고, 1~2인 가구와 고령자가구 증가로 주거서비스에 대한 수요가 증가할 것이라는 것이 주거서비스의 중요성을 논하는 전제조건이며 요점이라 할 수 있다.

그러나 아직 산업적 관점에서 민간의 주거서비스 활동은 미진한 것이 현실이다. 더욱이 최근(2018~2019년)의 상황을 보면 분양시장은 호조를 이어가고 있고 서울/수도권을 중심으로 주택가격 상승압력은 계속되고 있다. 과연 현시점에서 주거서비스에 대한 수요와 사업적 메리트가 있는 것인지에 대한 의문을 버릴 수 없다.

민간의 사업적 관점에서 주거서비스 영역은 '기업형 민간임대주택(구, 뉴스테이)' 정책의 시작으로 도입되었다고 볼 수 있다. 그러나 "기업형 민간임대주택"에서 주거서비스 개념을 도입한 것은 민간의 자발적인 사업적 동기가 아니라, 정부의 정책적 의도에 의해 만들어진 면이 더 크다[1]. 다양한

---

[1] 박근혜정부가 추진한 "기업형 민간임대주택(뉴스테이)" 정책에서 주거서비스 개념을 도입하고, 기업형 임대주택사업 공모시 주거서비스 항목에 대해 평가하는 「주거서비스 인증제도」 운영. 문재인정부 들어서 "기업형 민간임대주택"은 "공공지원 민간임대주택"으로 명칭은 바뀌었으나 기존의 기본적인 제도적 틀은 유지하고 있음.

주거서비스 내용들이 포함되어 있지만, 입주자 들이 이러한 서비스에 대해 적정한 대가를 지불할 의향이 있는지에 대해서는 아직 의문이다.

민간 영역에서 주거서비스가 자발적으로 활성화되기 위해서는 이윤의 동기가 필요하다. 사업자가 어떤 서비스를 제공하는데, 그에 상응하는 직접적 또는 간접적으로 이윤이 발생하지 않는다면 서비스 활동은 유지될 수 없을 것이다. 많은 소비자가 그 서비스에 대한 일정한 대가를 지불하고 소비할 의향이 있을 때 사업 또는 산업으로 유지 될 수 있다.

그렇다면 국내 주택시장에서 과연 주거서비스에 대한 니즈가 확대되고, 산업적 관점에서 성장동력으로 중요한 요인이 될 수 있을 것인가? 이러한 문제의식에 대해 주거서비스의 산업적 관점에서 일본의 사례를 살펴보고자 한다.

왜 일본의 주거서비스 사례인가?

본문에서 설명이 있겠지만, 일본은 다른 외국과 비교할 때 사회경제적 관점에서 우리와 유사한 성장 또는 변화 과정을 앞서서 거쳐 왔다. 예를 들어 산업화와 경제성장 과정, 인구의 저출산/고령화 추이 등을 들 수 있다.

이러한 요인 들은 주택시장에 영향을 미치는 중요한 변수 들이며, 도시 및 주택정책 내용이나 변화과정에서 유사한 점이 많다. 이러한 이유로 일본의 사례는 다른 외국과 비교해서 우리에게 더 유용한 시사점을 찾을 수 있을 것으로 기대된다.

일본 주거서비스 사례로부터 무엇을 보려 하는가?

일본사례를 보는 것은 향후 국내 주거서비스 산업의 향방을 전망해보고자 함이다. 일본은 2000년대에 기업형 민간임대주택사업, 주거서비스 관련 사업이 진화 또는 성장한 것으로 알려져 있다.

따라서 첫째, 주거서비스 산업의 성장요인과 그 배경에 무엇인지, 둘째, 주거서비스 부문이 기업의 경영전략 관점에서 얼마나 중요하고, 주택산업의 성장에 기여했는지, 셋째, 어떠한 주거서비스의 내용들이 사업모델로

연계되어 전개되고 있는지, 이러한 사례를 살펴봄으로서 우리의 미래를 전
망하고자 한다.

1 일본 주택시장의 특징

일본의 주택시장은 1990년대 초반을 기점으로 그 이전과 이후의 시장
구조가 크게 바뀌게 되었다.

일본은 1950년대부터 1970년대까지 경제의 고도성장 과정을 거치면서
도시부의 인구집중과 근로자의 소득상승으로 주택의 만성적인 초과수요가
발생하였다. 주택 뿐 아니라 토지, 오피스 등과 같은 부동산은 1990년 이전
까지 일관되게 상승하는 양상을 보였으며, 이러한 부동산 가격의 지속적인
상승으로 인해 부동산불패신화[2]라는 인식이 조성되었다.

주택, 토지와 같은 부동산은 재산증식을 위한 가장 확실한 수단으로 토
지와 주택에 대한 소유의식이 매우 강했으며, 이러한 인식으로 인한 부동산
투자 패턴이 부동산가격을 상승시키는 요인으로 작용해 왔다.

그러나 잘 알려진 바와 같이 1980년대 말 초유의 부동산버블과 붕괴과
정을 경험하면서 사람들의 부동산에 대한 인식이 크게 바뀌게 되는 계기가
되었으며, 이후 여러 가지 경제 및 사회적 여건의 변화와 맞물리면서 주택
시장의 구조적 변화가 나타나기 시작했다.

1) 부동산버블과 부동산신화 붕괴

1990대 초 버블이 붕괴되면서 그 후유증으로 경제의 장기불황을 경험
하게 되었다. 1980년대 중반 호경기와 함께 약 5년 동안 약 2배 이상 상승
한 부동산가격이 폭락하면서 금융기관의 부실채권이 급증하고, 경제는 장
기침체구조에 빠지게 되었다. 금융기관의 구조조정과 대규모 재정지원을
통해 부실채권을 처리하는 데에만 약 10년이라는 시간이 걸렸다.

---

2) 일본에서는 토지가격은 절대로 하락하지 않는다는 의미에서 토지신화(土地神話)라고 부름.

그림 10-1 주택가격 변화추이

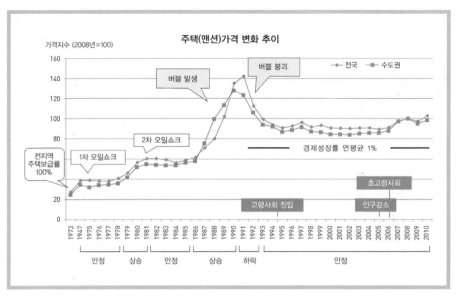

자료: 일본부동산연구소, 「맨션가격 동향조사」.

또한 1990년대 이후 저출산과 고령화가 빠르게 진행되면서 노동인구의 감소와 고령화에 의한 생산성 저하로 경제의 장기침체구조는 더욱 심화되었다. 약 20여 년 간 경제성장률은 연평균 1%대에서 벗어나지 못하였다.

한편 주택가격 상승기조하에서 주택수요는 자가보유가 목표였으며, 임대주택에서 분양아파트를 거쳐 최종적으로는 정원이 있는 단독주택 구입이라는 주택의 소비패턴이 형성되었다. 그러나 1990년대 초 버블붕괴로 토지나 주택과 같은 부동산은 위험자산이라는 인식이 확대되고, 부동산이 안전하고 확실한 재산증식 수단으로서의 성격이 상실됨에 따라 주택에 대한 소유의식은 크게 약화되었다.

주택가격 안정세가 지속됨에 따라 주택을 보유함으로서 발생하는 비용이 더 커지고, 수십 년 후에는 노후화된 주택의 자산가치가 상실됨에 따라 주택수요는 거주중심의 선택 경향이 높아져 임대주택 수요를 증가시키는 요인이 되었다.

2) 저출산/고령화와 부동산시장

일본 인구추이를 보면 총인구는 2006년 기준 약 1억 2,700만 명으로 우리나라의 약 2.5배 수준이다. 일본은 1945년 제2차세계대전 이후 베이비 붐 현상이 나타나고, 고도경제성장 과정을 거치면서 인구는 지속적으로 증가해왔다.

그러나 1990년대 들어서 점차 저출산/고령화 현상이 심화되면서 인구 증가가 둔화되기 시작하였다[3]. 일본 총무성의 장래추계인구 자료를 보면 2005년을 정점으로 일본의 인구는 감소세로 전환되어 2050년경에는 약 2천 7백만이 감소한 1억 59만 명 수준이 될 것으로 예측하고 있다.

가구 추이를 보면 2000년대 들어서 가구증가가 현격하게 둔화되고 있으며, 2015년경 약 5천 만 가구를 정점으로 가구수도 감소 추이로 전환되었

그림 10-2 일본 인구 변화 추이

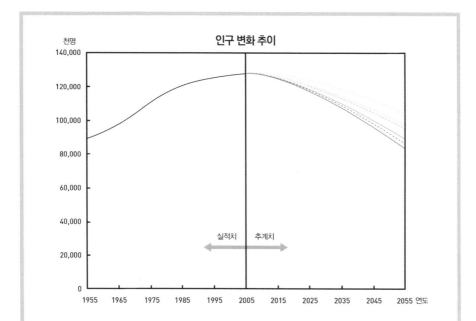

자료: 총무성, 「인구 및 가구 장래추계」.

---

3) 일본은 1995년에 고령사회, 2007년 초고령사회로 진입함.

그림 10-3 일본 가구 변화 추이

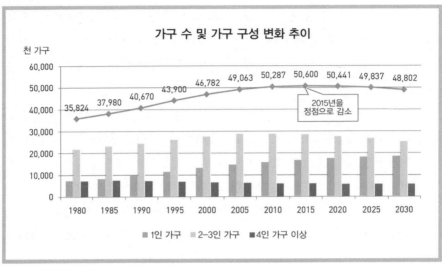

자료: 총무성, 「인구 및 가구 장래추계」.

다. 가구구성에서는 3−4인 가구 이상은 지속적으르 감소하고, 1인 가구가 빠르게 증가세를 나타내고 있다.

이러한 저출산에 따른 인구 및 가구감소, 고령화의 진행은 신규주택수요를 감소시켜 주택공급이 축소되는 현상을 초래하게 되었다.

3) 주택공급 시장의 변화 - 성숙시장으로 전환

1950년대 주택의 절대적 부족 문제를 해결하기 위한 정부의 대량공급 정책으로 매년 신규주택공급은 빠르게 증가하였다. 1950년대 20∼40만 호 공급에서 1960년대는 경제성장과 함께 매년 약 10∼20만 호 증가하면서 1973년에는 190만 호의 기록적인 공급수를 나타냈다. 이후 1973년, 1979년 1, 2차 오일쇼크로 경기가 일시적으로 침체되면서 주택공급수가 감소하는 현상이 나타났으나, 1980년대 중반까지 연평균 약 140만 호 수준을 공급해 왔다.

버블형성기였던 1987년∼1990년의 4개년 간은 주택공급 호수가 연간

약 170만 호로 크게 증가하였으나, 1991년 버블붕괴로 1993년까지 주택공
급 호수는 연간 약 140만 호로 다시 감소하였다. 흥미로운 것은 1991년 이
후 버블붕괴의 후유증으로 주택공급이 감소하였으나, 약 4년 후 다시 버블
시기의 160만 호 수준으로 공급이 회복되었다는 점이다. 1997년 120만 호
수준으로 감소하여 이후 약 10년간 매년 평균 약 120만 호 수준이 일정하게
유지되었는데, 1994년 고령사회로 진입하여 약 3년 이후 추세적인 감소가
시작되었다. 또한 2005년 인구감소가 시작되었는데, 2년 후인 2007년부터
추가적인 신규주택공급 호수의 추세적 감소 현상이 나타났으며, 2009년과
2010년에는 80만 호 수준으로 1967년 이래 최저치의 신규주택공급이 이루
어졌다.

이러한 주택공급 규모의 축소는 일시적인 현상이 아닌 구조적 요인으
로 주택시장은 시장규모의 성장을 기대하기 어려운 성숙화시장으로 전환되
게 되었다.

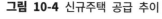

그림 10-4 신규주택 공급 추이

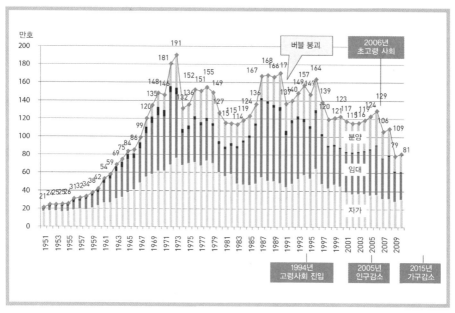

자료: 국토교통성, 「신규주택착공호수」.

2 성숙화시장과 주거서비스

성숙화시장은 초과수요 상태에서 시장규모의 성장이 기대되는 시장구조와 대별되는 개념으로 경제적 여건의 큰 변화가 없는 한 주택수급과 가격은 장기적으로 안정화 상태를 유지하게 된다. 특히 일본은 버블붕괴의 경험과 경제의 장기침체와 맞물리면서 2000년대 이후 성숙화시장으로의 전환이 빠르게 진행되었다.

이러한 성숙화시장 구조에서는 주거와 관련된 다양한 문제가 발생한다.

1) 성숙화시장과 주거문제

(1) 주택거래 침체와 주거이동 문제

일반적으로 주택시장 침체 구조에서는 주택의 소유욕구 약화 등으로 신규주택수요의 감소와 함께 거래가 정체되는 현상이 나타난다. 주택의 거래가 원활히 이루어지지 못함으로서 나타나는 가장 큰 문제는 라이프스타일 변화에 맞춰 주거이동이 이루어지지 못함으로서 비효율적인 주거 소비를 하게 된다는 점이다.

예를 들어 고령자나 은퇴자의 경우, 과거 자녀와의 동거를 전제로 구입한 넓은 규모의 주택을 처분하고 자신의 라이프스타일에 알맞은 주택으로 이전하고 싶은 욕구가 발생하게 된다. 자녀의 출가 이후 노부부만 남게 됨으로서 넓은 주택은 오히려 관리나 청소 등의 부담 등으로 불편하고 비효율적인 주거생활이 된다. 따라서 기존의 주택을 처분하고 노후의 라이프스타일에 맞는 소형주택으로 이전하고 싶은 욕구가 발생하지만, 거래 침체로 보유주택이 처분되지 않아 쾌적한 주거생활을 영위하지 못하게 되는 것이다. 그 밖에도 부모세대로부터 상속받은 주택이 처분되지 않아 의도하지 않은 다주택자로 남게 됨으로서 과도한 보유비용을 부담하게 되는 경우도 발생하게 된다.

특히 일본의 경우는 전체 주택유형 중 단독주택이 약 60%의 큰 비중을 차지하고 있으나, 단독주택의 경우 공동주택과 비교해서 상대적으로 거래의 표준화가 어렵기 때문에 주택거래의 정체 문제는 더욱 심각하게 나타났다.

(2) 중고주택 가격하락과 슬럼화

주택이 노후화되어 일정한 수명을 다하면 재건축 등을 통하여 쾌적한 주거환경으로의 개선이 필요하다. 그런데 이러한 재건축 또는 재개발의 경우 상당한 사업비가 소요되기 때문에 어느 정도 개발이익이 전제되지 않으면 추진이 어려워진다.

일본의 경우 주택시장이 장기침체 구조 양상을 나타냄에 따라 개발이익을 기대하기 어려워져 노후주택 단지의 재건축이 원활히 이루어지지 못하는 현상이 나타나고 있다. 이러한 기간이 장기화되면서 노후화된 중고맨션의 슬럼화가 심화되고 주택의 순환이 정상적으로 이루어지지 못함으로 사람이 살지 않는 공가가 증가하는 악순환을 초래하고 있다.

그림 10-5 일본 주택 수 및 공가율 추이

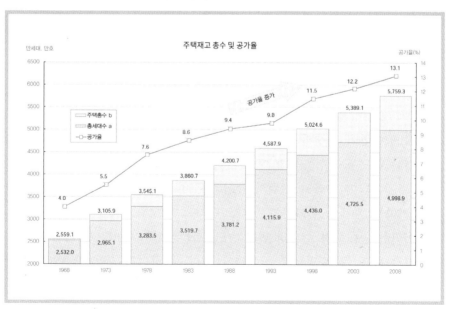

주: 공가율: 주택총수 중 빈집 비율.
자료: 국토교통성, 「주택시장 현황」.

일본은 이미 1970년대 초에 대도시권을 포함한 전국 주택보급률이 100%를 상회하여 주택의 양적 부족문제는 해소되었으나, 재고물량의 확대와 시장침체의 영향으로 공가는 지속적으로 증가해오고 있다. 2008년 기준 주택재고 총수는 5,759만 호로 주택보급률(총세대수 대비 주택총수)은 약 115% 수준이며, 사람이 살지 않는 공가의 비율은 전체 재고주택의 약 13% 수준에 달하고 있다.

(3) 소유의식 약화와 다양한 임차수요 증가

주택가격 상승에 대한 기대가 낮아지고, 장기적인 하향안정세가 예상되는 구조에서는 주택을 보유함으로서 발생하는 비용이 임차로 거주하는 경우보다 더 커지는 경우가 발생한다. 과거 경제성장과 인구 및 가구가 증가하는 여건에서 주택가격은 일정하게 상승해왔기 때문에 주택을 보유하는 것은 재산증식의 수단이기도 하였다.

그러나 점차 경제가 저성장기조에 진입하고, 주택수요도 감소하는 여건에서는 주택가격 상승을 기대하기가 좀처럼 어려워진다. 오히려 주택의 노후화로 기능이 열악해짐에 따라 주택의 가치(가격)는 하락하게 된다. 따라서 주택을 보유함으로서 발생하는 비용과 30년 이후 다시 재건축을 하기 위해 부담해야 하는 비용을 고려하면, 굳이 주택을 보유하지 않고 임차로 거주하는 편이 더 효율적인 주거소비가 가능할 수 있다. 주택을 보유할 경우 주택 처분이 원활하게 이루어지지 않아 라이프스타일 변화에 맞는 주거이동에 불편함이 발생하기도 하기 때문이다.

일본의 경우도 버블붕괴 이후 주택가격의 장기안정화가 진행되면서 주택의 소유의식이 약화되고 주거 중심의 소비 성향이 높아지면서 임대수요가 증가하는 추세가 나타나고 있다.

이러한 임대주택 수요의 변화는 단지 소유의식의 변화 뿐 아니라, 가구구조의 변화도 큰 요인으로 작용하고 있다. 특히 1인, 2인 가구의 경우는 상대적으로 임차거주 성향이 높을 뿐 아니라, 주거에 대한 수요특성도 매우 다양하다. 학생, 독신자, 맞벌이부부, 고령자 등은 각각 매우 개성이 뚜렷한 라이프스타일을 갖고 있으며, 임대주택시장의 중요한 수요자들이다. 이들

계층은 주택의 소유보다는 자신의 라이프스타일에 맞는 주거 소비에 더 큰 비중을 두고 있다.

2) 주택정책 패러다임 변화

(1) 성숙화시장의 주거문제 대응

일본은 1990년대 초 버블붕괴 후유증과 저출산/고령화 영향으로 경제 불황과 함께 주택부동산시장도 장기침체 구조에 빠지게 되었다. 주택구매 수요가 감소하고 거래 침체로 인한 주거이동의 제약, 재건축시장 침체로 인한 도시 및 중고주택단지 슬럼화 등 다양한 문제가 발생하였다.

1990년대 후반부터 신규주택건설의 추세적 감소가 가시화되면서 내수 경기침체와 주택부동산시장 문제의 악순환 현상이 심화되었다. 이러한 제반 문제들을 완화하기 위해 다양한 정책적인 시도가 이루어지게 되었다.

먼저 임대주택수요에 대응하여 1999년 「양질의 임대주택공급 촉진법 (1999년)」을 제정하고, 민간임대주택 공급을 촉진시키기 위한 제도적 정비가 이루어졌다. 도시 및 주택의 슬럼화 문제에 대하여 「맨션관리 적정화 추진 법률(2000년)」, 「도시재생특별법(2002년)」을 제정하여 기존주택 노후화문제 와 재건축 활성화를 위한 정책적 지원이 이루어졌다. 한편 2006년에는 중앙 정부에 의한 주택의 양적 관리를 폐지하고 주거복지와 주거의 질적 문제에 대한 정책에 집중하는 「주생활기본법」을 제정하여 주택정책 방향의 대전환 이 이루어졌다.

2008년에는 신규주택건설이 사상 처음으로 100만 호 수준 이하로 감소 하고, 리먼쇼크에 따른 경제여건 악화와 문제로 「주택부동산시장 활성화를 위한 긴급대책」이 발효되었다. 주택부동산 관련 사업자에 대한 각종 금융지 원과 수요자에 대한 금융, 세제 등이 이루어졌다.

2009년에는 장기침체의 구조적인 문제에서 탈피하고자, 국토교통 각 분야의 신성장동력을 선정, 비전을 제시하고, 이 분야에 대한 정부의 집중 적 지원대책을 강구하였으며, 주택도시분야에서는 도시재생과 지역활성화, 주거서비스 분야의 지원대책 등이 마련·추진되고 있다.

표 10-1 2000년대 주요 주택/부동산 관련 정책

	주요 주택 부동산 관련 정책	세부 시행 내용	목적
1999년	「양질의 임대주택 공급촉진에 관한 특별조치법」 제정	정기차가권 도입	우량임대주택 공급확대, 민간 임대사업 활성화
	「주택품질확보촉진법」 제정	하자담보 10년 의무화 주택성능표시제도 하자분쟁처리 강화	주택품질 제고
2000년	「맨션관리 적정화 추진에 관한 법률」	맨션관리사자격제도 맨션관리업자 등록제도	맨션관리 활성화 촉진
2001년	「고령자 주거안정 확보에 관한 법률」	고령자 주거지원센터 설립	고령자 주거안정 확보
	<도시재생본부 발족> 도시재생 프로젝트 결정 및 민간개발투자촉진을 위한 긴급조치	도시재생을 위해 긴급히 마련해야 할 제도 및 개혁방향 설정	도시재생 활성화 민간 건설사업 활성화
2002년	「도시재생특별조치법」 제정	도시재생 긴급정비지역 지정 도시재개발법 개정, 건축기준법, 도시계획법 개정	도시재정비 활성화
2004년	도시재생기구 설립	도시기반정비공단 역할 축소 민간 도시재생사업 지원 역할	공공 역할 축소, 민간 지원
2006년	「주생활기본법 제정」	주택의 양적 관리 폐지 (주택건설5개년계획 폐지) 주거의 질적 관리에 전념	주택시장 안정화기조 정착으로 국민의 풍요로운 주거생활 영위를 위한 지원에 전념
2008년	「주택/부동산시장 활성화를 위한 긴급대책」	사업자 자금지원 강화 수요자 세제지원 강화 도시재생 등 도시개발사업 지원	신규주택공급량 사상 최저치 기록(80만 호)에 따른 활성화 대책
2009년 2010년	「국토교통 분야 성장전략」	신성장전략 발표 신성장전략 실현을 위한 3단계 준비 및 경제대책 발표	저출산/고령화에 따른 저성장 문제에 대응하여 해양, 관광, 항공, 주택, 도시 각 분야의 성장전략과 비전제시

(2) 주거서비스 산업 육성

주택시장의 성숙화로 인한 경제와 산업적 문제에 대응하여 정부는 미래의 주택산업 성장동력으로 주거서비스 산업을 육성하기 위한 다양한 노력을 하고 있다. 국토교통성은 2001년 「주택관련 뉴비지니스 추진 비전」을 발표하고, 향후 주택산업의 새로운 성장동력으로 22개의 주거서비스 관련 비즈니스 모델을 선정 제시하였다.

표 10-2 일본 주택관련 뉴비지니스 모델

유형	비지니스 모델
(1) 각 수요계층의 라이프스타일, 가치관에 대응한 주거서비스 사업모델	• 고령자주택 등 관리운영 • 자가주택의 리스, 재배치 • 역모기지(고령기 주거/생활지원 서비스) • 독신자 대응형 임대주택경영 • 중고주택매매 • 오피스 컨버전(오피스의 주거용 용도 전환)
(2) 상품/서비스에 대한 객관적 평가와 거래활성화를 촉진시키기 위한 사업모델	• 주택성능 및 품질의 검사 • 부동산 정보 제공, 주택대출 컨설팅 • 건축물 종합환경 평가 • 중고주택 경매 • 맨션관리 • 주택 구입 희망자 상담사(컨설팅)
(3) 고객 니즈에 대응한 주거유형의 다양화 실현을 위한 사업모델	• 주택, 맨션 프로듀스 • 리폼 코디네이터 • 목조주택 생산 지원
(4) 주택의 미래 리스크의 완화 실현을 위한 사업모델	• 주택담보대출 은행 • 하자보증(A/S의 충실과 품질보증)

자료: 국토교통성(2001), "주택관련 뉴비지니스 추진 비전".

③ 주거서비스 산업의 성장과 진화

1) 주택산업 구조 변화

일본 건설부동산시장은 70년대 후반에서 80년대 초반까지의 1차 침체기와 90년대 초 버블붕괴 이후 2차 침체기로 구분될 수 있으며, 이 시기에 각각 건설부동산 업체의 구조변화가 나타나게 되었다. 1차 침체기는 오일쇼크라는 외부적 요인에 의한 침체로 건설시장의 구조적인 축소 기조는 아니었으나, 건설시장의 경쟁구조가 심화되면서 분업화, 전문화, 고도화가 진전되는 계기가 되었다.

2차 침체기에는 버블붕괴 후유증과 저출산/고령화라는 일본의 내부적인 구조적 문제로 인해 장기침체 구조가 형성되면서 전체 건설부동산 시장규모가 축소되게 되었다. 이러한 근본적인 환경변화에 대응하여 건설 및 부동산 업체의 사업전략의 변화가 나타났으며, 주로 기존 개발사업의 정리 및 보유자산 매각 등이 이루어지고 부동산 개발사업의 재평가, 주변사업 분야의 다각화가 진행되었다.

일본에서는 종합건설회사를 제네콘(General Constructor), 종합부동산회사를 종합디벨로퍼, 주택건설회사를 하우스메이커라는 명칭으로 분류하고 있는데, 종합부동산회사는 주로 상업/오피스 부문의 개발과 도심 고층맨션 개발에 특화되어 있으며, 건축/토목 분야 기술이 높은 종합건설회사는 주로 도심고층맨션 및 복합개발 부문에서 시공 역할 수행한다. 주택전문건설회사는 주로 단독 다세대 유형의 주택건설(생산) 판매에 특화되어 주거관련 전 분야의 사업영역에서 활동하고 있다

특히 제네콘으로 불리우는 종합건설회사 등은 핵심역량인 건설기술 역량에 집중하고 안정적인 수익구조를 위해 건축 및 토목 분야의 도급사업에 치중하는 양상을 보인 반면, 종합부동산회사들은 도심부의 복합개발 사업을 확대하며, 개발, 보유, 관리 부문의 확대 등 사업 다각화 노력이 진행되는 양상을 나타냈다.

한편 주택건설부문에서는 원가절감 및 생산방식의 다양화 노력과 함께 임대, 분양 이외에 관리, 중개 등 수수료 사업을 중심으로 하는 주거서비스

분야를 확대함으로서 수익모델을 다변화하고자 하는 경향들이 나타났다.

표 10-3 일본 건설 및 부동산 관련 기업 사업전략 특성

구분	사업 특징	버블붕괴 이후 사업전략 방향
종합 건설회사 (제네콘)	토목, 건축, 엔지니어링 등 종합 건설업	기술역량 강화, 도급사업 치중 해외 건설시장 진출 확대, 개발부문 축소
종합부동산회사 종합 디벨로퍼	주택, 오피스, 상업 등 부동산 전분야에 걸친 개발사업	도심개발 역량 강화, 복합개발부문 확대 관리, 중개 등 주변사업 부문 강화
주택건설회사 (하우스메이커)	단독주택, 맨션분양 등 주택생산 부문에 특화된 기업	주택생산 원가절감, 생산방식 다양화 임대, 관리, 중개 등 수수료 사업 등 주거서비스 사업 부문 강화

2) 종합부동산회사의 역할과 주거서비스

2000년대 들어서 부동산시장에서 주도적 역할을 하는 기업유형은 종합부동산회사이다. 건설회사가 주도적 역할을 하는 우리에게는 다소 생소한 용어지만, 말 그대로 부동산과 관련한 모든 영역의 사업을 하는 기업을 말한다.

종합부동산회사는 조금 더 엄밀히 말하면 전문 디벨로퍼를 뜻한다. 핵심사업은 개발사업으로써 저평가된 부동산을 개발해 고부가가치 부동산으로 만들어 이익을 창출한다. 간단한 예로 미개발 또는 낙후된 지역을 자본력과 전문적인 기획력으로 주거, 상업, 오피스 등 복합기능을 갖춘 단지로 개발해서 분양이나 임대를 통해 수익을 창출한다. 그리고 그 이후에 부동산의 가치를 유지하고 효율적으로 관리하기 위해 관리, 중개, 리폼 등 다양한 서비스 사업과 연계된 활동을 한다. 즉 부동산에 대한 토털 서비스를 제공하는 기업이라고 말할 수 있다.

종합건설기업(제네콘), 종합부동산기업(종합디벨로퍼), 주택건설기업(하우스메이커)의 유형별로 각각 업계 상위의 대표적 기업에 대한 수익률(경상수익률) 추이를 살펴보면 2000년대 이후 2008년 리먼쇼크 이전까지 종합부동산회사의 수익률이 지속적으로 성장한 반면, 주택전문업체와 종합건설회사의

수익률은 2006년 이후 감소 추이를 나타내고 있다.

그림 10-6 일본 주요 건설/부동산기업 수익률 추이

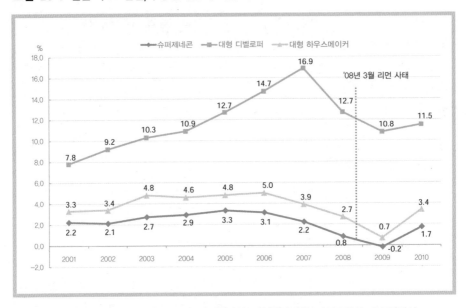

주: 대형 종합건설회사(슈퍼제네콘) 4개사: 카지마건설, 다이세이건설, 시미즈건설, 오오바야시
대형 종합부동산회사(대형 디벨로퍼) 3개사: 미쓰이부동산, 미쓰비시지쇼, 스미토모부동산
대형 주택전문업체(하우스메이커) 3개사: 세키스이하우스, 다이와하우스, 스미토모린교
자료: 각 기업 유가증권보고서.

수익률 구조에 있어서도 종합부동산업체의 수익률이 10%대의 높은 수익구조를 갖고 있는 반면, 주택전문업체는 4%대, 종합건설업체는 약 2%대의 수익률로 각 특성별로 수익률 구조의 차이가 나타나고 있다.

이러한 기업특성별 경영지표에서 나타나듯 주택산업의 핵심영역이 주택건설과 판매 중심에서 다양한 주거서비스 활동 중심으로 바뀌었다. 개발과 토털서비스를 중심으로 하는 종합부동산회사의 역할이 확대되고, 이것은 곧 주택산업이 주거서비스 산업으로 진화하게 되었다는 것을 의미한다.

종합부동산회사 1위 기업인 미쓰이부동산의 경우, 건물을 지어서 판매하는 분양사업보다 건물을 보유하면서 임대하는 사업의 비중이 더 높다. 건물의 관리를 통한 매출 비중도 상당히 높다. 하우스메이커 1위 기업인 세키

스이하우스도 주거와 관련된 다양한 사업 분야에서 고른 분포를 보이고 있다. 핵심사업인 단독주택 건축 사업이 가장 높은 비중을 차지하고 있지만, 관리·중개 부문의 매출비중은 맨션분양사업이나 임대주택산업보다 더 크다.

결국 주택 또는 부동산사업은 지어서 판매하는데 그치는 것이 아니라, 판매 이후의 모든 영역에서 토털서비스를 제공함으로써 소비자의 주거가치를 높이고, 사업의 시너지효과가 발생하여 성장할 수 있다는 것을 시사하고 있다.

4 주거서비스 사업 사례

일본에서도 주거서비스에 대한 명확한 영역과 정의를 찾아보기는 어렵다. 다만 주택부동산 업계에서는 주거서비스 활동과 관련된 사업을 수수료사업이라고 부르는 경우가 일반적이다. 주택을 건설해서 판매(분양)하는 사업과 구분하는 의미로 일정한 서비스를 제공하고 그 대가로 수수료를 취하는 유형의 사업을 통칭해서 "수수료사업(fee business)"으로 부르고 있다. 임대관리, 건물관리, 중개, 생활지원서비스 등과 같은 활동이 수수료사업의 대표적인 유형이다.

따라서 주거서비스 사업은 임대서비스, 관리서비스, 거래/유통서비스, 생활지원서비스 등과 같은 유형으로 분류될 수 있으며, 이러한 사업유형 등과 관련해서 기존 사업방식의 진화 또는 새로운 사업모델 들이 2000년대 들어서 크게 증가하고 있다.

표 10-4 주거서비스 관련 주요 사업유형

구분	사업유형	내용
임대 서비스	주택임대관리	주택소유자의 임대경영 수요에 대해 전문임대주택 관리회사가 일괄수탁계약을 통해 임대운영 및 관리
	임대료 체납보증	입주자의 임대료 채무에 대한 보증
관리 서비스	중고주택 활용 개보수 사업	리모델링, 리폼, 컨버전, 개보수 등
	주택관리	전문적인 공동주택 관리
	하자보증, 품질보증	성능 및 품질의 하자 발생 위험에 대한 보증
거래/유통 지원서비스	주택 검사 및 평가	주택성능 및 품질 검사, 건축물 환경 종합평가 등 주택 기능에 대한 정보의 객관화
	주거이전형 역모기지	고령기 노인주택으로 주거이전과 함께 보유주택의 임대화와 동시에 해당주택을 역모기지 상품으로 활용
	정보제공 및 컨설팅	부동산에 대한 정보 제공 및 주택구입 컨설팅
주거지원 서비스	주거 프로듀스 및 컨설팅	라이프스타일에 맞는 주거모델 및 주거생활 제안 및 컨설팅
	주거생활지원 서비스	청소, 세탁, 생활용품 구매 등 주거생활에 대한 지원

1) 임대서비스 관련 사업

(1) 임대주택관리 서브리스(sublease) 사업

서브리스 사업은 주택소유자의 임대경영 수요에 대응하여 전문 임대주택관리회사가 임대 일괄수탁계약을 통해 입주자 모집에서 운영까지 관리하고, 임대소유주에게는 일정액의 임대료 수입을 보장해주는 사업방식을 말한다.

일반적으로 개인의 임대주택 경영은 전문적인 노하우 부족으로 임대경영으로 인해 발생하는 다양한 문제들에 대해 대처하기 곤란할 뿐 아니라 상대적으로 높은 비용과 리스크를 부담하게 된다. 입주자와의 민원과 분쟁,

건물의 유지관리, 임대료 체납, 공실률 발생 등의 문제는 임대주택 경영에서 전형적으로 나타나는 유형들이며 이러한 문제들로 인해 개인의 임대경영을 곤란하게 하며, 따라서 전문적인 임대주택관리의 필요성이 요구된다.

특히 고령자 세대는 임대주택의 주요 수요계층일 뿐 아니라 임대경영의 잠재적 수요자이기도 하다. 고령자의 경우 보유주택에 대한 임대경영의 욕구가 있음에도 불구하고 정보력이나 관리능력의 결여로 임대경영이 사실상 어렵다.

이러한 임대주택 위탁관리사업은 2000년대 빠르게 성장하였고, 임대주택관리와 연계하여, 관리, 중개, 생활지원 등 주거서비스 사업이 활발하게 이루어졌다.

그림 10-7 임대주택 수탁개발 서브리스(전대) 사업 사례

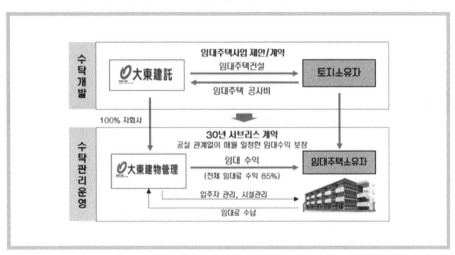

(2) 임대료(체납)보증 사업

임대료보증사업은 임차인으로부터 일정한 보증료를 받아 일정기간 임대인에 대해 임대료채무를 보증하는 것으로, 임차인의 임대료 체납시에는 임대료 채무를 변제해주고 청구권에 근거하여 체납임대료를 회수하는 사업을 말한다. 보증만을 전문으로 하는 보증전업형과 임대주택관리회사로부터

임대료수납을 위탁받아 임대료 징수의 대행까지 수행하는 수납대행형이 있다.

일본의 경우 가족이나 친지 등의 연대보증인 관행이 있어왔으나, 연대보증인 확보가 곤란한 사례가 증가하면서 연대보증인의 기능을 하는 임대료체납보증 서비스의 이용이 증가하고 있다. 임대료체납보증 서비스는 특히 모자(母子)세대, 장애인세대, 독거노인, 외국인 등과 같은 연대보증인 확보가 곤란한 취약계층에 대해 양질의 임대주택거주를 가능케 함으로서 취약계층의 주거안정에 기여하는 바가 크다.

2) 중개/유통서비스 관련 사업

(1) 주거이전형 역모기지 사업

기존의 역모기지는 고령자가 소유주택에서 계속 거주하면서 고령기에 필요한 생활자금을 확보하기 위해 주택을 담보로 매월 일정금액을 수령하는 방식이 일반적이었다. 그러나 주거이전형 역모기지는 고령자가 고령자주택으로의 이전을 목적으로 거주주택을 임대주택으로 운용함과 동시에 해당 주택을 담보로 매월 일정금액을 수령하고 사망 후에는 해당주택의 처분에 의해 차입금을 변제하는 방식을 말한다.

과거에는 고령기에 자녀세대가 일정부분 부양책임을 지기 때문에 노후생활비용에 대한 부담은 상대적으로 적었다. 또한 주택은 자녀세대에게 상속하고자 하는 인식이 강함에 따라 역모기지에 대한 수요는 크지 않았다. 그러나 자녀세대와의 동거 또는 부양에 대한 인식이 약화되는 등 가족관, 가치관의 변화가 나타나고, 고령자도 자녀세대에게 의지하지 않고 여유로운 노후생활을 보내고자하는 경향이 높아짐에 따라 고령자 자신의 라이프스타일에 알맞은 주거유형으로 이전하고자 하는 사례가 증가하고 있다. 고령자의 주거이전의 경우 거주주택을 매각하지 않고 임대화함과 동시에 역모기지 상품을 이용함으로서 보다 여유로운 생활자금 마련이 가능하다.

일본의 경우 대형주택사업자가 고령자를 대상으로 주거이전형 역모기지 상품을 제공함으로서 자사의 고령자주택 입주 및 판매를 촉진시키는 사업전략도 나타나고 있다. 이러한 주거이전형 역모기지 사업은 고령자의 생활자금 확보와 더불어 고령자주택 등으로의 주거이전과 보유주택의 임대화를 촉진시키는 역할을 통해 주택의 유통 및 임대주택공급 확대에 기여하고 있다.

그림 10-8 고령자 주거이전지원 사업 사례

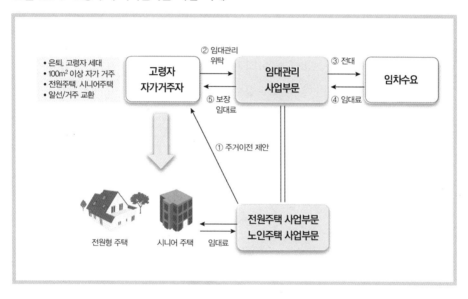

(2) 주거 프로듀스, 컨설팅 사업

주거 프로듀스 및 컨설팅 사업은 소비자의 주거선택과 관련하여 소비자의 개성과 라이프스타일 등에 알맞은 주거 관련 정보제공 및 컨설팅 업무를 내용으로 하는 사업유형을 말한다.

주택을 구입하거나 직접 주택을 건축하고자 하는 경우, 소비자의 개성과 취향에 알맞은 주택유형을 제안하고 적정한 설계사무소나 시공업자의 알선, 리폼에 대한 제안, 주택금융에 대한 정보제공 및 알선 등 개인의 주거를 프로듀스하는 컨설팅 사업유형이다. 수요특성이 다양화되고 각각의 라이프스타일에 맞는 최적의 주거 소비에 대한 니즈(needs)가 높아짐에 따라 주거 프로듀스 서비스는 주택분양/임대사업, 중개사업과 연계되어 운영하는 것이 일반적이다.

미쓰이부동산과 같은 기업은 자사 브랜드의 주택(임대, 맨션, 단독 등)에 거주하는 입주자에게 다양한 멤버십 서비스를 제공한다. 미쓰이부동산이 운영하는 원룸에 살다가 결혼하고 자녀를 낳으면, 미쓰이부동산 브랜드의 맨션이나 단독주택으로 이사하고, 은퇴 후 고령자가 되면 미쓰이부동산이 운영하는 시니어주택으로 옮긴다. 사람의 생애주기와 라이프스타일 변화에 대응하여 적정한 주거를 연결해주고, 다양한 유료·무료의 주거서비스를 제공하고 있다. 자사 브랜드 주택의 멤버가 되면 평생 높은 질의 주거와 삶을 누릴 수 있다는 것이다. 그리고 이러한 토털서비스화를 통해 핵심인 분양과 임대사업이 잘 될 뿐 아니라 새로운 수수료 수익을 창출하기도 한다.

그림 10-9 미쓰이부동산 주거몰(주거프로듀스) 운영 사례

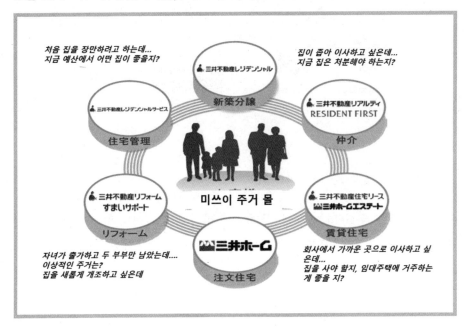

3) 주택 관리서비스 사업

주택가격 안정화로 주택소비가 거주중심으로 전환되면서, 주택의 관리는 거주자의 편의성과 자산가치의 유지 측면에서 더욱 중요하게 된다. 특히 노후화된 중고주택은 재건축을 통한 개발이익을 기대하기 어렵기 때문에, 평소에 관리를 얼마나 잘 관리하는 가에 따라 자산가치의 여부가 크게 달라진다.

일본의 경우, 소비자가 맨션을 구입하는데 중요하게 고려하는 요인 중 하나가 "어떤 관리회사가 관리하고 있는가?"이다. 맨션 거주 시 발생하는 수선충당금 등과 같은 관리비용도 우리의 10배 이상이다. 관리가 잘 안 되는 맨션은 그만큼 자산가치가 쉽게 떨어지기 때문이다.

관리비용을 지불하는데 인색한 우리와는 아주 다르다. 종합부동산회사 등의 맨션 분양 마케팅에서 빠지지 않는 것이 "이 맨션은 우리 회사가 직접 관리를 책임집니다!"이다. 판매 이후에도 우리가 잘 관리해서 여러분의 자산가치를 유지해 주겠다는 의미이다.

그림 10-10 맨션 관리서비스 사업 사례

커뮤니티 지원 서비스

입주자대표회의 운영 지원

건축/회계/법를 전문직원이 입주자대표회의 운영 지원
관리 담당자가 입주자회의 기획 및 진행, 관련 서류 작성 등 지원

회계/출납업무 지원

관리비, 수선적립금 등 입주자대표회의 회계/출납업무 지원 및 보고
입주자대표회의 회계 건전성, 투명성 확보

관리인 프론트 업무

우수한 질의 관리 전문인력 배치
일상의 관리업무, 긴급 시 대응, 다양한 입주자 요망에 대응한 문제해결

건물 및 자산관리

건물 및 시설의 정기, 종합점검

건물 및 공용시설에 대한 관리인의 일상 점검 이외에 전문가의 정기점검 면밀한 유지관리를 통한 사고예방 및 자산가치 보호

장기수선계획수립 및 대규모수선공사

건물, 설비 유지수선에 필요한 공사계획, 수선적립금 자금계획 수립
대규모수선공사 방식 등에 대한 전문 컨설팅 지원

건물 및 시설의 정기, 종합점검

건물 및 공용시설에 대한 관리인의 일상 점검 이외에 전문가의 정기점검 면밀한 유지관리를 통한 사고예방 및 자산가치 보호

4) 주거생활지원서비스 사업

주거생활지원서비스 사업은 고령자, 독신층, 맞벌이 부부 등과 같은 수요계층을 대상으로 청소, 세탁, 생활용품구매 대행 등과 같은 주거생활에 대한 서비스를 지원하는 사업을 말한다.

고령자, 맞벌이 부부, 독신층 등은 라이프스타일과 관련하여 신체적 능력이나 시간적 여유 부족 등의 사유로 가사 등과 같은 주거생활 활동에 제약이 발생하는 경우가 많다. 일본의 경우 대형주택사업자를 중심으로 마케팅전략과 관련하여 이러한 주거생활지원서비스 사업에 대한 사례가 증가하고 있다.

그림 10-11 가사대행 서비스 사업 사례

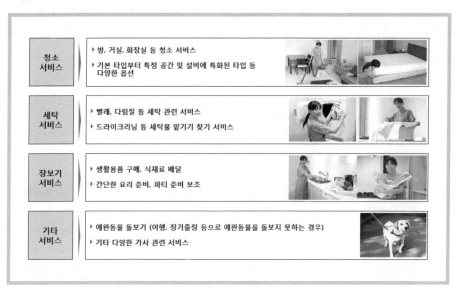

청소 서비스	▸ 방, 거실, 화장실 등 청소 서비스 ▸ 기본 타입부터 특정 공간 및 설비에 특화된 타입 등 다양한 옵션
세탁 서비스	▸ 빨래, 다림질 등 세탁 관련 서비스 ▸ 드라이크리닝 등 세탁물 맡기기 찾기 서비스
장보기 서비스	▸ 생활용품 구매, 식재료 배달 ▸ 간단한 요리 준비, 파티 준비 보조
기타 서비스	▸ 애완동물 돌보기 (여행, 장기출장 등으로 애완동물을 돌보지 못하는 경우) ▸ 기타 다양한 가사 관련 서비스

그림 10-12 미쓰이부동산 주거생활지원서비스 사업

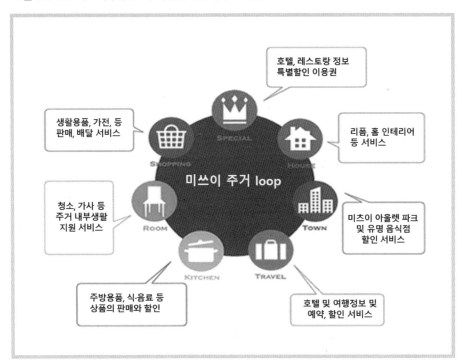

5 시사점 및 전망

우리나라의 현시점에서 진행되고 있는 저출산/고령화 문제는 일본의 15~20년 전의 양상과 유사한 점이 많으며, 향후 10년을 전후한 시점에서 일본과 같은 주택수요 감소와 장기침체 현상이 나타날 가능성을 배제할 수 없을 것이다. 일본과 같은 주택시장의 침체구조 하에서 나타나는 가장 큰 특징은 신규주택수요가 감소하면서 주택건설, 분양판매를 중심으로 한 주택산업 구조에서 기존주택을 활용한 사업, 주거기능을 지원하는 서비스 사업으로 확대되어갈 가능성이 크다.

특히 일본사례에서 보듯이 주택가격이 안정화되면서 자산으로서 주택소유의 이점이 사라지고 오히려 주택을 보유함으로서 발생하는 비용에 대한 부담이 커지게 되어, 상대적으로 임대수요가 증가하게 된다. 또한 사회

적으로 고령화의 진행, 1~2인 가구의 지속적인 증가 현상도 주거서비스에 대한 니즈가 확대되는 요인이 되고 있다. 이러한 일본과 같은 시장여건의 변화는 우리나라에서 멀지 않은 미래에 나타날 가능성이 크며, 이러한 요인은 주택산업에 큰 변화를 초래하게 될 것이다.

미래 주택산업은 다음과 같은 패러다임의 변화와 방향성을 가지고 점진적으로 변화해갈 것이다.

첫째, 지금까지의 아파트 개발·건설·판매를 중심으로 하는 산업구조에서 주택임대, 관리, 유통, 생활서비스의 영역으로 확대되면서 주거서비스산업으로 패러다임의 변화가 진전될 것이다.

둘째, 주택산업은 주택이란 물리적 공간의 생산활동 개념에서 주거의 가치를 창출하는 개념으로 확대될 것이다. 따라서 주택산업의 역할과 활동영역은 임대, 관리, 정보, 생활지원 등 소비자의 주거생활에 대한 가치 제고 활동, 재건축, 리모델링, 리폼 등을 통한 기존 재고주택의 가치 제고 활동, 지역 환경정비, 커뮤니티, 생활 인프라를 지원하는 주거환경가치 제고 활동의 세 가지 영역으로 확장·발전하게 될 것이다.

셋째, 주택산업은 과거 개발과 분양판매에 의존한 수익모델에서 판매 이후의 사업영역으로 확장되면서 주거토털서비스 사업에 의한 계속수익모델로 전환·확장될 것이다.

넷째, 주택산업은 건설산업의 영역으로 분류되어 왔으나, 앞으로는 서비스산업으로서 금융, IT기술, 유통 등과 같은 분야의 중요성이 높아지면서, 다양한 업종의 융복합화가 진행될 것이다.

찾/아/보/기

──────────── (ㅊ) ────────────

하성규

영국 런던대학교(UCL) 도시계획학 박사

중앙대 부총장, 한국주택학회 회장, 한국지역개발학회 회장 역임

현재: 한국주택관리연구원 원장, 중앙대 도시계획·부동산학과 명예교수,
　　　한국주거서비스소사이어티 상임대표

주요저서: 주택정책론(2010), 한국인 주거론(2019), Housing Policy, Wellbeing and Social
　　　　　Development in Asia (with Rebecca L. H. Chiu, Routledge, 2018) 등 다수

강순주

일본 오사카시립대학(大阪市立大學) 주거학 학술박사(Ph.D)

한국주거학회 회장 역임

현재: 건국대학교 건축학과 교수

주요저서: 건축학전서-주거론(2010) 외 다수

윤영호

조선대학교 건축공학 박사

한국토지주택공사 토지주택연구원 선임연구위원,

한국토지주택공사 토지주택대학교 전임교수, 대통령직속 저출산고령사회 분과위원회 위원 역임

현재: 서울주택도시공사 인재개발원 원장, 한국주거복지포럼 주거서비스위원회 위원장(상임집행
　　　위원)

주요저서: 주거복지 갈 길을 묻다(2012), 헬스케어기반의 고령친화적 스마트홈 디자인 아이템 및
　　　　　가이드라인(2014) 등 다수

김혜승

경희대학교 주거정책학 박사

사회보장실무위원회 위원, 국민경제자문회의 사무처 수석전문위원 등 역임

현재: 국토연구원 선임연구위원, 중앙생활보장위원회 위원

주요저서: 주거복지 지원 및 전달체계 구축방안 연구(2004), 서민주거복지 향상을 위한 주거지원
　　　　　서비스 체계 구축방안 연구(2012), 주거급여 확대효과 분석 및 주거복지 전달체계 개선
　　　　　등 연구(2018) 등 다수

권오정

Virginia Polytechnic Institute & State Univ. 주거학 학술박사(Ph.D)

현재: 건국대학교 건축학과 교수, 주거복지사 자격검정사업단 단장,
　　　서울시 주거정책심의 위원, 대통령직속 저출산고령사회 분과위원회 위원

주요저서: 주거복지 총론(2019) , 주거복지 실무와 적용(2019), 고령자 행위 기반 주택개조 매뉴얼
　　　　　(2019) 외 다수

최병숙

연세대학교 주거환경학 이학박사
농어촌공사 농어촌연구원 주임연구원 역임
현재: 전북대학교 주거환경학과 교수, (사)한국주거학회 학술부회장 및 주거복지자격검정사업단
　　　위원, 전북주거복지센터 이사
주요저서: 아파트 공동체 상생을 생각하며(공저, 2018) 외

박경옥

일본 오사카시립대학(大阪市立大學) 주거학 학술박사(Ph.D)
한국주거학회, 한국생활과학회 회장 역임
현재: 충북대 주거환경학과 교수,
　　　국토교통부 주거정책심의위원회 위원,
　　　한국주거복지포럼 상임집행위원
주요저서: 사회속의 주거, 주거속의 사회(공저, 2016) 외 다수

김덕례

가천대학교 도시계획학과 박사
현재: 주택산업연구원 주택정책연구실장, 고려대학교 객원교수,
　　　한국주택학회 수석부회장, 국토교통부 주거정책심의위원
주요저서: 서민주택금융 현황과 과제(2015), 협동조합형 장기 공공지원 민간임대주택(2019) 외 다수

장용동

영국 캐임브리지대 랜드 인스티튜트(LI)과정 이수, 안양대학교 도시정보공학 박사
헤럴드경제 편집국장·논설실장 역임
현재: 한국주거서비스소사이어티 사무총장, 주거복지포럼상임이사, 아시아투데이 대기자
주요저서: 내집마련 경제학(2000) 외 다수

김찬호

일본 게이오대학교(慶応義塾大學) 상학 박사
주택산업연구원 연구실장, 한국주거환경학회 부회장 역임
현재: (주)꾸림 지역미래연구소 소장, 강원대학교 부동산대학원 강사
주요저서: 부동산산업 육성 및 발전방안(2013) 외 다수

주거서비스
인사이트

초판발행	2020년 2월 20일
지은이	하성규 · 한국주거서비스소사이어티
펴낸이	안종만 · 안상준
편 집	장유나
기획/마케팅	박세기
표지디자인	조아라
제 작	우인도 · 고철민
펴낸곳	(주)박영사
	서울특별시 종로구 새문안로3길 36, 1601
	등록 1959. 3. 11. 제300-1959-1호(倫)
전 화	02)733-6771
f a x	02)736-4818
e-mail	pys@pybook.co.kr
homepage	www.pybook.co.kr
ISBN	979-11-303-0915-6 93350

정 가   18,000원